INHALT

Vorweg: Sie werden älter, als Sie denken! … 7

I. Sie fühlen sich zu jung?
Sie fühlen sich zu alt?
Oder: Warum stellt sich
König Lear so dumm an? … 17

II. Sie reden zu viel?
Sie reden zu wenig?
Oder: Warum ist Miss Marple
stets klüger als die anderen? … 41

III. Sie hören nicht mehr auf andere?
Sie hören viel zu viel auf andere?
(Sie können gar nicht mehr hören?)
Oder: Wie bringen Sie es zu
salomonischer Gelassenheit? … 77

IV. Sie grüßen verlegen Ihr Spiegelbild?
Sie wollen es gar nicht mehr grüßen?
Oder: Haben Sie Konfuzius
je in Jogginghosen gesehen? … 133

V.   Sie wollen einen jüngeren Partner?
     Sie wollen einen älteren Partner?
     Oder: Wer ist der Mann fürs Leben,
     Oscar Wilde oder Dorian Gray? ... **183**

VI. Sie wollen noch einmal ganz
     von vorn anfangen?
     Sie wollen gar nicht mehr aufstehen?
     Oder: Bei wem liegen Sie lieber auf der
     Couch, bei Dr. Jekyll oder bei Mrs. Hyde? ... **223**

VII. Sie vergessen zu viel?
     Sie vergessen viel zu wenig?
     Oder: Warum Sie sich
     niemals zu früh auf die Suche nach
     der verlorenen Zeit begeben sollten. ... **287**

Gregor Eisenhauer

WIE WIR ALT WERDEN

OHNE ZU ALTERN

7 IDEEN GEGEN DIE VERHOLZUNG DES DENKENS

DUMONT

Von Gregor Eisenhauer ist bei DuMont außerdem erschienen:

Die zehn wichtigsten Fragen des Lebens – in aller Kürze beantwortet

Oktober 2017
DuMont Buchverlag, Köln
Alle Rechte vorbehalten
© 2016 DuMont Buchverlag, Köln
Umschlaggestaltung: Lübbeke Naumann Thoben, Köln
Umschlagabbildung: © 123 RF / Svetlana Murtazina
Gesetzt aus der Garamond MT und der Neutra
Gedruckt auf säurefreiem und chlorfrei gebleichtem Papier
Druck und Verarbeitung: CPI books GmbH, Leck
Printed in Germany
ISBN 978-3-8321-6433-1

www.dumont-buchverlag.de

VORWEG: SIE WERDEN ÄLTER, ALS SIE DENKEN!

Das ist kein Versprechen, sondern eine statistische Tatsache. Wir täuschen uns, was unsere ganz persönliche Lebenserwartung angeht. Nicht nur um Wochen oder Monate, sondern um Jahre, zuweilen um Jahrzehnte. Die meisten von uns werden älter, als sie es in jungen Jahren je für möglich hielten. Und sie bleiben länger gesund. Was früher eine ferne Insel war, das hohe Alter, nur von wenigen erreicht, ist inzwischen ein Kontinent mit gewaltigen Ausmaßen, besiedelt von Millionen, bald schon von Milliarden Menschen. Wie leben diese – Alten?

Wozu die Frage? Die Antwort liegt nahe: Irgendwann werden auch Sie diesen Kontinent betreten. Die meisten von uns werden alt, mit ein wenig Glück und Umsicht sehr alt. Aber die wenigsten von uns sind darauf vorbereitet. Zumal die Informationslage verworren ist. Es gibt schreckliche Nachrichten von dieser Neuen Welt der Alten, Gerüchte über Retortensiedlungen, in denen wohlhabende Rentiers sich freiwillig dem hyperaktiven Nichtstun ergeben: Yoga für Yetis, Tantra für Untote, Bridge für Prüde. Krankheiten ohne Zahl, so die Reisewarnungen des medizinischen Dienstes, suchen die Eingeborenen heim. Demenz, Parkinson, Alzheimer sind die Geißeln derer, die den Tod scheuen, raunen die Missionare der Jugend. Viele, denen der Zutritt zu den reichen Seniorenparks verwehrt ist, schlafen unter Brücken, weil die

Armut ihnen das Heim raubte, andere arbeiten in lebenslanger Sklaverei für niedrigste Löhne oder nisten sich mitleidlos bei ihren Kindern ein.

Die Fakten: Nur jeder Siebte hierzulande ist derzeit von Altersarmut betroffen, nur jeder zehnte der über Neunzigjährigen wird dement. Warum dann so viele Schreckensmeldungen? Die Söhne und Töchter schreiben lieber über die Leiden ihrer Eltern als über deren Freuden. Es ist die Rache der Jungen an der neuen Lebenslust der Alten, die solche Katastrophenbelletristik befördert. Dahinter steckt oft wirkliche Sorge, aber häufig genug auch Neid. Selbst die Unzahl der Reportagen über die neue Agilität der Alten ist selten frei von Häme. Aber auch die Alten selbst schlagen gern einen missgünstigen Tonfall an, allen voran alte Schriftsteller. »Alter ist ein Massaker«, jammerte der amerikanische Autor Philip Roth in einem *Spiegel*-Interview, aber er jammert auf sehr hohem Niveau, denn er verdient gut als Chorleiter der Selbstmitleidigen.

Altern ist der einzige Kampf, bei dem es sinnvoll ist, seine Niederlage von vornherein einzugestehen. Das Leben fordert unser Verschwinden. Dieses unerbittliche Gesetz der Evolution können Sie nicht früh genug verinnerlichen. Denn Leugnung kostet Kraft. Je angestrengter Sie versuchen, jung zu bleiben, desto schneller altern Sie. Das ist die einzige Erkenntnis der Altersforschung, die unumstritten ist.

Warum wird dennoch so unverhältnismäßig viel gejammert? Weil sich die Alten an den Jungen messen. Würden sie sich an den Alten der ärmeren Länder dieser Welt messen, sie wüssten nicht mehr ein noch aus vor Glück. Die große Mehrheit der alternden Menschen in den reichen Ländern könnte derzeit ein glückliches und unabhängiges Leben führen. Warum das nicht immer so ist, hat in erster Linie keine materiellen, sondern mentale Ursachen.

»Sind Sie aufs Alter vorbereitet? Können Sie es sich überhaupt leisten, alt zu werden?«

»Aber ja«, kommt dann prompt die Entgegnung, »wir haben gut vorgesorgt!«

Haben Sie tatsächlich? Ihre Rente ist sicher, Ihre Wohnung, Ihr Haus längst abbezahlt, ein wenig Erspartes liegt auf dem Konto, aber – was werden Sie tun, wenn Sie nichts mehr zu tun haben? Garten, Enkel, Hobby, Sport, Freunde, Freizeit – alles wird bleiben, wie es ist, nur dass nun endlich mehr Zeit für alles bleibt. Das könnte sich als verhängnisvoller Irrtum herausstellen.

Mit mehr Zeit wissen die wenigsten gut umzugehen. Das ist tragisch. Denn die magische Zeitspanne zwischen dem sechzigsten und dem neunzigsten Lebensjahr, die früher als Lebensabschnitt gar nicht wahrgenommen wurde, weil Opa und Oma die Zeit dösend im Lehnstuhl verschaukelten, könnte für viele die beste Zeit ihres Lebens werden. Als junger Mensch stehen Sie unter dem Diktat Ihrer Hormone, das ist schön, aber auch zwanghaft. Sie wollen sich verlieben, Sie wollen Erfolg, Sie wollen meist mehr, als Ihnen guttut. Als Mensch mittleren Alters haben Sie die Pflicht, Ihre Wünsche mit der Realität in Einklang zu bringen, das kann beglückend sein, ist aber vor allem anstrengend. Als alternder Mensch sind Sie plötzlich von allen Erwartungen befreit. Was viele veranlasst, sich sofort in neue Verpflichtungen zu stürzen. Das Leben so weiterführen wie bisher – nur ehrenamtlich eben. Aber das Leben im Alter ist nicht einfach nur altes Leben oder Leben mit halber Kraft, es ist ein anderes Leben und ein anderes Denken: ein neuer Kontinent. Ich will in diesem Buch nicht die Schrecken des Alters leugnen, ich will die Chancen dieses neuen Denkens hervorheben. Wir dürfen uns alte Menschen als glückliche Menschen vorstellen. Weil es ein Glück ist, alt zu werden. Altern ist keine Krankheit. Natürlich drohen Verluste, aber in diesem Buch geht es um die Gewinne. Der größte Gewinn: Uns wird ein viertes Lebensalter geschenkt. Die Frage ist: Wollen wir das Geschenk annehmen?

Was tun mit viel zu viel Zeit? Als Konsumgruppe sind die Best, Silver und Golden Ager schon fest im Blick der Werber und Produzenten. Es wird viel Geld mit den neuen Alten verdient, denn nicht wenige von ihnen haben viel Geld. Aber Sie können noch so häufig auf Reisen gehen, Sie können sich Woche für Woche Botox spritzen lassen oder im Hamsterrad der Fun-and-Fit-Industrie Ihre Runden drehen, Sie werden nicht jünger dadurch. Die Versprechen führen in die Irre, so viel Geld auch immer in die Kassen der *Regenerationsindustrie* fließen mag. Und es fließt sehr viel Geld. An der Angst vor dem Alter verdienen alle. Denn: Je älter wir werden, desto jünger wollen wir sein. Dieser Versuchung entkommen weder Sie noch ich, auch wenn wir damit gegen das einzige und erste Gebot würdevollen Alterns verstoßen: Machen Sie sich nicht lächerlich!

Wenn etwas im Alter in unerreichbar weiter Ferne liegt, dann Ihre Jugend. Wie wäre es also, wenn Sie kurz innehalten, den Blick von der Vergangenheit abwenden, so wie es schon Orpheus empfohlen wurde, und die Zeitstrecke überdenken, die vor Ihnen liegt. Mit ein wenig Glück: dreißig Jahre Unabhängigkeit. Diese Jahre wollen Sie nicht nur am

Strand, im Riester-Fitnessclub oder in der Enkelbetreuung verbringen!

Was also tun mit viel zu viel Zeit? Fragen Sie die Experten! Was mich befähigt, über dieses Thema zu schreiben? Nichts. Ich bin kein Altersforscher, ich bin ein Leser. Ich lese gerne Lebensgeschichten, und ich schreibe gerne Lebensgeschichten. Vor allem versuche ich immer wieder aus Lebensgeschichten zu lernen, sei es in den Nachrufen, die ich über *Alltagsmenschen* schreibe, oder in den biografischen Miniaturen, die ich über vermeintliche Berühmtheiten verfasst habe. Aus dieser Perspektive stelle ich die Frage erneut: Was ist das Geheimnis glücklichen Alterns? Wir alle wissen, dass manche Bücher altern und manche nicht. Warum ist das so? Warum kann manchen Büchern, manchen Menschen die Zeit nichts anhaben, während andere schon vergreist auf die Welt kommen?

Das ist die Frage dieses Buches. Es gibt viele kluge Abhandlungen über das Altern, von Wissenschaftlern, von Philosophen, bei allen kann man sich Rat holen, fachmännischen Rat. Expertengespräche sorgen häufig für einen kühlen Kopf, aber leider auch für ein kaltes Herz, deshalb war meine Idee eine andere: Ich wollte kein Gelehrtensymposium belauschen, sondern noch einmal mit all den literarischen Figuren ins Gespräch kommen, die ich bewundere und liebe, weil sie mir viele glückliche Momente geschenkt haben. Ich wollte einige meiner Lieblingsbücher noch einmal zur Hand nehmen, weil jedes von ihnen mich an ein Leben erinnert, das ich selbst nie hätte führen können, aber dennoch durchleben durfte, weil die Autoren mich dazu einluden. Dichter sind gastfreundlicher als Philosophen oder Wissenschaftler. In Sachen Altersweisheit fragte ich also lieber Agatha Christie um Rat als Simone de Beauvoir, die ein sehr gewichtiges Buch über das Altern geschrieben hat. König Lear ist mir wichtiger als die vielen klugen Professoren, die sich, wissenschaftlich distanziert, dem Thema der nachlassenden Geisteskraft gewidmet haben. Peter Pan ist mein ewiger Jugendbeauftragter, und in Sachen Heimweh nach der Zukunft wende ich mich stets an E.T., auch wenn ich das nie offen eingestehen würde. Als Lebenselixierexperte steht mir Harry Potter zur Seite, und Pippi Langstrumpf berät mich noch immer in allen Lebensfragen, die über das Praktische hinausgehen. Diese Figuren sprechen mit mir, nicht, weil ihre Autoren sie wie Handpuppen bewegen, sondern weil sie etwas aussprechen, was in mir selbst zum Ausdruck drängt.

In diesem Buch unterscheide ich folglich nicht zwischen Lebenden und Toten, nicht zwischen den Schriftstellern und ihren Helden. Hamlet und Dorian Gray sind mir viel näher als Shakespeare oder Oscar Wilde. Zuweilen ertappe ich mich sogar dabei, wie ich Gespräche mit diesen Figuren führe, die laut Melderegister nie existiert haben. Oder mit ihren Autoren, die noch so lange tot sein mögen und dennoch ansprechbar bleiben für ihre Leser. Dabei spielt es im Übrigen keine Rolle, ob sie im chronologischen Sinne alt wurden. Alter ist eine sehr wandelbare Kategorie: Brecht war schon als junger Dichter sehr altklug, Proust kam vergreist auf die Welt. Bessere Zeitzeugen als sie kann es folglich nicht geben. Sie hören ein wenig Wahnsinn aus meinen Worten heraus? Gut so! Ein wenig Wahnsinn kann im Alter durchaus von Nutzen sein. Sie stimmen zu? Dann können wir ja gemeinsam die Reise zu dieser seltsamen Insel der Alten antreten, deren Schirmherrschaft, nach Lears Abdankung, in alle Ewigkeit Prospero und Miss Marple innehaben werden.

Stellen wir noch einmal die Ausgangsfrage: Was tun mit viel zu viel Zeit? Fragen wir die zuständigen Experten: Was haben Robinson Crusoe, der Graf von Monte Christo und Hannibal Lecter gemeinsam? Sie hatten mehr Zeit als Bewegungsfreiheit. Also mussten sie erfinderisch sein, um nicht wahnsinnig zu werden. Uns wird es irgendwann ähnlich ergehen. Alter ist nichts anderes als die allmähliche Einschränkung unserer Bewegungsfreiheit. Eine Einschränkung, die Sie nicht weiter beeinträchtigen wird, wenn Sie Ihren geistigen Horizont entsprechend erweitern.

Wie entkommen lebenslänglich Inhaftierte der Langeweile? Mithilfe der Lecter-Methode. Sie erinnern sich, das »Schweigen der Lämmer«: Der hochintelligente Serienmörder Hannibal Lecter, seinerseits ein renommierter Psychologe, überlebte die langjährige Isolationshaft nur, indem er sich immer wieder in seinen Gedankenpalast zurückzog. Gedankenpalast oder auch Gedächtnispalast – bei diesem Bauwerk handelt es sich nicht um eine Erfindung des Romanschreibers Thomas Harris, die Technik des fiktiven Palastbaus ist vielmehr von alters her Brauch unter den Gedächtniskünstlern.

Ihr Kopf ist ein Museum. Eher eine Rumpelkammer, werden Sie einwenden, aber der Unterschied ist nicht so enorm groß, wenn Sie erst einmal mit dem Sortieren der besten Stücke beginnen bzw. entscheiden, welche Art des Gedächtnisses Sie trainieren wollen. Ist es Ihnen wichtiger, im Alter die Nebenflüsse des Rheins aufzählen zu können – oder sich den Geschmack des Kaugummis vergegenwärtigen zu können, der Ihrem ersten Kuss die besondere Note verlieh?

Ein gutes Gedächtnis um seiner selbst willen ist eine fürchterliche Sache, denn es verrät einen völligen geistigen Stillstand. Die Senilitätsfalle: Wir archivieren unser Wissen. Wir mobilisieren es nicht. Ihr Kopf sollte kein Archiv, sondern Ihr wirkliches Zuhause sein! Da muss es ein wenig unordentlich aussehen. Stellen Sie sich dieses Zimmer einmal kurz vor, denn es ist gleichgültig, ob Sie viele Räume einrichten oder nur diesen einen, in dem jedes Einrichtungsstück an einen ganz besonderen Tag in Ihrem Leben erinnert. Ihre Biografie, visualisiert als Wunderkammer. Dazu brauchen Sie kein Immobilienvermögen. Alles geschieht im Kopf. Nur im Kopf, denn Alter ist irgendwann nichts anderes als eine mehr oder minder komfortable Form der Isolationshaft.

Sie wollen dennoch keinen Rat von Kriminellen und Sonderlingen annehmen? Das alles klingt Ihnen zu sehr nach Strafvollzug? Und Ihre große Wohnung werden Sie sowieso niemals aufgeben? Nun, wechseln wir die Milieus. Künstlern ergeht es zuweilen nicht anders als Strafgefangenen. Auch sie verbringen viel Zeit auf engstem Raum, allerdings nennen sie es »Muße« und nicht »Langeweile«. Es ist die Wartezeit zwischen den Momenten der Inspiration. Wo verbringen sie diese Zeit des Wartens? In ihrem Gedankenpalast! Künstler sind großartig darin, in ihrer eigenen Welt zu leben. Das ist das Geheimnis ihres langen Lebens. Denn entscheidend ist nicht, wie viele Liegestütze Ihnen im Alter noch gelingen, sondern wie groß die Kraft des Staunens bleibt. Rubinstein, Picasso, Minetti, Woody Allen, sie alle haben keine andere Gemeinsamkeit als die, das Leben zu ihrem ganz persönlichen Spielplatz erklärt zu haben. Die Einstein-Formel: Werde alt, bleibe Kind. *»We do not stop playing because we are old«*, bringt es die Schauspielerin Helen Hayes auf den Punkt. *»We grow old because we stop playing.«* Also spielen Sie! Wechseln Sie die Perspektiven! Spielen Sie alle Rollen Ihres Lebens noch einmal durch, auch die ungelebten, in diesem Theater, das den Mittelpunkt Ihres Gedächtnispalastes einnehmen sollte. Gönnen Sie sich zum Abschluss die Hauptrolle. Sie sind allein auf der Bühne? Dann monologisieren Sie!

Gedankenspiele sind wie Selbstgespräche, scheuen Sie sich nicht, mit sich selbst zu sprechen. Irgendwann wird ohnehin keiner mehr mit Ihnen reden. Nicht so jedenfalls, wie Sie es gewohnt waren. Also reden Sie frühzeitig mit sich selbst. Alle Künstler tun das. Den Tod können wir nicht besiegen, das Altern schon, wenn wir frühzeitig in Dialog mit uns selbst treten. Denn wir werden einsamer sein im Alter, unweigerlich, das Zeitgenössische wird uns fremder werden, die Freunde werden sich immer mehr zurückziehen. Suchen Sie sich neue Freunde, unsterbliche Freunde. Lernen Sie von Miss Sophie, und Sie werden niemals einen einsamen Geburtstag feiern. *»Same procedure as every year«*? *»No, my dear«*, würde Miss Marple einwenden, »seien Sie bitte nicht so denkfaul! Erstellen Sie eine neue Gästeliste. Laden Sie sich selbst bei Miss Sophie ein!« Spielen Sie endlich mit im Spiel des Lebens!

Dieses Buch praktiziert das, was es als Methode empfiehlt: Gedankenspiele. Nehmen Sie sich die Freiheit, alles, was Sie je gedacht haben, alles, was je gedacht wurde, in Ihrer ganz eigenen Weise neu zu denken. Befragen Sie alles und jeden auf Ihren ganz privaten Nutzen hin. Warum? Weil Sie das beweglich hält. Je immobiler Ihr Bewegungsapparat, und das wird er eines Tages unweigerlich sein, desto mobiler sollte Ihr Kopf werden. Das wirkungsvollste Anti-Aging geschieht im Hirn. Wir trainieren den Körper fürs Alter, aber den Kopf, den sollten wir nicht trainieren, als wäre er ein Muskel, den Kopf sollten wir rückkoppeln an unsere Seele. Erinnern ist keine Konditionsleistung, sondern eine Sache des Herzens.

Wann Sie mit diesen Übungen beginnen sollten? Früh, sehr früh, denn wir altern vom Tag unserer Geburt an. Das biologische Alter eines Achtunddreißigjährigen, fanden Forscher unlängst heraus, kann zwischen achtundzwanzig und einundsechzg Jahren liegen. Die Schlussfolgerung der Wissenschaftler: Das Altern kann sich schon in der Jugend deutlich verlangsamen, sofern Sie sich mental darauf einstellen. Wenn Sie der Autor Ihrer eigenen Geschichte bleiben wollen, fangen Sie früh damit an, in immer neuen Rollen die Bühne des Lebens zu betreten, Kopftheater zu spielen, wandelbar zu bleiben. Was Sie davon haben? Sie gewinnen Zeit. Und Sie bleiben jünger, als Sie ... nein, nicht: als Sie denken; Sie bleiben jünger, wenn Sie denken – wenn Sie befreit denken.

I. SIE FÜHLEN SICH ZU JUNG?
SIE FÜHLEN SICH ZU ALT?

Oder: Warum stellt sich König Lear
so dumm an?

Sie fühlen sich jünger, als Sie sind? Dann werden Sie alt! Sie
beginnen sich selbst auszutricksen. Das ist immer ein erstes
Indiz für … nein, nicht für Senilität, sondern für einen kreativen Umgang mit Ihrer eigenen Biografie. Sich selbst zu
belügen wird erst dann zum Problem, wenn auch andere die
Lüge durchschauen. Oder Sie selbst nicht mehr die Ausdauer haben, die Lüge aufrechtzuerhalten.

Sie fühlen sich älter, als Sie sind? Dann werden Sie tatsächlich alt! Aber nur, weil Sie zu schnell aufgegeben haben.
Sie trauen sich selbst nicht mehr, folglich trauen Sie anderen
nicht mehr. Sie fordern Verehrung, obwohl Sie eigentlich Liebe wollen. König Lear oder Dorian Gray? An wessen Seite
sehen Sie sich? Hier Dorian, der ewige Sohn, ewig jung, ewig
Verantwortung scheuend, ewig verlangend. Dort Lear, der
ewige Vater, ewig Tyrann, ewig fordernd (bei den Frauen:
wahlweise Cinderella oder Medea).

Sie erinnern sich: Mit vierzehn, fünfzehn konnte es gar
nicht schnell genug gehen mit dem Älterwerden, da addierte
man gern ein paar Jahre hinzu, durch die Frisur, die Klamot-
ten, den Ausweis der älteren Schwester, die Lederjacke des
Bruders; mit vierzig, fünfzig altern wir immer langsamer, zu-

mindest bilden wir uns das ein, denn wir weigern uns beharrlich, die Jahreszahlen als das anzunehmen, was sie sind: Wegmarken unseres Verfalls. Aber was auch immer wir uns einbilden, wir werden älter, in einem unerbittlichen Taktmaß, Stunde für Stunde, Tag für Tag, und wieder ist ein Jahr wie im Flug vergangen, und wir blicken staunend in den Spiegel und fühlen uns doch gar nicht so alt, wie wir es dem Ausweis nach sind. Der Spiegel lügt, so oder so. Auch daran ist nichts bedenklich, sofern sich andere der Lüge anschließen.

Es gibt eine Formel in der Altersforschung für diese Diskrepanz zwischen Lebenszeit und chronologischer Zeit: $gA < tA$, das gefühlte Alter ist immer kleiner als das tatsächliche Alter. Es gibt auch eine Formel, die dieser Formel widerspricht: $tA = tA$. Das tatsächliche Alter ist das tatsächliche Alter. Woraus folgt: $gA = S^2$. Das gefühlte Alter ist Selbstbetrug im Quadrat. Mein Therapievorschlag: Vergessen Sie die Formeln ganz schnell wieder, sie existieren ohnehin nicht. Aus einem ganz einfachen Grund: Noch ist es keinem Wissenschaftler gelungen, das Verhältnis zwischen Lebenszeit und chronologischer Zeit auf eine griffige Formel zu bringen, Einstein ausgenommen: $EJ = Aw + Kb$. Ewige Jugend erlangen Sie, indem Sie alt werden und Kind bleiben. Kind bleiben – nicht kindisch werden wie König Lear oder dauerpubertierend wie Dorian Gray.

Fakt ist: Wir neigen zu fatalen Fehleinschätzungen in Lebenszeitfragen, und zwar ganz unabhängig davon, wie klug oder wie dumm, wie arm oder wie reich wir sind. Wir trauen uns zu viel zu; wir benehmen uns, als wären wir tatsächlich so jung, wie wir es uns wünschen. Aber dem widerspricht der Körper. Je älter wir werden, desto offener treten sie in einen

Disput, Körper und Geist werden zu Widersachern. Der Sieger steht fest: Eines unschönen Tages sehen wir tatsächlich so alt aus, wie wir sind. Der Fluch des Dorian Gray, jenes unwirklich schönen Dandys, der sich im Auftrag Oscar Wildes von einem befreundeten Maler porträtieren ließ, in Lebensgröße und unheimlicher Lebendigkeit des Ausdrucks. Denn dank eines unfrommen Gebetes alterte das Bild und nicht er selbst, bis zu jenem schrecklichen Tag, an dem sie sich von Angesicht zu Angesicht begegnen mussten, die Fratze im Bild und das Engelsgesicht davor. Dorian tötete den Maler, zerstörte sein Bild und damit sich selbst – was keine wirklich sinnvolle Lösung des Dilemmas darstellt. Dennoch wird Dorian Gray einer der Wegbegleiter in diesem Buch sein. Natürlich hätte ich gern ausführlich seriösere Zeitzeugen über das Altern befragt, Wissenschaftler in erster Linie, aber erstaunlicherweise haben sie nicht allzu viel Verbindliches zu dem Thema beizutragen. Das Altern ist noch immer ein biologisches Rätsel. Wir wissen inzwischen zwar recht gut, wie der Körper altert, aber wir haben keine präzise Vorstellung davon, wie weit sich das Verfallsdatum noch hinauszögern lässt. Es gibt kein Naturgesetz, das die ewige Jugend verbieten würde.

Entsprechend euphorisch ist die Stimmung in der Altersforschung. Auch wenn der große Durchbruch bisher auf sich warten ließ. Die Etappensiege nähren allerdings die Hoffnung, dass in nicht allzu ferner Zukunft jedes Neugeborene in den Club der Hundertjährigen aufgenommen wird, sofern es denn das Glück hat, in den Wohlstandsgesellschaften aufzuwachsen. »Jede Woche«, so die griffige Formulierung des renommierten holländischen Altersmediziners Rudi Westendorp, »verlängert sich unser Leben um ein Wochenende, und das Ende dieser Entwicklung ist noch nicht in Sicht.« – »Alt werden, ohne alt zu sein«, verspricht folglich der Titel seines Buches, und dieses Versprechen scheint angesichts des rasanten medizinischen Fortschritts keineswegs vermessen.

Schon jetzt können viele Leiden gelindert, viele Gebrechen therapiert werden, und die kosmetische Chirurgie tut ihr Übriges. Jünger aussehen, als man ist – kein Problem, gang und gäbe das Plätschern im Jungbrunnen. Der Dreißigjährige trägt die Turnschuhe seines Sohnes auf. Die Vierzigjährige spannt der Tochter den Freund aus. Der Fünfzigjährige gründet die Familie, in der die Sechzigjährige morgens die Nanny gibt, bevor sie nachmittags an der Universität ihren Bachelor nachholt, während ihr siebzigjähriger Lover zu Hause in froher Erwartung ihrer abendlichen Rückkehr das Tantrabuch unterm Bett versteckt und seine Tagesration Viagra einwirft.

Und es wird noch besser kommen. Wenn erst die Milliardenvermögen der Internetmogule und New-Age-Oligarchen in die medizinische Forschung fließen, weil sie ihre persönliche Unsterblichkeit erkaufen wollen, dann werden in rasender Eile Medikamente erprobt und Impfstoffe entwickelt werden, die das biologische Verfallsdatum nicht nur um Jahre, sondern um Jahrzehnte hinausschieben. Nur werden wir, die Menschen mit schmalem Budget, davon in den nächsten Jahrzehnten wohl kaum profitieren können. Das bedauere ich zuweilen. Andererseits: Unsterblichkeit bringt nicht zwangsläufig die Antwort auf die Frage mit sich, wie ich meine Zeit verbringen will, wenn jeder Tag ein Sonntag ist, und das dreißig Jahre lang. Was nützt eine unendliche Reihe von Tagen, wenn Sie sich mit sich selbst langweilen? Die Konservierung oder gar Verjüngung des Körpers geht nicht notwendig mit einer Auffrischung des Geistes einher.

Die Unsterblichkeit ist deshalb kein Thema in diesem Buch und auch all die Techniken der körperlichen Optimierung, die derzeit kursieren, sind es nicht. Meine Ausgangsfrage ist eine andere: Wie werden wir alt, ohne zu altern? Ohne im Geiste zu altern. Wie verhindern wir die Verholzung unseres Denkens? Es sind nur natürliche Gegenmittel zugelassen. Darunter verstehe ich weder Ginseng noch Ginkgo; was immer Sie schlucken wollen, schlucken Sie es, aber wundern Sie sich nicht, dass Ihnen dieser Konsum bereits als seniler Appetit ausgelegt wird. Unter natürlichen Mitteln verstehe ich all das, was wir aus eigenen Kräften tun können, um unseren Geist wach zu halten.

Was den Körper anbelangt, so ist die Rezeptur der Konservierung unserer Kräfte einfach, zu einfach für manche. Die WM-Formel: Weniger ist mehr. Weniger Fett, mehr Bewegung; weniger Alkohol, mehr Karottensaft; weniger Stress, mehr Spaß. Das sichert Ihnen derzeit achtzig bis neunzig Jahre gesunder Lebenszeit, sofern Sie von Schicksalsschlägen verschont bleiben. Lassen Sie sich nicht von Ihrem Pessimismus irreführen: Sie werden ein alter Mensch, wenn Sie es vernünftig anstellen. Aber ab wann fühlen Sie sich alt? Manchem Zwanzigjährigen graut es vor dem dreißigsten Geburtstag, die reifen Jahre zwischen vierzig und fünfzig sehen manche erst mit sechzig als wirklich beendet an, aber spätestens an Ihrem siebzigsten Geburtstag müssen Sie sich eingestehen, dass Sie nicht mehr der Jüngste sind. Und nun stellen Sie sich überrascht die Frage: Wann genau setzte der Alterungsprozess eigentlich ein? Und viel bedrückender noch die

Frage: Ab wann wurden Sie von Ihren Mitmenschen als alt taxiert, obwohl Sie sich selbst noch immer als jugendfrisch empfanden?

Sie kennen die seltsame Geschichte des Benjamin Button, der als Greis geboren wurde und als Kind starb? Brad Pitt hat diesen Benjamin im Film verkörpert, aber wenn Sie ein wenig in Ihrem Gedächtnis kramen, die Tage im Kindergarten, die ersten Schuljahre wiederaufleben lassen, dann werden Sie sich an den ein oder anderen Mitschüler erinnern, bei dem Sie damals schon dachten: Wie altklug! Netter gesagt: Wie reif für sein Alter. Jeder von uns kennt einen Benjamin Button. Die Welt ist voll von ihnen. Zwanzigjährige gründen Firmenimperien, Dreißigjährige Dynastien, manchen wird erst mit vierzig bewusst, dass sie nie eine Kindheit hatten, die sie dann vielleicht mit sechzig nachholen, wenn sie beginnen, all die Spielzeuge nachzukaufen, die sie sich in jungen Jahren immer erträumt hatten, was sie in den Augen ihrer Mitmenschen sehr schnell sehr kindisch erscheinen lässt.

Geist und Körper gehen nicht im Gleichschritt. Junge Menschen, denen zu viele Sorgen das Leben veröden, oder zu viel Ehrgeiz, altern vor der Zeit. Alte Menschen, denen die Last des Sorgens für andere abgenommen wurde, verjüngen sich auf wundersame Weise. Wir altern, wir verjüngen uns, zuweilen ist das ein Geschehen von Jahren, zuweilen eins von Stunden. »Und ich war alt, und ich war jung zu Zeiten / War alt am Morgen und am Abend jung / Und war ein Kind, erinnernd Traurigkeiten / und war ein Greis ohne Erinnerung.« So besingt Bertolt Brecht den »Wechsel der Dinge«, der eigentlich ein Wechsel der Zeitempfindungen ist. Wir wachen alt auf und gehen jung zu Bett, oder wir erwachen jung und altern, kaum, dass wir die Pflichten des Tages aufgezählt haben. Niemals bleiben wir den ganzen Tag über so alt, wie wir sind. Das macht es so schwer, Kalender und Temperament in Einklang zu bringen. Wer sich nie zu kindisch für sein Alter benommen hat, war nie Kind. Wer sich nie an den Gedanken gewöhnen kann, alt zu werden, wird kindisch. Ein schwieriger Balanceakt.

So gesehen ist Alter ein Kippphänomen. Wir geraten aus dem Gleichgewicht, der Körper übertölpelt uns plötzlich, wir können nicht mehr so, wie wir wollen, wir wollen nicht mehr so, wie wir sollen, alles ist irgendwie in Schieflage, und der Kopf, dem können wir am allerwenigsten trauen, denn der redet uns ein, dass Altern nur ein sehr äußerlicher Vorgang sei. Womit er im Prinzip recht hat, was die Sache noch sehr viel schwieriger macht. Denn wie können wir zwischen Selbstbetrug und Altersweisheit unterscheiden? Vor allem: Wer hilft uns dabei?

Die größte Bedrohung unseres Egos ist ja nicht die Zeit, die ist als Gegner schlimm genug, aber taxierbar – gänzlich unberechenbar hingegen ist unsere Eitelkeit. Wir werden uns selbst am gefährlichsten im Alter. Weil wir uns überschätzen, weil wir uns unterschätzen, weil wir kein verlässliches Selbstbild mehr haben.

Wenn König Lear in den Spiegel sieht, erblickt er einen ewig mächtigen Mann, dem alles zusteht, was die Welt an Wundern aufzubieten hat, insbesondere natürlich die Liebe seiner Untertanen, zu denen er zuallererst seine Kinder rechnet. Was er nicht sieht, ist, dass er längst keine Krone mehr trägt. Er ist nur noch ein Mensch, der sich die Liebe seiner Mitmenschen verdienen muss.

Wenn Dorian Gray in den Spiegel sieht, dann erblickt er einen ewig jungen, vollendet schönen Mann, dem kein Laster, kein Übel der Zeit etwas anhaben kann. Der Spiegel, Sklave seiner Eitelkeit, gibt ihm das, was er sehen will.

Ich bin alt. Wann haben Sie sich das zum ersten Mal gedacht? Ich werde alt. Wie oft kam dieser Seufzer – lautlos, versteht sich – schon über Ihre Lippen? Als Sie hörten, wie sich Jugendliche in einer Sprache unterhielten, die nicht mehr die Ihre war? Das kann Ihnen schon mit dreißig passieren. Deswegen sind Sie noch lange nicht alt. Als Ihnen die schlechten Tischmanieren Ihres jüngeren Kollegen auffielen, der Messer und Gabel mehr als Waffen denn als Essbesteck benutzte? Als Ihnen die Libido abhandenkam, als sie plötzlich wieder aufloderte, obwohl Ihnen in Ihrem Alter nur noch Freundschaften und keine Liebschaften mehr zugetraut werden? Als Sie es sich selbst nicht mehr zutrauten, das Verlieben? Ich bin zu alt für dergleichen! Als Sie stattdessen lieber shoppen gingen? Ein absolut verlässliches Indiz fürs frühzeitige Altern: Sie kaufen mehr, als Sie brauchen. Aber – haben Sie das nicht schon immer getan? Sie vergessen immer mehr? Nun ja, im Schlaf, in der Trunkenheit, im Liebesrausch und eben im Alter vergisst man so einiges! Sie werden immer gelassener? Jetzt ist tatsächlich Vorsicht geboten: Zu große Gelassenheit ist immer ein eindeutiges Indiz für Senilität.

Wir können uns drehen und wenden, wie wir wollen, es ist nicht einfach, sich selbst als alternd in den Blick zu nehmen. Wann ist dieser seltsame Zeitpunkt, an dem das jugendliche Ich verloren geht und das vermeintlich neue, das gealterte Ich an seine Stelle tritt? Ist es wie im Wetterhäuschen, die Sonnenfrau tritt ab, der Regenmann erscheint und will einfach nicht mehr verschwinden? Wir können es schwer voraussagen, bei anderen nicht und auch nicht bei uns selbst. Manche altern von einem Tag auf den anderen. Manche vergreisen nie. Wir wissen wenig darüber, wie sich dieser Abschied von der Jugend genau vollzieht, vermutlich, weil wir so wenig darüber wissen wollen.

Das Merkwürdige am Alter sei, bemerkte die Schriftstellerin Natalia Ginzburg, dass wir gar kein Interesse daran verspürten, uns beim Altern zuzusehen oder uns gar in die Rolle des Alternden hineinzuversetzen. Sie gibt einen wunderbaren Beweis dafür, besser gesagt Rotkäppchen und der Wolf liefern ihn. Denn um die beiden geht es doch in dem Märchen, oder erinnern Sie sich noch an die Großmutter? Sicher, sie wird gefressen, und dass sie unversehrt aus dem Bauch des Wolfs wieder hervorkommt, ist eine große Freude … nur für wen? Wir leiden mit Rotkäppchen, wir fürchten den Wolf, die Großmutter hingegen ist uns herzlich egal. Oder erinnern Sie sich noch an ihren Namen?

Die größte Gefahr des Alterns ist, dass man sich gleichgültig wird, sich selbst und anderen, und dass einem diese Egoverdunklung dank altersgerechter Scheuklappen noch nicht einmal auffällt. Vielleicht ist das eine der Selbstschutzfunktionen unseres Intellekts, dass er uns vor der Erkenntnis unserer allmählichen Wahrnehmungseinschränkung so lange wie möglich bewahren will. Vielleicht kann er es auch gar nicht, vielleicht ist er mit der Wartungsfunktion seiner selbst einfach völlig überfordert.

Wie der Geist altert, wissen wir nicht. Die Verfallssymptome zeigen sich zuweilen erst sehr spät, aber das Geschehen selbst beginnt schon in den Jahren der Kindheit. An dem Tag, da Harry Potter auf seinen Lehrer Albus Percival Wulfric Brian Dumbledore trifft, altert er um Jahrzehnte, wenn nicht gar um Jahrhunderte, denn dessen Wissen wird sein Wissen. Ein Fünfzehnjähriger muss in diesen Tagen mehr Weltgeschichte in seinem Kopf unterbringen als je ein Mensch zuvor, darunter ungeheuerliche Dinge, die selbst Erwachsene überfordern. Das kann leicht zur Verhärtung von Herz und Seele führen. Lots Weib erging es nicht anders, als sie hinter sich sah und zur Salzsäule erstarrte, weil sie mit einem Blick all die Schrecken Sodoms und Gomorras erfassen musste. Je mehr wir wissen, desto ballastreicher ist unser Denken, desto rascher ereilt uns das Urteil: Wie schrecklich altklug!

Umso dringlicher die Frage: Wie bleiben wir jung im Kopf? Nicht mit Sudokus, das hat die Forschung inzwischen herausgefunden, Kreuzworträtsel und dergleichen machen nicht schlauer, sie halten einen nur beschäftigt. Überhaupt scheint die ganze Intelligenzforschung sich ein wenig zu sehr an Äußerlichkeiten zu orientieren. Der IQ ist eine Phantomgröße, ausgedacht von Bio-Technikern, nichtssagend wie die PS- oder die Kilowattzahl eines Autos, denn was nützen Ihnen dreihundert Pferdestärken unter der Haube, wenn Sie nicht rückwärts einparken können? Und wozu sind Sie intelligent, wenn Sie nicht wissen, wofür? Sportwagen fahren macht nicht sportlicher, Bücher kaufen nicht klüger, Diamantcolliers um den Hals machen nicht schöner. Das Hirn mag ein trainierbares Organ sein, aber wohin soll Sie der Fleiß führen? Sie können das Alter nicht durch Aktionismus aufhalten.

Wodurch dann? Vor allem: Wen wollen Sie um Rat fragen? Ihren Freund, Ihre Freundin, Ihren Mann, Ihre Ärztin, Ihre

Therapeutin oder Ihren Yogalehrer? Bin ich alt? Glauben Sie etwa, dass Ihnen einer aus diesem Kreis eine ehrliche Antwort geben wird? Sie werden angelogen. In bester Absicht, aber Sie werden angelogen. Die Ärzte nehmen sich nicht die Zeit, die Freunde haben nicht den Mut, der Partner oder die Partnerin liebt sich selbst viel zu sehr, als dass er oder sie mit einem alten Menschen zusammen sein will, und der Blick in den Spiegel hilft erst recht nicht weiter. Dazu belügen wir uns selbst viel zu gern. Die Folgen sind unschön.

Fragen Sie König Lear! Fragen Sie Dorian Gray! Es gibt einen unabwendbaren Fluch, der jene trifft, die sich weigern zu altern, man wird eines Tages schrecklich überrascht von der Gestalt, die einem aus dem Spiegel entgegentritt. Wie alle Verbrechen werden auch die des Selbstbetrugs meist eines unschönen Tages entlarvt, es kommt zur Gegenüberstellung, Selbstbild und Spiegelbild, und dann stehen wir da, stumm, ein wenig verlegen und bedürftig nach Trost. Dieser alte Mensch soll wirklich ich sein?!

In diesem Moment des Jammers, der kein Ende nehmen will, kommt Dorian Gray hinzu, tritt neben Sie vor den Spiegel, legt Ihnen beruhigend die Hand auf die Schulter und säuselt mit toxischer Süffisanz: »Die Tragödie des Alters besteht nicht darin, dass man alt ist, sondern dass man jung ist. Keine Angst, mein Lieber, Sie sind nicht der Erste, dem es so ergeht!« Wie tröstend, denken Sie sich. Wie ungemein tröstend. Und wenn noch ein Funken Selbstironie in Ihnen glimmt, dann müssen Sie zugeben, dass Dorian Gray recht hat. Sie sind nicht der Erste, der altert, und Sie werden nicht der Letzte sein. Insofern kommt Dorian Gray als Ratgeber sehr gelegen, denn er selbst ist gealtert auf denkbar schlimmste Weise, was die Hoffnung weckt, dass Sie es besser machen können. Nehmen Sie sich an ihm ein Beispiel, wie Altern durch Jugendwahn zur Tragödie werden kann. Nehmen Sie sich an Miss Marple ein Beispiel, wie Sie dank eines gesunden Verstandes älter werden können, ohne zu altern.

Jedes der Kapitel in diesem Buch hat einen Paten, Männer oder Frauen, die erst durch und dank ihres Alters berühmt wurden, was die Hoffnung nährt, dass es nie zu spät ist, sich mit sich selbst zu beschäftigen. Miss Marple wird wie gesagt zu Wort kommen, Goethe, Konfuzius, der König Salomo und die Königin von Saba, wiewohl deren Alter so genau nicht zu bestimmen ist, und natürlich Harolds greise Freundin Maude.

Zuallererst und noch in diesem Kapitel betritt die Bühne: König Lear, der Albtraum aller Töchter – und Söhne, die sich plötzlich den Schrullen eines Mannes ausgesetzt sehen, den sie einst als ihren Vater kannten. King Lear, Schutzpatron aller alten Männer, die in Selbstmitleid versinken, weil sie noch einmal den ganz großen Auftritt suchen, bevor sie sich selbst in Vergessenheit bringen. Jeder von uns kennt einen alten Mann, der diesem König zum Verwechseln ähnlich ist, auch wenn Lear selbst vermutlich nie gelebt hat. Wie gesagt: Es sind mehrheitlich literarische Figuren, die in diesem Buch eine große Rolle spielen, es werden nur wenige Menschen aus Fleisch und Blut zu Wort kommen, aus dem einfachen Grund, weil Menschen im wirklichen Leben selten die Gelegenheit gegeben wird, so klug zu sein, wie sie tatsächlich sind, so tapfer, so liebevoll, so rachsüchtig und so nervtötend. Die Freiheit, tun und lassen zu können, was man will, ist in Büchern größer, im Guten wie im Schlechten. Eine Miss Marple kann die Naive mimen, in grauen Wollstrümpfen kurzatmig durch Pfützen voll Blut waten, sie wird dennoch heil aus der Nebelwand des Verbrechens treten und mit herzigem Lächeln den Mörder präsentieren, dem ihre Schöpferin Agatha Christie im wirklichen Leben gottlob nie begegnete. Was wiederum den ruhigen Lebensabend ihrer Figuren sicherte, denn Hercule Poirot würde sich strengstens dagegen verwehrt haben, dass sich seine Autorin im wirklichen Leben auf Mördersuche begibt: *C'est impossible!* Viel zu gefährlich, Madame, das Leben da draußen! Sie würden nur unsere gemeinsame Existenz gefährden, *n'est-ce pas?!*

Der Dichter Gottfried Benn empfand das Altern als Problem für Künstler und zugleich als Gewinn, ein Wechselspiel, denn ihm fiel auf, was uns hoffentlich zur Lösung des Problems des alterslosen Lebens führen wird, dass nämlich Künstler, sofern sie denn nicht zu früh an ihrem Tun verzweifeln, häufig länger leben als die meisten ihrer Zeitgenossen. Tizian, Michelangelo, Goethe, Tolstoi, Picasso, Chaplin, sie alle wurden sehr alt, ohne dabei an Klugheit einzubüßen. Woran das liegt? An ihrer Faulheit! So nenne sich das doch in diesen Kreisen, sich der Muße hingeben – oder den Musen, lästert Heribert Hurtig alias Homo Faber im Namen aller allzeit Geschäftigen. Weil sie fast ausschließlich Umgang mit Menschen hatten, die gar nicht existierten, das zumindest ist meine Vermutung. Pippi Langstrumpf hielt Astrid Lindgren jung, jünger vielleicht, als es ihre Tochter Karin getan hat, für die sie das Buch schrieb. Denn Pippi Langstrumpf wollte kein Einzelkind bleiben, und so kam Kalle Blomquist dazu, und dann kamen die Kinder aus Bullerbü, und ehe sichs Astrid Lindgren versah, hatte sie für eine ganze Schar von Kindern zu sorgen und zu schreiben, Kinder, die in ihren Büchern lebten und die den Kindern draußen zu Spielgefährten wurden.

Wir glauben immer, dass die Künstler ihre schützende Hand über ihre Geschöpfe halten, das ist wahr; wahr ist aber auch, dass die Geschöpfe zuweilen sehr liebevoll für ihre Autoren sorgen. Harry Potter hat mit seinem Zauberstab das Aschenputtel Joanne Rowling, Sozialhilfeempfängerin und alleinerziehende Mutter, zu einer unermesslich reichen und mächtigen Königin gemacht, der Kinder und Erwachsene auf der ganzen Welt zu Füßen liegen, um ihren Geschichten zu lauschen.

Ob Harry Potter oder Winnetou, Tom Sawyer oder Pippi Langstrumpf, fast jeder von uns war schon mit Menschen befreundet, die nie wirklich lebten, dennoch haben wir sie bewundert, geliebt, mit ihnen gelitten und sind an ihnen gewachsen, weil sie mehr Einfluss auf uns hatten als die meisten anderen Spielgefährten. Auch wenn wir es im Alter gern vergessen, wir verdanken den Helden unserer Kinderbücher eine ganze Menge Lebensmut. Etwas von ihrer Kraft ging auf uns über. Und sei es auch nur das Geheimwissen um das einzige universelle und unerschöpfliche Zaubermittel gegen die Tyrannei der Zeit: Einfach ein Buch aufschlagen, und schon leben Sie in einem anderen Jahrhundert, an einem anderen Ort, in einem anderen Körper. Das ist Magie, Fantasterei, was auch immer Sie wollen, aber es funktioniert. Und es hilft gegen das vorzeitige Altern!

Wagen wir die Probe aufs Exempel. Der erste Fall: König Lear. Auch wer das Drama noch nie auf der Bühne erlebte, hat zumindest den Namen schon gehört: »King Lear«. Der Autor, auch er nicht gänzlich unbekannt, obwohl er ein biografisches

Rätsel geblieben ist: William Shakespeare. In welchem Verhältnis die beiden zueinander standen? Schwer zu sagen, über den alten Mann Shakespeare wissen wir sehr wenig. König Lear wiederum scherte sich einen Dreck um die Meinung von Autoren, was ihm zum Verhängnis wurde, aber dazu später mehr. Sie kennen König Lear nicht? Sie hassen Theater? Nicht weiter schlimm, selbst wer den Namen noch nie hörte, hat zumindest das Drama schon erlebt: Ein Mensch wird alt und lästig. Lears Drama, die Tragödie des alten Mannes, der nicht mehr weiß, wem er vertrauen soll, wiederholt sich Tag für Tag, es widerfährt Männern wie Frauen, Armen wie Reichen.

Es ist eine Tragödie, im Theater wie im wirklichen Leben, eine Tragödie, die eine sehr einfache und dennoch sehr schwierige Frage aufwirft: Warum tun wir im Alter so oft das Falsche?

King Lear, Besitzer eines Autohauses, eines mittelständischen Unternehmens, einer gut gehenden Bio-Bäckerei mit sieben Filialen, kurzum: ein wohlhabender Mann, mit drei Töchtern. Ein stolzer Mann, König in seinem Reich, stolz auf seine Kinder, aber mehr noch darauf, dass er ihnen so viel zu geben hat. König Lear will seinen Besitz verteilen an seine drei Töchter, die er gleichermaßen liebt – oder zu lieben vorgibt: Goneril, Regan und Cordelia. Zu Recht geht er davon aus, dass die Töchter nun, da er sich daranmacht, sein Erbe zu verteilen, ihn noch ein wenig mehr lieben werden, als es ohnehin ihre Pflicht ist. Also tut er das, was ihm zum Verhängnis wird: Er fragt, welche ihn am meisten liebe. Er will sich für seine Generosität mit Gefühl bezahlen lassen.

Goneril und Regan, bösartige Geschöpfe und daher kundig in der Kunst der Schmeichelei, übertreffen sich in Liebesbeteuerungen, sehr zur Freude des Alten, der gewillt ist, alles für bare Münze zu nehmen, was da gesäuselt wird. »Mehr lieb ich Euch, als Worte je umfassen«, prahlt die eine und wird übertrumpft von der anderen, die sich nicht scheut, in der Liebe zum Vater ihr »einzig Glück« auf Erden zu sehen. Cordelia hingegen, deren »Liebe schwerer wiegt als jedes Wort«, hat nichts zu sagen, nichts zumindest, was sich mit dem Geschwätz der Schwestern messen könnte: »[…] ich kann nicht mein Herz auf meine Lippen heben; ich lieb Eur Hoheit, wie's meiner Pflicht geziemt, nicht mehr, nicht minder.« Trockene Worte, so empfindet es Lear, unangemessen der Größe des Erbes. Und so nimmt das Unglück seinen Lauf.

Wer liebt mich am meisten? Wozu will er das wissen, der alte Mann? Das ist die Frage, die im Drama nicht gestellt wird, die sich aber jeder Zuschauer stellt. Warum zwingt Lear seine Töchter in einen so abstrusen Wettbewerb? Die einfachste Antwort – und die unbefriedigendste: Weil es sonst kein Drama gäbe. Diese Feststellung ist nicht ganz so banal, wie sie klingt. Es ist beruhigend zu wissen, dass in Thrillern nicht deshalb so viel gemordet wird, weil die Zahl der Serienmörder sprunghaft angestiegen ist, sondern weil unser Blutdurst einfach umso größer wird, je friedlicher sich unser Leben gestaltet. Dramatiker und Regisseure zwingen ihre Figuren zuweilen, sehr unvernünftig zu handeln, denn nur so hat der Zuschauer die Gelegenheit, sich darüber zu empören oder zu entsetzen. Dichter morden nur für ihr Publikum, sie sind, modern gesprochen, Auftragskiller.

Warum zwingt Shakespeare König Lear, sich so dumm anzustellen? Weil er den Zuschauern einen Spaß bereiten will! Und man muss sich die Zuschauer im Elisabethanischen

Theater als sehr grobes Volk vorstellen, das einen großen Spaß an allen Formen der Schadenfreude hatte. Ein mächtiger König wird zum Kind, das ist – auch ein Komödienstoff. Torheit und Demenz liegen nah beieinander. In medizinischen Fachkreisen wird des Königs Fall geradezu als Musterbeispiel einer beginnenden Altersverwirrung gehandelt. Lear ist orientierungslos, verstört, verloren: »Um offen zu sein, ich fürchte, ich bin nicht bei vollem Verstand. Mir scheint, ich sollte Euch kennen und diesen Mann auch, doch ich bin im Zweifel; denn ich bin völlig im Unklaren, was für ein Ort dies ist, und alle Kenntnis, die ich habe, erinnert sich nicht an diese Kleider; auch weiß ich nicht, wo ich letzte Nacht gewohnt habe.«

Diese königliche Demenz hat ihre komischen Seiten. Enorm die Fallhöhe, der Herrscher über die Welt brabbelt mit einem Mal kindischer als jedes Kind. Kein Zufall, dass dem König ein Narr beigegeben ist, der sich weitaus weniger närrisch benimmt als der König selbst.

Demenz ist ein verwirrendes Geschehen, auch für die Forscher: Welche Symptome deuten bereits auf geistigen Verfall, welche sind nur Schrullen oder Charaktereigentümlichkeiten, die sich im Alter ein wenig deutlicher zeigen, weil man sich mehr gehen lässt? Ein unbehaglicher Verdacht stellt sich ein: Ist das bereits ein Indiz? Wer sich gehen lässt, wird senil? Keine Schminke mehr am Morgen, keine Lackschuhe mehr für den Gang ins Theater? Wie erkenne ich, wann ich mich gehen lasse oder einfach nur entspannt bin? Wann ist diese neue Lässigkeit verdächtig? Wenn sie in Gesundheitsschuhen daherkommt? Wann steigen wir vom Thron unseres Egos und vor allem: warum? Weil wir einfach nur müde sind?

Wie hätte Lear erkennen können, dass er starrsinnig wird? Gibt es eine Checkliste der Senilitätskriterien? Die sieben Fallen des Alters, frei nach Shakespeare:

1. Sie werden angehimmelt, umschmeichelt – wie schön für Sie, aber: Wer oder was ist gemeint, wenn Sie angehimmelt werden? Sie selbst als Person, oder Sie selbst als Prominenter, als Geldgeber, als Netzwerker? Sie glauben, Sie selbst als Person?

2. Wieso sind Sie plötzlich anfällig für Schmeichelei? Oder waren Sie es schon immer, und es fiel Ihnen in jungen Jahren nur nie auf, weil Ihre Meinung von sich selbst eine viel höhere war als jetzt, da Sie älter und misstrauischer werden?

3. Sie verstehen keinen Spaß mehr, schon gar nicht auf Ihre Kosten?

4. Sie glauben, Sie hätten verdient, was Ihnen an Liebe entgegengebracht wird?

5. Sie sind sicher, dass mit Ihnen eine Welt zugrunde geht, weil nichts Besseres mehr nachkommen kann?

6. Sie sind beleidigt, dass Ihr Körper Sie im Stich lässt? Wie schnell sind Sie beleidigt?

7. Sie halten sich für einen König?

Jeder von uns ertappt sich ab und an bei eigenartigem Tun. Gelegentlich rede ich mit mir selbst, weil mich ein Problem sehr beschäftigt, oder ich fasse mich an die Nase, weil ich denke, es bringt Glück. Würde ich mehr mit anderen reden, wäre das Problem vielleicht schneller gelöst; würde ich andere häufiger an die Nase fassen, stünde ich hingegen sehr schnell unter Senilitätsverdacht.

Wir glauben, so zu bleiben, wie wir sind. Aber wir ändern uns. Unmerklich, Tag für Tag. Wir werden klüger, wir werden erwachsener, wir werden eigentümlicher im Lauf der Jahre. Vielleicht, damit wir uns weniger mit uns selbst langweilen. Also überraschen wir uns ab und an mit ungewohnten Verhaltensweisen. Die Frage ist: Wo sind die Grenzen zur Auffälligkeit überschritten? Wann beginnt man, sich selbst peinlich zu werden? Und was wäre daran eigentlich so schlimm?

Schlimm wird es, wenn wir beginnen, uns selbst oder andere zu belästigen oder gar zu schädigen. Dann sollten wir intervenieren – oder intervenieren lassen. Leicht gesagt. Leider kennt sich kein Mensch so gut, dass er die unmerklichen Veränderungen an sich selbst wahrnimmt, die in der Summe dazu führen, dass ein netter Schulfreund nach dreißig Jahren des Wiedersehens trompetet: Du hast dich ja gar nicht verändert! Während Sie an seinem mitleidigen Blick ablesen können, dass er eigentlich sagen wollte: Bist du aber alt geworden!

Wir stehen in einer ständigen Prüfungssituation, allenfalls Künstlern ist es noch erlaubt, sich daraus zu entlassen. Kreative können tun und lassen, was sie wollen, es wird ihnen als Kreativität ausgelegt. Kein Mensch nimmt es einem Schlagersänger übel, wenn er sich als König von Deutschland ausruft, kein Fan wird einem Cross-Dresser zum Vorwurf machen, dass er sich als *King of Queens* kostümiert. Aber treten Sie als würdiger Großvater Ihren Enkeln einmal in Frauenkleidern gegenüber, wahlweise im Smoking, wenn Sie als Großmutter endlich mal die Schürze abstreifen wollen. Es ist Ihnen bei Strafe der Lächerlichkeit untersagt, ein anderer sein zu wollen als der, der Sie sind. Das ergeht Lear nicht anders. In dem Moment, da er sich freiwillig seines alten Egos, soll heißen: seiner Machtmittel entledigt, wird er zum Opfer.

Was erneut die Frage aufwirft: Wie dumm muss ein König sein, dass er sich selbst entmachtet? Auch nicht dümmer als Sie oder ich. Oder ertappen Sie sich etwa nicht zuweilen dabei, dass Sie aufwachen und denken: Macht euren … Kram doch alleine, ich bin raus. Und dann ziehen Sie einfach die Bettdecke über den Kopf – und können doch nicht länger schlafen, weil Sie denken: Wie wollen die das ohne mich schaffen? Im Alter stellt sich diese Frage mit ganz anderer Wucht. Im Alter stellen sich alle Fragen, die man nie zu fragen gewagt hat, mit ungekannter Dringlichkeit, alle Vorwürfe, die lebenslang in einem rumorten, drängen nach außen. Wir wollen es noch einmal wissen!

Warum führt sich Lear so auf? Eine Antwort, vielleicht die tragischste: Weil er einfach genug hat. Altern heißt auch: mit der eigenen Auslöschung zu liebäugeln. Macht den Kram doch ohne mich! Der Satz zeugt ja nicht nur von Wut oder Resignation, sondern auch von tiefster Zufriedenheit mit sich selbst, der Zufriedenheit nämlich, oder besser gesagt: der Gewissheit, dass es ohne einen nicht weitergeht, zumindest nicht so wie bisher. Man taxiert sich als ungeheuren Verlust für die Welt. Mit der eigenen Auslöschung liebäugeln heißt auch, den Untergang der ganzen Welt in Kauf nehmen. Davon ist keiner befreit, von der napoleonischen Sehnsucht, mit sich selbst ein Weltreich zugrunde gehen zu lassen.

King Lear wusste sehr wohl, was er tat. Er wollte noch einmal Held eines Dramas sein, eines Dramas, das er selbst auslöste, indem er willentlich die Mächte des Bösen entfesselte.

Soll mir keiner sagen, er habe nicht gewusst, welche Biester Regan und Goneril waren, warum sonst war Cordelia schon immer seine Lieblingstochter!?

Keine schlechte Lösung des Falls. Wer den theatralischen Abgang sucht, ist damit gut bedient. Und eine passable Moral hat die Geschichte in dieser Version auch: Ein König der Herzen wird man nicht durch Nachfrage oder per testamentarischer Verfügung. Nichts ist flüchtiger als Liebe, die eingefordert wird. Höflich kann man auf Verlangen sein, freundlich, entgegenkommend, vielleicht sogar zärtlich, aber nicht verliebt. Kein Mensch kann auf Geheiß lieben. Da endet selbst die Macht der Könige. Da endet die Macht aller Herrscher. Da bleibt nur eins: einen Dichter zu beauftragen, das Drama des eigenen Niedergangs in Verse zu setzen, damit einen wenigstens das Publikum noch einmal als König beweint, verehrt ... und liebt!

»Wie sehr liebt ihr mich?« Die Frage ist dennoch nicht aus der Welt, auch wenn Lear sie falsch gestellt hat, königlich anmaßend eben. Eigentlich wollte er fragen, (zumindest unterstelle ich ihm das): Was ist eigentlich liebenswert an mir? Wenn ich nicht mehr König bin ... Es ist die nackte Angst, die aus ihm spricht. Die Angst vor der Einsamkeit im Alter. Wenn aller Besitz sinnlos wird, weil es auf den Tod zugeht und nur noch der Mensch zählt. »Wer ist's, der mir kann sagen, wer ich bin?«

Lear wird alt. Je älter man wird, desto unwissender wird man, was die eigene Stellung in der Welt angeht. Mag sein, werden die Klugen einwenden, aber darüber hätte er sich früher Gedanken machen müssen. Vielleicht haben die beiden ungeduldigeren Töchter ja doch recht. Wäre er etwas bescheidener aufgetreten, hätte er sich mit zwei Zimmern im Dachgeschoss des Schlosses und einem Diener seines Alters zufriedengegeben, dann wäre all der Ärger vermeidbar gewesen. Irgendwann ist es eben Zeit, Platz zu machen: »Die Jungen steigen, wenn die Alten fallen.« Er ganz allein ist verantwortlich für sein Schicksal.

Goneril, die älteste Tochter Lears, stellt mit der Hellsichtigkeit der Boshaften fest: »Es ist seine Schuld, er nahm sich selbst die Ruh …« Wodurch? Durch Unbelehrbarkeit, werden die ganz Klugen sagen. Er hört nicht auf andere, was noch nachzuvollziehen wäre bei einem Menschen, der immer nur von Schmeichlern umgeben war. Er hört nicht auf sich selbst, was schlimmer ist, denn das heißt, dass er nie gelernt hat, zu sich selbst auf Distanz zu gehen, mit sich selbst das Gespräch zu suchen. Vor allem: Er hört nicht auf den Narren: »Du hättest nicht alt werden sollen, eh du klug geworden wärst.« Das ist der Schlüsselsatz des Dramas und Shakespeares ganz persönliches Rezept gegen Senilität: Werden Sie nicht alt, bevor Sie klug geworden sind! Denn wenn Sie klug sind, werden Sie nicht alt. Lears Tragödie ist nicht sein Alter, sondern seine Dummheit. Er leugnet, was seit den Tagen der Steinzeit das stillschweigende Übereinkommen zwischen Alt und Jung ist: Für jeden ist irgendwann der Tag gekommen abzutreten. In der Formulierung des Altersforschers Rudi Westendorp: »Die Liebe zu alten Menschen ist nicht in unseren genetischen Code einprogrammiert.« Wir empfinden es vielmehr als Pflicht der Alten, eines nicht allzu fernen Tages still und leise von der Bühne zu gehen, denn es warten noch andere auf ihren großen Auftritt.

Lear ist nicht senil oder gar dement, es ist viel schlimmer, Lear ist der, der er immer schon war: ein uneinsichtiger, selbstgefälliger Tyrann, der sich für unsterblich hält. Sie, der Sie das lesen, sind kein König und werden es nie sein. Dennoch benehmen Sie sich zuweilen wie ein Tyrann oder wie eine Diva, Sie nehmen sich zu wichtig, weil Sie Angst haben, dass andere Sie gar nicht mehr wahrnehmen. Tun Sie es nicht, es macht Sie nur älter. Werden Sie klug, bevor Sie alt werden. Lernen Sie von Shakespeare! Sie müssen ihn nicht lesen, Sie müssen sich nur ein Beispiel an ihm nehmen.

Warum wohl hat man von Shakespeare im Alter nicht mehr sehr viel gehört? Anders als Lear hat er kein Drama um seine Abdankung gemacht. Es gibt wundersame Vermutungen, dass er unter Pseudonym weiterschrieb oder gar nicht existierte oder nie der war, der er vorgab zu sein. Die einfachste Überlegung hingegen scheint die wenigsten Anhänger zu haben, einfach, weil sie so einleuchtend ist: Er hatte in den letzten Jahren seines Lebens nichts mehr zu sagen, und er wusste es. Als er begriff, dass er die Menschen nicht mehr mit seinen Worten rühren konnte, schwieg er. Kein schöneres Ende für einen Dichter, oder? Einfach verstummen … Was meinen Sie, Miss Marple?

II. SIE REDEN ZU VIEL?
SIE REDEN ZU WENIG?

Oder: Warum ist Miss Marple
stets klüger als die anderen?

Dieser Frau widerfuhr, was jedem als das Verhängnis schlechthin erscheinen mag: Sie kam grauhaarig auf die Welt. »Miss Marple wurde im Alter von etwa fünfundsechzig bis siebzig geboren«, berichtet ihre Hebamme Agatha Christie. Eine langwierige literarische Geburt, denn Miss Marple wechselte im Lauf der Jahre häufiger ihr Aussehen. Manchem bleibt sie nur durch ihr rustikales Double Margaret Rutherford in Erinnerung, andere sehen eine gebrechliche viktorianische Gouvernante mit Spitzenhäubchen vor sich, viele erinnern sich an gar keine Äußerlichkeiten, sondern nur an ihre unverwechselbar umständliche, nein eigenwillige Art, auch die schwierigsten Kriminalfälle zu lösen.

»Es gibt heutzutage so viele Probleme«, seufzte Miss Marple nach Auskunft eines Freundes in schöner Regelmäßigkeit. »Es war eine nützliche Redewendung, die sie gern gebrauchte.« Und auch zu Recht gebrauchte, denn wider alle statistische Vernunft gab es im Leben dieser alten Dame unglaublich viele *Probleme*, was eine sehr dezente Umschreibung für alle Arten von Kriminalfällen ist, die zu lösen ihr aufgetragen wurde. Aber es war nicht ein Problem darunter, das ihr nachhaltiges Kopfzerbrechen bereitet hätte, geschweige denn, dass sie auch nur ein Verbrechen nicht hätte aufklären können. Rätselraten war ihre Passion, und um nichts anderes als um Rätselraten ging es in ihren Ermittlungen. Die detektivische Arbeit mochte noch so kompliziert sein, die Täter noch so raffiniert, Miss Marple ließ sich davon nicht aus der Ruhe bringen. Ihr Strickmuster bei der Lösung der Fälle blieb sich stets gleich. Die Mörder wechselten, Mittel und Motive ebenso, Miss Marples Ermittlungsmethode hingegen nie, sie konnte sich stets auf ihren gesunden Menschenverstand verlassen, der sie immer wieder vom Nächsten aufs Fernste brachte. Das Seltsame daran: Dem Publikum wurde es dennoch nie langweilig. Miss Marple war und ist die beliebteste Seniorin der Welt. Ersatz fand sich nie. Hercule Poirot fiel irgendwann auf die Nerven durch seine eitle Besserwisserei und wurde von Agatha Christie höchstpersönlich ohne größeres Bedauern zu Grabe getragen. Miss Marple hingegen blieb im Dienst, sofern ihre ehrenamtliche Verbrecherjagd als solcher bezeichnet werden kann. Eher schon war es eine Leidenschaft. Auf keinen Fall war es eine bloße Liebhaberei oder eine Altersmarotte, denn keiner, der je in die Nähe der alten Dame kam, hätte gewagt, ihr kriminalistisches Tun als Hobby auszulegen oder gar als senilen Zeitvertreib zu belächeln. Im Gegenteil, die Leser warteten voll Spannung auf jeden neuen Fall, auch wenn sie wussten, dass es irgendwann der letzte sein würde. Doch diesen letzten Fall gibt es nicht, es gab immer nur einen vorläufig letzten. Das Glück der späten Geburt und die Liebe ihrer Anhänger ließen ihr Dahinscheiden in immer weitere Ferne rücken. Ein biologisches Wunder. Miss Marple alterte, ohne zu altern, was sich auch Agatha Christie nie so recht zu erklären wusste, obwohl sie wiederholt auf den Gesundheitszustand ihrer besten Ermittlerin angesprochen wurde. Aber dieser Frage wie auch der nach dem tatsächlichen Alter wich sie beharrlich aus. Ein Dahinscheiden nach Art Poirots sollte Miss Marple offenbar erspart bleiben. Wenn sie aber nicht gestorben ist, stellt sich unweigerlich die Frage, wo sie sich derzeit eigentlich aufhält.

Denn so mysteriös ihr Eintritt in die Welt war, so verwirrend ist ihr Verschwinden. Über ihren aktuellen Aufenthaltsort kann nur gerätselt werden, aber von einem Fortleben ist mit Gewissheit auszugehen, solange ihre letzte Ruhestätte nicht gefunden wurde. Es mag nicht ganz ausgeschlossen sein, dass sie noch immer in der Welt umherreist, unter anderem Namen womöglich, denn in St. Mary Mead hat man angeblich schon länger nichts mehr von ihr gehört. Aber das könnte selbstverständlich auch daran liegen, dass von den alten Nachbarinnen keine mehr lebt – und sich die neuen Nachbarn wenig für ihre unmittelbare Umgebung zu erwärmen scheinen, obwohl das durchaus in ihrem eigenen Interesse liegen sollte, wie jeder weiß, der sich schon einmal mit der Geschichte des Verbrechens im Allgemeinen und der in St. Mary Mead im Besonderen beschäftigt hat. Denn dort kann hinter jeder Tür ein Mörder lauern, das sagt zumindest die Christie-Statistik.

Bleibt die Frage: Was wurde aus Miss Marple? Ist sie auf Reisen, liegt sie mumifiziert im Keller ihres Häuschens oder muss sie in einem der staatlichen Altersheime lebenslänglich Senioren-Bingo spielen? Selbst nach Jahren ohne Lebenszeichen wurde sie – laut Auskunft ihrer Nachlassverwalter, jener besagten Agatha Christie und ihrer Erben – bislang noch immer nicht offiziell für tot erklärt. Noch immer fließen in ihrem Namen nicht unbeträchtliche Geldmittel auf die Konten der Verbliebenen, denn nach wie vor werden ihre Geschichten gelesen. Von ihr selbst hingegen – kaum eine Spur! Sie verschwand einfach, ein wenig gebrechlich zwar, aber mit reichlich Finanzmitteln ausgestattet, die sie der Lösung ihres vorläufig letzten Falles verdankte. Woher ich das weiß? Ich traf sie vor einigen Monaten zu einem letzten Interview. Thema sollte das große Rätsel des Alterns sein, denn wer, wenn nicht sie, könnte ihren Lesern und Fans erklären, wie es möglich ist, trotz eines so altmodischen Lebenswandels so jugendfrisch im Kopf zu bleiben.

Die Einladung zu dem Gespräch verdankte ich ihrem Neffen, dem Schriftsteller Raymond West, der so ziemlich das genaue Gegenteil seiner viktorianischen Tante verkörpert: ein Dandy, ewig jung, modernitätsversessen, applaussüchtig. Raymond hatte in den Achtzigerjahren einigen Erfolg auf den Londoner Off-Bühnen mit seinem parabolischen Einakter »Wiedersehen mit Godot«. Sein fragmentarischer »Roman ohne Konsonanten«, der kurz vor der Jahrtausendwende erschien, brachte ihm viele hymnische Kritiken, aber wenige Leser, sodass es zunehmend stiller um ihn wurde. Miss Marple hatte ihm hin und wieder ein wenig Geld zukommen lassen, aber in den letzten Jahren genügte das kaum noch, um seinen exzentrischen Lebensstil zu finanzieren, zumal die Gerüchte über ihn und seine Gespielen es wenig ratsam erscheinen ließen, ihn auch weiterhin finanziell zu unterstützen. Er war den Weg seines großen Vorbilds Dorian Gray gegangen, hatte Frau und Kinder verlassen, sich ganz dem Traum seines gefallsüchtigen Egos ergeben und torkelte nunmehr wie entfesselt dem Untergang entgegen. Miss Marple hatte den Kontakt zu ihm allmählich eingeschränkt und schließlich ganz abgebrochen. Sie wollte ihn als den frischen jungen Mann in Erinnerung behalten, den sie früher so sehr geliebt hatte.

Ich hatte Raymond in Berlin getroffen, wo er die deutsche Übersetzung seiner Memoiren »Die ungeheuerliche Miss M. Ein Neffe kommt ins Plaudern« vorstellte, sehr zum Leidwesen des Publikums, das sich von seinen Indiskretionen schrecklich enttäuscht zeigte, zumal von seiner weltberühmten Tante nur sehr wenig, von ihrem eitlen Neffen hingegen sehr ausführlich die Rede war. Was das Publikum mit grausamer Häme strafte, keine Hand rührte sich zum Schlussapplaus. Dass die Buh-Rufe ausblieben, verdankte er allein der Tatsache seines Neffe-Seins. Vielleicht war er deshalb im Gespräch mit mir, dem Journalisten, so anhänglich und auskunftsfreudig. Gewöhnlich, so hatte es geheißen, weiche er allen allzu konkreten Fragen nach dem Verbleib seiner Tante aus, aber als ich ihn auf das Gerücht ansprach, dass sie ebenfalls ihre Lebenserinnerungen geschrieben habe, allerdings nur, um sie in einem Tresor zu verwahren, gleichsam als Lebensversicherung, wurde er sichtlich unruhig. Überhaupt schien er ein sehr nervöser Zeitgenosse zu sein, sei es, weil eine niemals erlahmende innere Unruhe ihn plagte, oder weil er sich vor irgendetwas fürchtete, was er einfach nicht in den Blick bekam – so sehr er sich auch bemühte.

»Woher haben Sie diese …« Er wollte das Wort »Information« vermeiden und flüchtete sich in die Wiederholung. »Woher haben Sie diese … äh?« – »Es gibt Gerüchte, in Verlagskreisen«, kam ich ihm zur Hilfe. »Sie können sich ja vorstellen, welche Sensation das wäre, eine sehr profitable Sensation noch dazu: Miss Marples ungeheuerliche Memoiren – von ihr selbst verfasst.« Ich hatte den richtigen Ton getroffen. Seine Augen blitzten im Swarowski-Takt. Die Geldgier, die ihn, im Verein mit der Ruhmsucht, nie ganz losgelassen hatte, packte ihn erneut mit heftigem Würgegriff. Es war nur zu offensichtlich, woran er gerade dachte. Auch wenn er sich bemühte, nicht allzu habgierig zu erscheinen, eine hektische Röte verriet seine Aufregung. Schließlich war er der einzige Erbe einer sehr alten Tante, die partout nicht sterben wollte, während sein eigener Gesundheitszustand einigen Anlass zur Sorge gab. Fast hätte man Mitleid mit ihm haben können. Raymond West war noch immer ein ungewöhnlich gut aussehender Mann, dem seine Laster kaum anzusehen waren, eine fatale Blässe ausgenommen. Zudem entstellte ihn ein nervöser Tick: Er knackte durch kräftiges Ziehen immer wieder mit den Knöcheln seiner Finger, als wollte er sich selbst die Knochen brechen.

»Leider, leider, ich habe meine Tante lange nicht gesehen. Aber … es könnte sein, natürlich, dass sie ihre Memoiren geschrieben hat … Einiges zu erzählen … hat sie ja durchaus. Alt genug ist sie ja auch … ha, ha.« Er verhaspelte sich, zog die Pausen unnötig in die Länge, theatralische Effekthascherei, schwieg einen Moment lang ungläubig, auch das nur gespielt, und fixierte mich dann mit einem geradezu bösartigen Blick.

»Wieso finden Sie es nicht selbst heraus?«, blaffte er mich an.

»Aber … ich kenne sie doch gar nicht«, entgegnete ich verwundert. »Und im Übrigen wäre es mir sehr unangenehm, die alte Dame mit meiner Neugier zu belästigen.«

»Ach, Unsinn«, schnitt er mir das Wort ab. »Sie hat schon immer gern und viel geredet und allen möglichen Leuten mit Vergnügen zugehört, vor allem den unmöglichen. Dafür liebt das Publikum sie ja.« Seine Miene zeigte unverhohlene Verachtung für ihre Popularität. »Und Ihnen wird sie vermutlich sogar sehr gern eine Audienz geben. Sie wirken ein wenig wie ein Wiedergänger meiner selbst, so jugendfrisch.« Er spuckte mir die Worte geradezu vor die Füße.

Ich wusste nicht, ob ich mich wirklich geschmeichelt fühlen sollte. Aber sein Angebot, mir einen Interviewtermin bei seiner Tante zu arrangieren, konnte ich nicht abschlagen. Ein Date mit Miss Marple – wer wollte da Nein sagen?!

Nachdem ich, heftig ermuntert durch meinen sensationslüsternen Chefredakteur, telefonisch zugestimmt hatte, ging alles ganz einfach. Raymond wusste, dass seine Tante eine längere Orient-Kreuzfahrt plante, und ich sollte seine Abschiedsgrüße nebst einem kleinen Geschenk überbringen. Er selbst würde sich sehr offiziell in ein Sanatorium nach Davos begeben, um »mental zu entgiften«, wie er das nannte. Ein etwas seltsames Arrangement, aber genau das, so beteuerte er, war bestens geeignet die Neugier seiner Tante zu wecken. Und so geschah es. Kaum zwei Wochen nach unserem Gespräch erhielt ich eine Einladung nach St. Mary Mead.

»Wunderbar«, trompetete mein Chefredakteur und ermahnte mich im gleichen Atemzug, vor allem an die Leser zu denken. »Die Fans der alten Dame interessiert nur eins«, belehrte er mich, »das Geheimnis ewiger Jugend! Warum ist sie alt und klug zugleich? Wenn Sie dieses Rätsel bitte lüften könnten! Dann machen wir daraus eine flockige Titelstory: ›Miss Marples mentaler Mobilitätscheck‹! Klingt großartig, oder?«

Er klopfte mir aufmunternd auf die Schulter, was vermuten ließ, dass meine Reisespesen wieder einmal sehr mickrig ausfallen würden. »Oder ›Miss Marple meets Methusalem: Die sieben unsterblichen Freuden des Alters‹. Wie klingt das? Super klingt das!« Mit seinem berüchtigt optimistischen Zähnefletschen entließ er mich.

Natürlich hatte ich mir im Vorfeld selbst einige Gedanken darüber gemacht, wie ich die Frage der Fragen formulieren sollte. Miss Marple war gewieft in Kreuzverhören. Keine Schliche und Tricks, die sie nicht kannte. Ich würde sie einfach sehr direkt nach ihrem Alter fragen, so mein Vorsatz, denn alles andere wäre nur eine Beleidigung ihrer Intelligenz. »Miss Marple«, würde ich sie fragen, »was Ihre Leser, unsere Leser, was alle Welt so brennend interessiert: Wie ist es Ihnen gelungen, so erstaunlich jung im Kopf zu bleiben? Verraten Sie uns das Geheimnis Ihrer ewigen Jugend, bitte!« Je häufiger ich die Frage in Gedanken formulierte, desto unwahrscheinlicher schien es mir, eine sinnvolle Antwort darauf zu erhalten. Vermutlich würde ich gar nicht dazu kommen, die Frage zu stellen, so taktlos kam mir plötzlich mein Vorhaben vor.

Miss Marple hatte mich tatsächlich zu sich nach Hause einbestellt, was mich insofern überraschte, als sie, nach Auskunft ihrer Agentin, Fremde nur noch ungern in ihr Haus ließ. Es schien auch tatsächlich schon alles zur Abreise bereit, als ich eintraf, viele der Möbel waren bereits mit weißen Laken verhängt, sodass die Atmosphäre ein wenig gespenstisch wirkte. Ich strich mir über den Arm: Gänsehaut. Ich befahl mir, ein wenig mutiger aufzutreten. Aber der Befehl kam nicht an. Ein Dienstmädchen hatte mir die Tür geöffnet und mich ins Wohnzimmer geführt, wo sie mich ohne ein Wort stehen ließ.

Vermutlich hatte sie ihren letzten Lohn schon ausgezahlt bekommen und tat nur noch das Nötigste für die alte Dame.

»Es ist entsetzlich schwer, heutzutage gutes Personal zu finden.« Die Worte dehnten sich in einer Behaglichkeit, die ihren Sinn völlig vergessen ließen. »Fast unmöglich. Schrecklich, schrecklich diese Zeiten. Ich bitte wirklich um Entschuldigung. Das dumme Ding muss erst noch sprechen lernen, aber selbst dann wüsste sie wohl nichts zu sagen!«

Miss Marple saß in einem hohen Lehnstuhl, der ihre magere Figur noch ein wenig schmächtiger erscheinen ließ, aber ihre hellblauen Augen strahlten mich mit einer überaus lebendigen Frische an, und ihre Stimme klang alles andere als müde. Zudem überraschte mich ihr scharfer Witz, ich hätte sie ein wenig altersmilder erwartet. Sie wickelte sich fröstelnd in ihr Mohair-Strickjäckchen.

»Eine kleine Erfrischung? Eine winzige Kleinigkeit ist vorbereitet. Allerdings bin ich mir nicht sicher, ob Jacqueline das Teetablett ohne größere Schäden hierher balancieren wird. Wollen wir es hoffen! Und wollen wir hoffen, dass dieser Name irgendwann gemeinsam mit ihr vergessen sein wird. Eltern können ihren Kindern mit solch modischen Namen Grausames antun, noch bevor sie überhaupt die Wiege verlassen haben, finden Sie nicht auch?«

Ihr Lachen nahm mir alle Befangenheit, sodass sich meine erste Frage wie von selbst stellte:

»Gnädige Frau, liebe Miss Marple, Sie sprühen augenscheinlich vor guter Laune. Was hält Sie so unglaublich jung?«

Miss Marple klatschte in die Hände und sah dann verlegen aus dem Fenster. Vermutlich schien ihr die Frage zu schlicht – oder zu direkt, denn ich glaubte, so etwas wie Scham wahrnehmen zu können, eine Scham, die sich ihres ganzen Wesens bemächtigte. Sie wirkte geradezu ein wenig beleidigt, als hätte sie meine Absichten jetzt schon durchschaut. Ihre Stimme allerdings blieb vollendet höflich. Ein Plauderton wie aus den Tagen von Lord Bunbury und Beau Brummell.

»Kommen Sie nach St. Mary Mead. Wir haben ein sehr angenehmes Klima hier. Das hält gesund und munter.«

Wie zum Beweis war für eine Weile nur das geschäftige Klappern ihrer Stricknadeln zu hören, die sie wieder zur Hand genommen hatte. Für sie war die Frage damit offensichtlich mehr als ausreichend beantwortet.

»Und welchen Ratschlag würden Sie all denen geben, die jung sind, aber große Angst haben, alt zu werden?«

»Jung sterben. Oder ebenfalls nach St. Mary Mead ziehen!«

Aus ihrem Lächeln war nicht klug zu werden. Ich fühlte mich ein wenig unwohl. Sarkasmus hätte ich bei Miss Marple zuallerletzt vermutet. Raymond hatte sie als eine sehr warmherzige, geradezu naive Person geschildert, die wenig mit jener sehr auftrumpfend klugen Miss Marple gemein habe, die man aus den Büchern kenne. Ich beschloss, das Abweisende in ihren Äußerungen einfach zu ignorieren und weiter wissbegierig zu bleiben.

»Sie haben sich nie in Ihrem Leben einsam gefühlt?«

»Junger Mann, wenn Sie darauf anspielen wollen, dass ich eine alte Jungfer bin, dann haben Sie natürlich recht, das bin ich. Aber das Alter ist nichts anderes als die Summe vieler Gegenwärtigkeiten. Insofern vergeht kaum Zeit. Und Sie wissen ja auch, sofern Sie denn ordentlich recherchiert haben, dass ich sehr wohl einige Liebschaften in meinem Leben hatte. Nein, nicht Mr. Stringer, der kam erst auf Bitten von Margaret Rutherford ins Spiel. Die mich im Übrigen auf eine sehr, wie soll ich sagen, maskuline Weise gedoubelt hat, die uns beiden nicht ganz geheuer war. Auch in diesen Liebesange-legenheiten. Aber das steht auf einem anderen Blatt. Seien Sie versichert, weder der Verzehr noch der Verzicht auf Män-ner hält jung. Es spielt sich alles im Kopf ab, die Liebe wie das Altern.«

»Könnten Sie sich denn vorstellen«, hakte ich nach, »noch einmal ...«

»... mit einem Mann zusammenzuziehen?« Die feinen Fal-ten in ihrer Stirn vervielfachten sich, als sie meine Frage ver-vollständigte. »Wer weiß, was sich diese albernen Fernseh-leute noch alles einfallen lassen, jetzt, da Agatha nicht mehr unter uns weilt! Nicht auszuschließen, dass sie mir noch einen Verehrer andichten, der mit seinem Rollator mein Haus um-kreist. Oder meine Jugendgeschichte nacherzählen, nur um mir ein halbes Dutzend jugendliche Liebhaber in die Biogra-fie zu schreiben!«

Sie lächelte mich ein wenig von oben heran an. »Nein, nein. Ab einem gewissen Alter verjüngt Verliebtheit nicht mehr. Ah, da kommt ja Jacqueline mit dem Tee. Danke, mein Lie-bes! Stellen Sie das Tablett einfach ab. Wir kommen schon zurecht.« Sie winkte sie energisch hinaus und wandte sich dann mit feinem Lächeln wieder mir zu. »Ein Stückchen Zu-cker?! Ich muss leider darauf verzichten! Zu ungesund!«

Sie schob die Zuckerdose ein wenig in meine Richtung.

»Aber ist die Einsamkeit im Alter nicht etwas existenziell sehr Belastendes?«

»Junger Mann, Sie drücken sich ungeheuer kompliziert aus. Entweder haben Sie etwas zu verbergen oder Sie sind Franzose. Um ehrlich zu sein, erinnern Sie mich ein wenig an Mr. Humpley, die zeitweilige Vertretung unseres hiesigen Lokalreporters, der es damals nur ein paar Tage in St. Mary Mead aushielt, bevor er sich davonmachte, angeblich, um Starreporter beim *Daily Mirror* zu werden. Zu viele Trivialitäten, zu wenig Tragödie, mag er sich gedacht haben. Ein wenig ungeduldig, der junge Mann, ich hoffe, das wurde ihm nicht zum Verhängnis. Wir haben nie wieder etwas von ihm gehört. Aber gut, fragen Sie! Das Schicksal wiederholt sich selten.« Und schon war ihr Kopf wieder über das Strickzeug gebeugt.

»Tätigkeit im Alter«, hakte ich nach.

»Ja, natürlich! Miss Turner zum Beispiel hat sich den Respekt aller erworben, seit sie ihre selbstgestrickten Wollsocken nicht mehr ihren undankbaren Neffen schenkt, sondern auf dem Green World Market verkauft. Oder meine lieben Freundinnen Abby und Martha Brewster ...«

»Sie meinen doch nicht etwa ...?«

»Doch, doch, ganz recht: Die weltberühmten *Sisters in Crime*. Die beiden touren mit ›Arsen und Spitzenhäubchen‹ ja schon seit Jahren sehr erfolgreich durch die Provinzen. Ein ungemein kluges Stück über die Lust am Töten, die niemals erlahmt, schon gar nicht im Alter. Sie kennen es?«

Sie legte den Kopf ein wenig schräg. Ihr Blick ging ins Ungefähre, als ob sie da die Antwort erwarten würde und nicht von ihrem Gegenüber. Sie schien ein wenig verwirrt. Schwer zu glauben, dass diese Frau mehr Mörder überführt hatte, als die meisten Polizisten je in ihrem Leben zu sehen bekamen.

Jetzt, da sich ihre Gesichtszüge wieder entspannt hatten, schien ihre Haut glatt wie Papier, sehr blass und wenig durchblutet. Eine Mumie ihres Ruhms. Ganz und gar reglos. Diese plötzliche Müdigkeit schien mir eine gute Gelegenheit, etwas intensiver zu fragen. Vielleicht konnte ich sie ja doch ein wenig aus ihrer Gelassenheit aufschrecken. »Miss Marple«, ich sprach eine Spur lauter, was sie sofort mit einem missbilligenden Blick quittierte. »Miss Marple, dürften wir etwas Ungewöhnliches versuchen?« Ich beugte mich vertraulich in ihre Richtung, weil ich auf ihr komplizenhaftes Einverständnis hoffte.

»Bitte, bitte, nur zu, junger Mann. Wie Sie wissen, lauere ich ja geradezu auf Abwechslung!« Ich ließ mich durch die offensichtliche Ironie nicht beirren. »Es ist ein wenig wie ein Quiz – nicht, dass ich Sie jetzt erschrecke durch meine Eile: zehn Fragen in zehn Minuten.«

»Wie albern!«, seufzte sie ergeben.

»Es ist albern, in der Tat. Aber unsere Leser erwarten es. Und manchmal zwingt uns ja die Zeitnot, Klügeres zu sagen, als wir eigentlich wollen.«

»Ich bin mir nicht ganz sicher, ob ich verstehe, was Sie meinen, aber beginnen wir einfach. Vielleicht werden wir aus Schaden klug!«

Ich ignorierte auch diese Spitze und richtete mich kerzengerade auf, um sie fest in den Blick nehmen zu können. Sie legte ihr Strickzeug nieder und erwiderte meinen Blick, ohne größere Aufgeregtheit spüren zu lassen.

»Sie sind die *Queen of Crime*. Was bedeutet Ihnen Erfolg?«

»Nichts. Sofern er nicht ausbleibt.«

»Lieben Sie die Monarchie?«

»Ich träume monarchistisch, aber ich denke demokratisch. Nächste Frage.«

»Lesen Sie moderne Autoren?«

»Nein. Zu altmodisch. Weiter …«

»Bereitet Ihnen der Vorwurf, Sie selbst seien altmodisch, Verdruss?«

»Nur wer altmodisch ist, hat gute Chancen, wieder modern zu werden. Das ist ungemein logisch, wie mein Kollege Poirot sagen würde.«

»Hat Sie Ihr Aussehen in Ihrer beruflichen Arbeit je benachteiligt?«

»Im Gegenteil. Je unscheinbarer ich selbst wirkte, desto unvorsichtiger wurde mein Gegenüber.«

»Hätten Sie als Mann auch Erfolg gehabt?«

»Ja. Aber ich wäre nie so alt geworden.«

»Sie wirken fit und gesund. Alterslos geradezu! Was ist Ihr Geheimnis?«

»Sie können es nicht lassen, oder? Nächste Frage.«

»Nun gut, meine letzte Frage: Glauben Sie an Gott?«

»Er hat nie an mir gezweifelt. Insofern wäre es unhöflich, an ihm zu zweifeln, nicht wahr? Und jetzt lassen wir es gut sein mit diesem kindischen Aushorchen.«

Sie nahm ihr Strickzeug wieder zur Hand, um anzudeuten, dass die Audienz ihrem Ende zuging.

»Darf ich Ihnen abschließend noch eine ganz persönliche Frage stellen?«

»Nur zu. Wenn die Betonung auf ›eine‹ liegt. Eine einzige Frage gern.«

»Sie kannten Agatha Christie ja persönlich. Was war sie für ein Mensch? Empfand sie Lust am Töten?«

»Lust am Töten? Wo denken Sie hin?« Die alte Dame schien wirklich empört. »Das sind so Ausdrücke Ihrer Generation, oder sollte ich glauben, das seien Ihre eigenen Gefühle, junger

Mann? Sie haben so ein Glitzern in den Augen! Nein, Agatha hatte keine Lust am Töten. Im Gegenteil. Sie war eine sehr kindliche Natur, wenn ich das so sagen darf. Sie liebte die Menschen.«

»Wie erklären Sie sich dann ihren Erfolg? Immerhin hat sie mehr Bücher verkauft als die meisten Männer und Frauen vor ihr. Und das nicht mit Liebesthemen!«

»Warum sollten Frauen keinen Erfolg haben?«, wich Miss Marple geschickt aus. »Was gibt es da zu erklären?«

Ihr durchdringender Blick ließ mich ahnen, was in einem Verdächtigen vorgehen mochte, der ihren Fragen unmittelbar ausgesetzt war. Wie ein Insekt auf dem Nadelkissen musste er sich vorkommen. Ich schauderte unwillkürlich. Was sie wiederum sofort zu registrieren schien, und zwar durchaus mit Behagen. Eine gefährliche alte Dame!

»Nein, nein«, wehrte ich ab, »Sie dürfen mich nicht falsch verstehen! Ich habe große Hochachtung vor all den *Ladies of Crime*, und noch mehr natürlich vor ihrem Erfolg. Aber Sie müssen zugeben, die Damen gehen dabei über Leichen. Insofern ist die Frage doch nicht abwegig: Warum töten diese Ladies so gern?«

Miss Marple räusperte sich ein wenig, vermutlich um die Spannung zu erhöhen.

»Junger Mann, meine Freundin Agatha schrieb diese Kriminalgeschichten, weil sie Verbrechen verabscheute. Sie mochte die Täter nicht, sie verachtete sie geradezu. Anders als diese jungen Frauen heutzutage, die ja geradezu verliebt scheinen in all die Verrückten, denen sie zum Opfer fallen, literarisch gesprochen. Auf der Straße würden sie ihnen niemals begegnen wollen, aber zu Hause auf der Couch genießen sie anscheinend dieses fortwährende Gruseln. Es erinnert sie wohl daran, dass sie tatsächlich noch leben, obwohl sie sich so leblos fühlen. Agatha hatte dergleichen nicht nötig. Ihr ging es wie mir, wir mögen es gern freundlich um uns herum. Ich lasse Verbrecher nur in meine Nähe, um sie … zu eliminieren.«

Ein harter Zug zeigte sich um ihren Mund. Sie mochte es offensichtlich gar nicht, dieses knackende Geräusch meiner Knöchel.

»Das Gebäck ist ein wenig trocken, tut mir leid, aber vielleicht greifen Sie ja doch zu?!«

Ich nahm ein Stück Zucker und rührte verlegen in der Tasse. Der Löffel schien aus massivem Silber zu sein. Die alte Dame bemerkte meinen Blick.

»Robbe & Berking. Alte englische Silberwarenwerkstatt. Dergleichen wird nicht mehr hergestellt in diesen Tagen. Sehr wertvoll. Besteck finde ich ungemein nützlich, im Gebrauch wie als Wertanlage, finden Sie nicht? Mein Neffe wird es eines Tages erben, das weiß er ja wohl. Sicher wird er mit Ihnen darüber gesprochen haben, über das Erben im Allgemeinen. Ich weiß nur nicht, ob er es auch zu schätzen weiß, was er da erbt. Wie denken Sie darüber? Oh, da ist mir ja glatt eine Masche heruntergefallen. Bemühen Sie sich nicht … Ich finde sie schon.«

Es war ein amüsanter Anblick, wie die alte Dame schwerfällig auf die Knie sank, ungelenk um den Lehnstuhl herumkroch, tapsend wie eine Blinde, nur um einen Faden oder dergleichen zu suchen. Erbärmlich, das Alter. Ich beugte mich über den kleinen Teetisch und inspizierte beiläufig das Silberbesteck.

»Sind Sie sicher, dass ich Ihnen nicht helfen soll?«

»Danke, danke … das geht schon«, antwortete sie keuchend, ohne den Kopf zu heben.

Es war ein wenig wie Senioren-Topfschlagen. Ich empfand fast so etwas wie Mitleid. Mit leicht gerötetem Gesicht erhob sie sich wieder, schnaufte lautstark und bedachte mich mit einem triumphierenden Lächeln. »Schon gefunden!«

»Wie schön für Sie«, entgegnete ich höflich. »Aber hier«, ich schob die Tasse ein wenig in ihre Richtung, »Ihr Tee wird ja ganz kalt.«

»Stricken ist ja heutzutage nicht mehr in Mode«, befand sie unvermittelt. Ihr Ton war plötzlich sehr kühl und stand in seltsamem Kontrast zu ihrer nicht nachlassenden Neugier. »Ich vermute, Sie selbst …, nein, natürlich nicht. Ihre Frau? Unverheiratet? Sie sollten heiraten, unbedingt! Das gibt einem Mann Vertrauen zu sich selbst. Und eine gründlichere Kenntnis des Lebens! Vor allem schützt es ihn vor Dummheiten!«

»Ich werde darüber nachdenken.« Mein Tonfall schien sie nicht zu überzeugen.

»Tun Sie das, tun Sie das, aber zuvor dürfte ich Sie vielleicht noch um einen kleinen Gefallen bitten? Sehen Sie das Bild dort? Neben dem Bücherregal? Es ist ein wenig in Schieflage! Finden Sie nicht auch? Das stört mich doch sehr! Jacqueline möchte ich darum nicht bitten. Sie ist so schnell beleidigt, wenn sie ungewohnte Aufgaben übertragen bekommt.«

»Aber gern, aber gern!«

Ich stand auf und ging zu dem Bild. Es wirkte ein wenig grau, staubüberzogen, irgendeine anatomische Skizze. Schwer einzuschätzen, ob es für eine Auktion oder nur für den Flohmarkt taugte.

»Ein wenig nach rechts! Ja, noch ein Stückchen … Warten Sie!«

Ich konnte förmlich spüren, wie sie ein Auge zukniff, um die Waagerechte korrekt abzuschätzen.

»So, nun dürfen Sie sich wieder umdrehen, das haben Sie gut gemacht!«

Sie wies mir meinen Platz an und lächelte aufmunternd.

»Nun ist es an mir, Sie freundlich zu ermahnen. Trinken Sie doch! Ihr Tee wird ja ganz kalt!«

Ich sah auf die Zuckerdose. Der Löffel darin wies plötzlich in meine Richtung.

»Aber was ist denn, junger Mann, Sie sind ja plötzlich ganz blass?!«

Sie musste das Tablett gedreht haben. Diese alte Hexe!

Miss Marple ließ einige Minuten verstreichen. Ihr strenger Blick ruhte unverwandt auf mir, aber ich wagte nicht, die Augen zu heben.

»Robbe & Berking ist keine englische Firma, und mein Silberbesteck ist im Übrigen auch nicht sehr kostbar. Sie sind kein sehr gebildeter Mensch. Ich vermute, Sie wurden in einem Heim großgezogen? Kein Grund, sich zu schämen! Manieren lassen sich erlernen. Was viel wichtiger ist im Leben, Sie müssen zuhören lernen! Der Tod ist kein willkommener Gast in diesem Haus. Das hatte ich meines Wissens schon erwähnt, junger Mann. Richten Sie das bitte auch meinem Neffen aus. Wer sich übereilt, kommt leicht ins Stolpern. Noch ist es nicht so weit! Noch ist es nicht Zeit. Er wird schon an sein Erbe kommen. Eines Tages, vielleicht.«

Ich räusperte mich, aber Widerworte wären sinnlos gewesen. Sie ließ mir auch gar nicht die Zeit dazu.

»Und was Sie persönlich anbelangt, junger Mann, Sie taugen nicht zum Verbrecher. Das ist etwas für kaltblütige Naturen. Ich weiß nicht, ob Sie beide ein Paar sind oder nur Komplizen. Sehr viel Geld wird Ihnen mein Neffe sicher nicht versprochen haben, dafür kenne ich ihn zu gut. Aber Sie können diese kleine Geschichte ja immer noch an eines dieser Boulevardblätter verkaufen oder einen Kriminalroman daraus machen: ›Wie ich einmal versuchte, die berühmte Detektivin Miss Marple zu vergiften ... und wie es mir partout nicht gelingen wollte.‹ Was ich damit eigentlich sagen will: Wagen Sie die Rückkehr auf den rechten Weg. Und nun entschuldigen Sie mich bitte! Es gibt noch einiges vorzubereiten für meine Reise.« Sie wies mir die Tür.

Agatha Christie hätte dieses kleine Kriminalstück sicher viel besser inszeniert (und natürlich wäre ihr geliebter Neffe darin auch niemals als Schurke aufgetreten). Die Story ist im Grunde sehr einfach wie all ihre Kriminalgeschichten. Die alte Miss Marple empfängt kurz vor ihrer großen Weltreise noch einmal einen Besucher, vorgeblich ein Journalist, der auf Empfehlung ihres Neffen ein letztes Interview mit ihr führen möchte. Tatsächlich soll er ihr Gift in den Tee träufeln, denn Raymond möchte endlich erben, und sein Geliebter soll ihm dabei helfen. Nichts wäre verständlicher, als dass die alte Dame vor Aufregung über ihre Abreise und den ungewöhnlichen Besuch an einem Herzinfarkt stirbt. Sie enttarnt ihn mit einem ganz einfachen Trick – indem sie eine Masche fallen lässt. »Oh, da ist mir ja glatt eine Masche heruntergefallen.« Ein Entsetzensschrei, der bei Menschen ohne Handarbeitskenntnisse die unwillkürliche Regung auslösen wird, auf den Boden zu blicken. Dort, wo Miss Marple dann angeblich nach der Masche sucht, um dem vermeintlichen Journalisten Zeit zu geben, das tödliche Gift in ihren Tee zu träufeln. Als sie ihn anschließend nach ein paar Takten unverfänglicher Konversation bittet, das Bild gerade zu rücken, eine echte Leonardo-Skizze übrigens, sodass er mit dem Rücken zu ihr steht, dreht sie das Tablett. Die Tasse mit dem Gift steht nun auf seiner Seite.

Ganz einfach und sehr klug. Typisch Miss Marple eben! Und erneut stellt sich die Frage: Wie gelingt es dieser alten Dame immer wieder, klüger zu sein als die anderen, die vermeintlich smarteren, jüngeren, durchtriebeneren Verbrecher und Kommissare? Das alles wirkt ja so schlicht, viel zu schlicht eigentlich für moderne Krimi-Leser. Aber wiederum nicht so einfach, als dass es sich einfach kopieren ließe. Agatha Christie und Miss Marple sind zwar ein wenig aus der Mode gekommen, aber sie sind noch immer das erfolgreichste Ermittlerteam, das je die Bühne des Verbrechens betreten hat. Keine andere Autorin war bislang so erfolgreich, keine Detektivin wurde je so berühmt. Und beide blieben erfolgreich bis ins hohe Alter. Aktiv bis zuletzt. Ein Lehrstück für alle älter Werdenden.

Agatha Christie verfasste siebzig Kriminalromane, hundert Kurzgeschichten, zwanzig Theaterstücke und eine Autobiografie. Sechs Liebesromane erschienen unter dem Pseudonym Mary Westmacott. Fast alle ihre Bücher wurden verfilmt oder für das Radio vertont. Im Londoner St. Martin's Theatre lief ihr Stück »Die Mausefalle« mehr als sechzig Jahre ununterbrochen. Die Gesamtauflage ihrer Bücher: mehrere Milliarden. In mehr als hundert Sprachen wurde sie übersetzt. Von der Bibel mögen mehr Bücher im Umlauf sein, aber niemand war beliebter bei den Lesern – bis Joanne Rowling kam, aber diesen Sturz vom Thron musste die *Queen of Crime* nicht mehr miterleben.

Ihr Leben war nicht glamourös. Wäre der Titel nicht schon vergeben, so könnte ihre Autobiografie durchaus auch *Fifty shades of grey* heißen, zumindest nach kriminalistischen Maßstäben. Agatha Christie war zweimal verheiratet, ihren ersten Mann liebte sie leidenschaftlich, ihren zweiten auf eher temperierte Weise. Ihr Privatleben verlief – nach der Trennung von ihrem ersten Gatten – in überschaubar ruhigen Bahnen. Sie gebar eine Tochter, richtete ihre Häuser ein, begleitete ihren Mann auf seinen archäologischen Reisen und schrieb Bestseller um Bestseller, was ihre Bewunderer zuweilen rätseln ließ, wo sie eigentlich die Stoffe für ihre Geschichten hernahm. Ihr erstes Buch erschien 1920, ihr letztes, »Alter schützt vor Scharfsinn nicht«, schrieb sie 1973, drei Jahre vor ihrem Tod.

Wer schützte sie vor dem Altern? Ihr größter Schatz, das beteuerte sie immer wieder, sei ihre glückliche Kindheit gewesen, ihr größtes Ärgernis, in späteren Jahren, die körperliche Unförmigkeit. Ansonsten war sie ein glücklicher Mensch, den Ärger mit den englischen Steuerbehörden nicht eingerechnet. Einigen Zeitgenossen galt sie als altmodisch, wenn nicht gar altbacken, weil sie zuweilen sehr konservative Ansichten vertrat, aber welche Frau hat sich erfolgreicher von ihren oftmals hochnäsigen Schriftstellerkollegen emanzipiert als sie? Kein männlicher Autor war erfolgreicher. Kein Verleger diktierte ihr je, was sie zu schreiben hatte. Sie war nie auf einen Ernährer angewiesen, das bekam selbst Hercule Poirot auf sehr schmerzliche Weise zu spüren. Wiewohl einer der beliebtesten Detektive der Welt, wurde er von seiner Autorin eigenhändig ermordet, weil er ihr zu eitel geworden war. Er ist wohl die einzige literarische Figur, der die *New York Times* eine Todesanzeige widmete.

Mrs. Marple hingegen hat überlebt und wurde uralt, ohne je an Geisteskraft einzubüßen. Das Rätsel der alten Dame: Wie ist es ihr gelungen, alt zu werden, ohne zu altern?

Kein Kunststück, könnten Besserwisser einwenden, sie wurde ja bereits alt geboren, zudem ist sie eine literarische Figur, und die altern für gewöhnlich ohnehin nicht. Wie wahr – und wie belanglos. Denn dieser Einwand trifft nicht den Kern der Sache. Die Liebe, die viele Menschen für Miss Marple empfinden, ist sehr lebendig, und sie gilt einer lebendigen Figur, lebendiger zumindest als viele Menschen, denen wir im wirklichen Leben begegnen – und die wir sofort wieder vergessen. Warum Miss Marple so lebendig wirkt, ist ein ungelöstes Rätsel. Die Lösung dieses Rätsels wäre zugleich die Antwort auf die Frage, warum manche Menschen vor der Zeit altern und andere ewig vital zu bleiben scheinen.

Die einfachste Art, es herauszufinden, ist: gemeinsam mit ihr einen Tag zu verbringen. Also lassen Sie uns zurückkehren nach St. Mary Mead, diesmal allerdings in freundlicher Absicht. Dieser kleine, sehr beschauliche Ort, der im Übrigen nie existierte, liegt dreißig Kilometer von London entfernt, im Südosten von England, dort, wo die gute alte Zeit nie vergeht, auch wenn nicht mehr viele Menschen sich daran erinnern mögen. Alles ist in einem sehr engen Karree versammelt, die Kirche, das Pfarrhaus, das Postamt, der Pub nebst einer Reihe georgianischer Häuser, in denen Miss Marple, Miss

Hartnell und Miss Wetherby wohnen, alte Jungfern, wie neu Hinzugezogene gerne spotten. Miss Marple hingegen legt großen Wert auf diese gute Nachbarschaft, was nicht ganz unwesentlich ist für ihr seelisches Wohlbefinden, denn unangenehme Nachbarn sind im Alter nur schwer zu ertragen – und können das Leben sehr schnell verkürzen, auch wenn sie keine Mörder sind. Miss Marple hat diese kleine Welt nur sehr ungern verlassen, nicht weil die große Welt so viel gefährlicher gewesen wäre, sondern weil es in der kleinen so viel zu tun gab.

»Ich glaube wirklich«, schimpfte Colonel Melchett, »diese verschrumpelte alte Jungfer denkt, sie weiß alles, was es zu wissen gibt. Und dabei ist sie ihr Leben lang kaum aus diesem Dorf herausgekommen. Lächerlich. Was kann sie schon vom Leben wissen?« Der Pfarrer entgegnete mit mildem Lächeln, auch wenn Miss Marple zweifellos fast nichts über das LEBEN in Großbuchstaben wisse, so wisse sie doch praktisch alles, was in St. Mary Mead vorging.

Miss Marple kennt die Welt um sich herum. Das können nicht viele von sich sagen. Deswegen verlieren so viele die Orientierung im Alter, geistig wie seelisch. Es ist sehr wesentlich zu wissen, wo man später wohnen will, wo man sich auf Dauer niederlassen möchte. Es kann Ihnen geschehen, dass Sie in Monaco wesentlich schneller altern als zu Hause in Bottrop, und kein Geld der Welt wird Sie bei Ihren Nachbarn beliebter machen, als es Miss Marple bei ihren Nachbarinnen war, was wiederum nicht heißt, dass Sie sofort aufs Land ziehen sollten. Wenn Sie das dörfliche Leben bis zu Ihrer Pensionierung nur aus *Landlust*-Magazinen kannten, werden Sie beim ersten Hahnenschrei den voreiligen Umzug ins liebevoll sanierte Tagelöhner-Cottage ebenso hassen lernen wie die großräumige Gülledüngung der Sie umgebenden Felder. Marodierende Wildschweine, mundfaule Altbauern, mottige Dorfkneipen – Sie sind fürs Landleben nicht geboren, die wenigsten von uns sind es. In Ihrer alten Nachbarschaft altern Sie mit Ihresgleichen, das lässt die Vergreisung weniger grausam erscheinen, als wenn Sie ein schmuckes Bauernhäuschen im Niemandsland, *»The Villages«* in Florida oder eine andere Ferienresidenz nach Retortenbauplan beziehen.

»Don't move too fast!« Die erste der sieben goldenen Regeln für ein zufriedenes Alter, die Miss Marple selbst nie ausdrücklich formuliert hat, die sich aber ohne Weiteres aus ihrer Lebensgeschichte ableiten lassen. Bewegen Sie sich nicht ohne Not aus Ihrem vertrauten Kreis heraus!

Wann steht Miss Marple auf? Nicht zu früh und nicht zu spät, aber doch zeitig genug, um alle Dinge des Tages in Ruhe erledigen zu können. Auch das ist nicht ganz unwesentlich für die Klärung der Frage, wie sich der moderne Altersstress vermeiden lässt, der nur eins befördert: das vorzeitige Altern. Regel zwei ist Regel eins insofern nah verwandt: Hetzen Sie sich nicht! Die Vorstellung, dass Miss Marple um sechs Uhr dreißig aus dem Bett springt, um vor einem schrankgroßen Flachbildschirm Power-Aerobic mit Jane Fonda zu exerzieren, ist einigermaßen lächerlich. Ebenso ist unvorstellbar, dass sie sich in Leggins zwängen würde oder heimlich andere Kleidungsstücke aus dem Schrank der Nachbarstöchter zur Anprobe ins eigene Schlafzimmer schleppen könnte. Die Wahl des Kostüms war nie eine sehr nervenaufreibende Aufgabe für Miss Marple. Das erspart ihr viel Zeit. Sie kleidet sich stets so, wie es der Tag erfordert, was ihre Sorgen und Ausgaben verringert, ihre Widerstandskraft gegen alle meteorologischen Unbilden hingegen beträchtlich erhöht. Regel drei: Vermeiden Sie alles Neumodische, denn es hat sich noch nicht bewährt. Einige Altersgebrechen nicht eingerechnet, ist Miss Marple kerngesund. Was auch für ihr Gebiss gilt, weil sie auf ungeschrotete Vollkornprodukte und andere unbekömmliche Erzeugnisse zum Frühstück konsequent verzichtet. Regel vier: Ernähren Sie sich gern, gesund und gut! Tee, ein Ei, dreieinviertel Minuten gekocht, Toast, Honig, gelegentlich ein Hering, dazu die Post und eine Zeitung, das alles nicht ungern auch im Bett. Molekulare Köcheleien bei der Zubereitung der anderen Tagesmahlzeiten werden ebenfalls tunlichst vermieden, genauer gesagt: Sie weist ihre Haushälterin strikt an, sie zu vermeiden, denn für die üblich gewordene Unart des Selbstkochens hat sie weder die Zeit noch die Geduld. Auch was die Hausarbeit anbelangt, hält sie sich klug zurück. Regel fünf: Überlassen Sie alle anstrengenden Arbeiten den anderen. Zeitlebens, auch wenn ihre Geldmittel es zuweilen nur knapp zuließen, verpflichtete Miss Marple Dienstmädchen, was in den Augen fortschrittlicher Menschen als Akt der Ausbeutung gesehen werden mag. In den Augen der Dienstmädchen hingegen war sie stets eine gute Arbeitgeberin, eine bessere jedenfalls, als sie sich in den Supermärkten oder Textilkaufhäusern der weit entfernten Industriestädte finden ließ.

Es war gewissermaßen eine Schule fürs Leben, die sowohl die Dienstmädchen als auch Miss Marple durchliefen, auch wenn immer wieder eine der beiden Seiten über das Tun der andern klagte. Ohne Dienstmädchen ist Miss Marple nicht vorstellbar, und die Dienstmädchen wiederum gewannen durch Miss Marple eine ganz eigene Würde, denn sie sah sie stets als Menschen und niemals als Personal. »Eine gute Menschenkennerin? Nein, das möchte ich nicht sagen. Aber es ist so, dass mich gewisse Leute an gewisse andere Leute erinnern, die ich kannte, und deswegen setze ich voraus, dass sie auch ähnlich handeln.« Sie erinnern sich an Dominique Strauss-Kahn, diesen einstmals mächtigen Mann der internationalen Politik- und Bankenwelt, der sich an einem Zimmermädchen vergriff – wohl in der Annahme, er habe sie zugleich mit der Hotelsuite gemietet? Miss Marple hätte ihn warnen können, niemals ein Zimmermädchen zu unterschätzen, denn auch Zimmermädchen haben ihren Stolz. Woraus Regel sechs folgt: Niemals hochnäsig werden im Alter, dann kommen Sie auch nicht ins Stolpern.

Zwischen neun und halb zehn Uhr erledigt Miss Marple ihre Telefonate, es gilt die Pläne für den Tag, Einladungen, Wohltätigkeitsveranstaltungen und dergleichen abzustimmen. Je nach Wetterlage und saisonalen Erfordernissen geht sie danach für ein, zwei Stunden in den Garten. Denn auch wenn ihr das Bücken nicht mehr ganz so leichtfällt, die Gartenarbeit muss getan werden. Das scheint heute wieder mehr Lesern zu gefallen als noch vor zwanzig Jahren, da Gärtnern als »Schrebertum« verunglimpft wurde und jeder Gartenzwerg als Legionär der Reaktion galt. Nun, da Thoreau und Rousseau wieder zu zeitgenössischen Denkern erklärt werden und die urbane Wildnis als einzige Überlebenschance des fortschrittsmüden Städters gilt, ist auch das Gärtnern wieder *en vogue*. Miss Marple war hier, im Kleingarten, gewissermaßen schon immer Avantgarde, denn sie wusste und weiß: Gartenarbeit hält jung und gesund und ist ein durch und durch metaphysisches Tun. Regel sieben: Jeder Tag im Garten lässt den Tod ein wenig länger warten! Wer gärtnert, verliert nicht den Glauben ans Leben, denn er sieht, dass immer Leben nachkommt, sofern dem Zerstörungsfeldzug der Schnecken-armeen Einhalt geboten wird. Pazifismus ist keine gärtnerische Tugend. Einkochen hingegen sehr wohl, was Miss Marple nie primär als ökologisches Tun zum Zwecke der Verpackungs-vermeidung verstand, sondern als Akt der vernünftigen Vor-ratshaltung. Ebenso hätte sie niemals die Herstellung ihrer Plätzchen einem Bäcker übertragen, ganz einfach, weil das Lob dann an die falsche Adresse gegangen wäre. Ihre selbst-gemachten Plätzchen hingegen, selbstredend aus den besten Zutaten komponiert, sind der Köder hausfraulicher Harmlo-sigkeit, an dem sich schon mancher Verdächtigte verschluckte.

Wenn Miss Marple nicht im Garten arbeitet, pflegt sie vor-mittags die Hauptstraße entlangzuspazieren, eine ebenso an-genehme wie nötige Gewohnheit, weil sie in den dort anei-nandergereihten Läden, seien es nun der Fischhändler, der Wollladen oder der Lebensmittelhändler, nicht nur ihre Ein-käufe erledigt, sondern zugleich auch die Neuigkeiten des Ta-ges erfährt, so sich denn jemand zum Plaudern findet. Aber das ist eigentlich immer der Fall.

Nach dem Mittagessen zieht sie sich gern zu einem kleinen Schläfchen zurück. Dieses Nickerchen ist wie alles, was Miss Marple tut, ein wenig »old-fashioned«, wie ihr Neffe immer wie-der spöttelt, und dennoch von großer Wichtigkeit für ihr kör-perliches und seelisches Wohlbefinden. »Meinen Altersgenos-sinnen ging es oft schlecht, und sie hatten nicht einmal ein Viertel der Dinge, die sie sich wünschten. Wie kam es dann, dass wir unser Dasein so genossen?« Es gab mehr Zeit. Zeit für dies und das. Vor allem Zeit für ein kleines Nickerchen.

In einem waren sich Agatha Christie und Miss Marple stets einig: Fremdbestimmte Arbeit macht alt. Deswegen tut eine kluge Frau alles, um sich der gewöhnlichen Lohnarbeit zu entziehen, am besten, indem sie sich der Kunst verschreibt, wahlweise als Muse oder als Autorin. Berufstätigkeit, so sie nur auf reinen Gelderwerb ausgerichtet ist, empfand Miss Marple immer als ein Gräuel. Insofern war es nur logisch, dass sie nie ein Honorar für ihre Arbeit forderte. »Wir sind zweifelsohne das privilegierte Geschlecht«, betonte sie immer wieder. »Folglich sollten wir darauf verzichten, in einem Brotberuf unseren Mann stehen zu wollen. Ein völlig absurder Ansatz, der nur dazu führt, dass Frauen genauso früh sterben wie Männer, weil sie auf die Freuden der Muße und der kreativen Gedanken und der perfekten häuslichen Gegebenheiten« verzichten müssen. »Es scheint die etwas sonderbare Meinung vorzuherrschen, dass Arbeit Anerkennung verdient. Wieso eigentlich?« Eine Frage, die ihr nie den Schlaf raubte, weil sie die Antwort immer schon wusste.

Nach ihrem Mittagsschläfchen blättert Miss Marple ein wenig in der *Times* und löst, sofern denn noch Zeit bleibt, das Kreuzworträtsel, welches kein leichtes Unterfangen und von daher eine gute Übung für ihr detektivisches Tun ist. Um drei Uhr bricht sie für gewöhnlich auf, um Gemeindearbeiten zu erledigen, sei es die Organisation eines Basars oder die anderer Wohltätigkeitsaktionen, die Menschen im Ort wie auch außerhalb zugutekommen, denn sie empfindet es als ihre selbstverständliche Pflicht, über den Tellerrand ihres eigenen kleinstädtischen Daseins hinauszusehen. Tee und Skandale gibt es stets um halb fünf, wenn ihre Freundinnen Miss Hartnell und Miss Wetherby eintreffen. Sofern es keine Skandale zu bereden gilt, was nur sehr selten vorkommt, wendet sich das Gespräch Gesundheitsfragen zu, ein ungeliebter Themenwechsel, der mehr dazu dient, all jene Krankheiten aufzulisten, von denen die versammelten Damen bislang gottlob verschont blieben. So es sich ergibt, empfängt Miss Marple auch gern Besuch von auswärts. Ein seltener, aber stets freudig begrüßter Gast ist Pater Brown, ihr Bruder im Geiste, der vorgeblich um der selbstgemachten Plätzchen willen vorbeikommt und natürlich, um bei der alten Dame ein wenig nach dem Rechten zu sehen. Zudem ist es durchaus nicht unter seiner Würde, den ein oder anderen Ratschlag bei ihr einzuholen, wenn eins seiner Schäfchen in Bedrängnis geraten ist, denn auch in seiner Gemeinde ist die Verbrechensrate erstaunlich hoch. Was Miss Marple durchaus nicht wundert, so sind die modernen Zeiten nun mal, eher schon staunt sie, wie robust sich der kleine Pater gegen die große Woge des Unheils stemmt. Sie schätzt seine Gläubigkeit und seinen Humor, der ihm gleichsam als Tarnung dient, so wie ihr das Ältlich-Tantenhafte. Dem ersten Augenschein nach ist er ein freundlicher älterer Herr, dessen Lächeln ein wenig einfältig wirkt und dessen Gottesglaube ihm wenig Raum zum eigenen Denken zu lassen scheint, aber das täuscht. Da er sich so wenig Gedanken über sich selbst machen muss, hat er viel Zeit für andere. Dieses kindliche Urvertrauen hält ihn jung, was aber keineswegs seinen kritischen Sinn einschläfert. »Mein Verstand altert nicht, trägt aber sehr wohl ein Datum«, wie er immer wieder verschmitzt betont. Pater Brown wettert gern gegen die Moderne im Allgemeinen und das Fernsehprogramm im Besonderen, welches die Verrohung der Jugend so bedenkenlos befördert, und die allgemeine moralische Unruhe, was beide wiederum gemeinschaftlich belächeln, denn Ruhe ist das Letzte, was sie sich von ihrem Ruhestand erhoffen.

Ein weiterer gern gesehener Gast in Miss Marples Haus ist Emily Dickinson, die Dichterin, die sich allerdings nur sehr gelegentlich aus ihrem kleinen Cottage am Ende des Dorfes, nahe der großen Weiden, hervortraut, eigentlich nur dann, wenn sie ein Gedicht geschrieben hat, mit dem sie zufrieden ist, ein Fall, der sehr, sehr selten eintritt.

»To make a prairie it takes a clover and one bee, / One clover, and a bee, / And revery. / The revery alone will do, / If bees are few.« – »Für eine Wiese braucht es Klee und Bienen, / Je eins von ihnen, / Und Träumerei. / Die Träumerei tut's auch allein, / Bei wenig Bienen.«

»Sehr schön«, applaudiert ihr Miss Marple dann, »aber das mit der Träumerei sollten Sie ein wenig einschränken, wiewohl das Finden der Wunder im Alltag nicht so fern ist dem Auffinden der Verbrechen in der Nachbarschaft, oder, mein Liebes? Allerdings ist es sehr viel weniger schön!«, woraufhin Emily Dickinson schon wieder aus dem Haus hinaushuscht, weil sie die Kritik auf sich bezieht.

»Was für ein schüchternes kleines Ding, aber was für eine große Begabung! So jung an Jahren und doch so alt an Wissen. Sie kommt mir vor wie ein Geist!« Miss Marple seufzt dann für gewöhnlich tief auf, wenn der letzte nachmittägliche Besucher, wer auch immer es sein mag, Geistlicher oder Gespenst, das Haus verlässt, denn sie ist ganz gern mit sich und ihrem Strickzeug allein.

Eine Ausnahme macht sie für ihren Neffen Raymond West, der zu jeder Tages- und Nachtzeit bei ihr erscheinen darf, was allerdings selten häufiger als in Jahresabständen geschieht. Ihr Neffe ist nämlich ungemein umtriebig als Autor. Der Pfarrer sieht dessen Erfolg sehr skeptisch: »Ich weiß, er gilt als hervorragender Romancier, und er hat sich einen gewissen Namen als Lyriker gemacht. Seine Gedichte kommen ohne Großbuchstaben aus, was, glaube ich, das Wesentliche der Modernität ist. Seine Bücher handeln von unerfreulichen Leuten und ihrem unerhört langweiligen Leben.«

Raymond West wiederum betrachtet das Leben in St. Mary Mead mit sehr herablassendem, wenn nicht gar mitleidigem Blick. Seine Tante Jane bezeichnet er gern, in ihrer Gegenwart immerhin und niemals hinter ihrem Rücken, als »Überbleibsel«. Miss Marple wiederum, den Kopf leicht schräg, »hört ihm mit schmeichelhaftem Interesse zu«, wenn er vom hauptstädtischen Kulturleben schwärmt, er hingegen bemerkt niemals, »wenn ihre Augen dabei manchmal amüsiert funkeln«. Womit ihr Verhältnis zur Moderne im Allgemeinen und zu ihrem Neffen im Besonderen recht gut umrissen wäre.

»Mein lieber Junge, ich fühle mich ganz wohl hier in St. Mary Mead«, unterbricht sie ihn dann stets, wenn er wieder einmal hymnisch von der Welt da draußen erzählt, so als müsste sie etwas vermissen.

»Das meinst du nicht ernst«, protestiert er dann immer entgeistert.

»Ernster, als du glauben magst. Die Uhren ticken unbarmherziger in der Stadt. Aber das ist gut so: Je schneller das Neue zum Alten wird, desto schneller kann das Alte wieder zum Neuen werden. Das ist das ganze Geheimnis der Moderne: Es gibt sie nicht. Es gibt nur kluge oder dumme Gedanken.«

Raymond West ist sich dann nie so klar darüber, ob er seine Tante für besonders weise oder für besonders versponnen halten soll.

»Es ist doch alles ziemlich von der gleichen Art, nicht wahr?«, fügt Miss Marple meist noch erklärend hinzu. »Das Leben ist schließlich überall ziemlich das Gleiche. Aber hier auf dem Land lässt es sich unaufgeregter beobachten. Ich persönlich finde meine Wunder lieber im Alltag, das habe ich von einer sehr lieben Freundin gelernt. Leider ist sie schon lange tot, ich hätte sie dir gern einmal vorgestellt!« Dann beugt sie sich wieder über ihr Strickzeug, um seinen Premierenberichten zu lauschen. Meist hat Raymond noch das eine oder andere Filmangebot dabei, welches Miss Marple ebenso beharrlich wie regelmäßig ausschlägt.

»Sherlock Holmes hat die Verjüngung auch gutgetan«, betont ihr Neffe dann immer wieder.

»Er ist ja auch ein alter Mann und hat solche Publicity nötig!« Eine Feststellung, mit der nach Ansicht von Miss Marple dann aber auch alles zum leidigen Thema Film und Fernsehen gesagt ist.

»Aber du denkst bitte noch einmal in Ruhe darüber nach, Tantchen? Es wäre eine wunderbare kleine BBC-Serie: ›Miss Marple's Magic Mystery Tour‹. Über den Titel werden sie bestimmt noch mit sich reden lassen. Und über die Gage auch! Für mich könnte vielleicht auch eine kleine Rolle herausspringen. Du überlegst es dir?«

»Natürlich«, verspricht Miss Marple, und beide wissen, dass sie das natürlich nicht tun wird. Denn das Erste, wonach sie greift, nachdem ihr Neffe, wie immer ein wenig enttäuscht von ihrer Halsstarrigkeit, sich von ihr verabschiedet hat, ist ein gutes Buch und vielleicht ein Gläschen Sherry für die Nerven. Ein lieber Junge, denkt sie dann, aber viel zu ruhmsüchtig.

Nur noch sehr gelegentlich nimmt Miss Marple die Einladungen zu Gesellschaften an. Sie wird gern eingeladen, denn sie ist ein verlässlicher Gast, sowohl was die Pünktlichkeit ihres Erscheinens als auch was ihr Unterhaltungstalent anbelangt, aber in den letzten Jahren sind ihr die Gespräche ein wenig zu oberflächlich geworden, »nur noch Kochen und Gärtnern, darüber unterhielt sich früher das Personal«.

Zwei monatliche Termine gibt es allerdings, die sie niemals versäumt: den Bridgeabend und das Treffen des Gemeindechors. »Feste Termine halten sehr zuverlässig vom Sterben ab«, versichert ihr Hausarzt immer, der es sehr gern sieht, dass die alte Dame noch singt und spielt. Er zitiert dann stets die einstmals berühmte Tennisspielerin Martina Navrátilová: »Bridge ist mehr als ein Kartenspiel. Es ist ein Denksport. Bridge fördert logisches, detektivisches und schnelles Denken.‹ Bill Gates hat übrigens Ähnliches gesagt.« Dann hört er behutsam ihre Lunge ab, fordert sie zum kräftigen Ein- und Ausatmen auf und lobt sie für ihre gute Konstitution.

»Wenn einer aus seiner Seele singt, heilt er zugleich seine innere Welt.‹ Das hat Yehudi Menuhin gesagt. Singen ist eine ›innere Hausapotheke‹.« Der Arzt hat gut reden, denn Miss Marple schweigt meist in seiner Praxis. Wehwehchen hat sie so gut wie nie zu vermelden, deshalb hört sie lieber zu. Zumal sie weiß, dass der Doktor sehr gern redet, vor allem sehr gern klug redet, aber wenig zu sagen hat, zumindest selten selbst Gedachtes. Deswegen zitiert er meist. Er ist erst seit zehn Jahren in St. Mary Mead und fühlt sich noch ein wenig fremd. »Miss Marple«, verabschiedet er sie dann stets freudestrahlend, »Sie sind kerngesund und können noch hundert Jahre alt werden!«

»Das ist sehr aufmerksam von Ihnen, mein lieber Doktor Maugham. Jetzt, da ich so alt bin, glaube ich, dass man viel versäumt, wenn man jung stirbt.« Schon ist sie aus der Tür, und wieder einmal lässt sie einen sehr nachdenklichen Mann zurück.

Ist dieses Leben langweilig? Ganz und gar nicht. Nicht für Miss Marple und schon gar nicht für ihre Leser, die ihr immer noch die Treue halten. Und ob die Verbrechen tatsächlich geschehen sind oder ob sich Miss Marple das alles nur einbildete oder Agatha Christie die alte Dame einfach nur erfand – belanglos. Für viele ist Miss Marple viel lebendiger, als es die meisten Menschen in ihrer eigenen Umgebung je waren. Für Sie etwa nicht?

Hand aufs Herz: Wenn Sie die Wahl hätten, einen Abend mit Jane Fonda oder mit Jane Marple zu verbringen – wie würden Sie sich entscheiden? Zur Erinnerung, Jane Fonda war »Barbarella«, sie ist eine berühmte Feministin und Fitness-Ikone, sie protestierte gegen Vietnam und gegen vieles mehr, sie kannte die berühmtesten Männer der Welt und hatte vermutlich mehr Liebhaber als die Gemeinde St. Mary Mead männliche Mitbürger zählt – ist sie deshalb auch klüger als Miss Marple?

»Es ist wichtiger, interessiert zu bleiben, als interessant sein zu wollen«, sagt … Miss Marple, nein, sagt Jane Fonda. Sie ist eine kluge Frau, keine Frage, aber ist sie auch glücklich? Sie litt jahrelang an Bulimie, eine Krankheit, die bei Miss Marple nie vorstellbar gewesen wäre. Sie trinkt allenfalls einen Wodka-Martini am Tag, kann aber sehr wortreich darüber philosophieren, warum ein zweiter Wodka-Martini zu viel wäre. Sie ist keine dieser *»New York Lunch Ladies«*, die von der Maniküre zur Vernissage eilen und Shoppen für eine Vollzeitbeschäftigung halten, aber Fitness im Alter ist ihr sehr wichtig, und ohne die Liebe der anderen kann sie nur sehr schwer auskommen, wobei sie den Grad ihrer Selbstachtung noch immer an der Zahl der Scheinwerfer zu bemessen scheint, die auf sie gerichtet sind.

»Ich meditiere, sehe Filme und ich habe einen Boyfriend und so weiter«, gestand Jane Fonda unaufgefordert in einem Interview. »Aber auch das musst du planen. Gerade in meinem Alter brauchst du einen Zeitplan. Alles muss organisiert werden, sogar für Sex brauchst du einen Termin. Pillen müssen genommen und andere Vorbereitungen getroffen werden. Aber trotzdem hat das irgendwie auch eine gewisse Sexiness.« Das klingt nicht unbedingt fröhlich, aber niemand hat je behauptet, dass Sexualität im Alter etwas Fröhliches sei. Jane Fonda hat ein Anliegen, das ist viel wichtiger, als nur Vergnügen an sich oder anderen zu haben. »Ich möchte älteren Frauen ein Gesicht geben. Und zwar nicht das Gesicht, das wir in unserer Gesellschaft als stereotypes Rollenmuster kennen, sondern das einer dynamischen, sexuell attraktiven Frau.«

Damit wäre Miss Marple nicht einverstanden. Nein, ganz und gar nicht. Sie braucht nachts ihre Ruhe und geht lieber mit der Wärmflasche ins Bett als mit Mr. Stringer. Neben dem Bett steht ein kleiner Tisch, darauf liegen ihre Andachtsbücher und das Strickzeug. Wenn sie nicht schlafen kann, greift sie nicht zu Schlaftabletten, sondern zählt Schäfchen – das behauptet zumindest der Pastor, der es eigentlich gar nicht wissen kann. Stets liegen Morgenrock und Hausschuhe bereit sowie ein weicher Schal aus blassrosafarbener Wolle, sodass sie jederzeit im Haus nach dem Rechten sehen kann. Denn wenn Miss Marple zu Bett geht, denkt sie an Mord – als eine schöne Kunst betrachtet. Wenn Jane Fonda zu Bett geht, denkt sie vermutlich an Jane Fonda. Und daran, dass sie immer älter wird. Wohingegen Miss Marple niemals älter wird, weil sie nämlich niemals wirklich alt war. Mag sein, dass in dieser Nacht sogar noch ein Mord geschieht. Aber selbst wenn, Miss Marple wird in dem sicheren Bewusstsein einschlafen, diesen Fall lösen zu können, ob mit oder ohne Mr. Stringer, denn ihr Verstand ist hellwach.

III. SIE HÖREN NICHT MEHR AUF ANDERE? SIE HÖREN VIEL ZU VIEL AUF ANDERE? (SIE KÖNNEN GAR NICHT MEHR HÖREN?)

Oder: Wie bringen Sie es zu salomonischer Gelassenheit?

Als König Salomo wieder einmal ans Sterben dachte und sich auf seinen Thron setzte, den weich gepolsterten, schwer schnaufend, und die Füße in großen, seidenen Pantoffeln verbarg, denn er litt an einem kranken Zeh, ließ er seinen Schreiber und Vertrauten Tutman Thot zu sich kommen, der sich wohlweislich schon hinter der nächsten Säule verborgen hatte, denn er kannte den Tagesablauf seines Herrschers sehr genau und wusste daher auf die Minute, zu welcher Tageszeit der König mitteilsam wurde.

»Lieber Thot, mir ist zum Sterben zumute ...« Salomo machte eine dramatische Pause und sah Tutman erwartungsvoll an.

Tutman Thot klatschte entsetzt in die Hände, obwohl diese Neuigkeit für ihn durchaus keine Neuigkeit mehr war. Er wusste, dass dem großen Salomo schon seit geraumer Zeit täglich, zuweilen stündlich zum Sterben zumute war, und zwar unter gänzlicher Absehung seines tatsächlichen Gesundheitszustandes. Ja, Salomo schien sich geradezu ein Vergnügen daraus machen zu wollen, sein Sterben zu einem öffentlichen werden zu lassen, vor allem aber zu einem sehr langwierigen, deswegen nahm Tutman diese Äußerung nicht ernster als gewöhnlich, nämlich gar nicht. Aber er vermied ein Lächeln, denn Salomo vertrug keinen Spott, was seine körperlichen Zustände anbelangte, und schon gar nicht, was seine geistigen betraf. Tutman klatschte noch einmal in die Hände, er gab sich dabei redlich Mühe, entsetzter zu klatschen. Der König beäugte ihn argwöhnisch und brummte missmutig vor sich hin: »Ich schätze dein schnelles Erscheinen immer sehr, das grenzt an Zauberei. Du bist wirklich der einzig Zuverlässige in diesem ... diesem ...«

»Palast?«, assistierte Tutman eilfertig.

»›Saustall‹ hatte ich sagen wollen, aber ›Palast‹ ist natürlich das richtigere Wort, obwohl ›Saustall‹ passender wäre, weil man mich einfach so vor die Hunde gehen lässt, hier in diesem ..., in diesem ...«

»Prächtigen Palast«, wiederholte Tutman untertänig, und diesmal nickte Salomo wohlgefällig, als hätte er alles zuvor Gesagte schon wieder vergessen.

Es war einer dieser Tage, an denen er an Rücktritt dachte, nein, nicht an den eigenen, sondern an den Rücktritt seines obersten Schreibers, denn Tutman Thots kluge Ratschläge waren nur an frohen Tagen zu ertragen, und sein Schweigen, sein Schweigen war noch entsetzlicher. Es war ein vorwurfsvolles Schweigen, das wusste Salomo sehr genau, und er konnte es sich auch sehr genau übersetzen: Keine Zeit für Wehleidigkeit, herrsche, Herrscher! Als ob das so einfach wäre, kurz vor dem Tod. »Elender Besserwisser«, schnaufte Salomo verdrießlich, was Tutman mit ausdrucksloser Miene überhörte. Er stand stumm und still wie eine Hieroglyphe. Salomo hatte seinen Pantoffel ausgezogen und sah missmutig hinab auf seinen großen Zeh, der noch größer wirkte als sonst, denn eine Biene hatte ihm einen schmerzenden Stich versetzt. Auch wenn die Biene hinterher mit großem Pomp für ihre Untat bestraft worden war, der Schmerz blieb, obwohl sich ein halbes Dutzend Diener bemüht hatte, ihn durch Kühlung zu lindern. In letzter Zeit mehrten sich solche Missgeschicke. Er konnte sich nicht entsinnen, dass es in früheren Jahren eine Biene gewagt hätte, den königlichen Zeh zu stechen, es schien wirklich, als hätte ihn das Königsglück verlassen. Dafür würde einer seiner ranghöheren Diener büßen müssen, am besten einer, dessen Gehorsam und Untertänigkeit zu wünschen übrig ließen, weil er sich klüger glaubte als der Klügste selbst.

»Lieber Tutman, womit gedenken wir uns heute zu beschäftigen, auf dass die Nachwelt etwas aus unserem Schicksal zu lernen vermag?«

Bei dieser Anrede wurde Tutman stets misstrauisch. Wann immer der Herrscher jovial sprach, handelte er wenig später tyrannisch.

»Großer König, das Buch der Bücher gilt es zu schreiben! Noch immer«, fügte er ein wenig aufsässig hinzu, was er sofort bereute, als er Salomos bösen Blick sah.

»Hatten wir uns nicht bereits auf einen Titel verständigt?«

»Wir hatten mehrere Titel in Erwägung gezogen, großer Salomo«, Tutmans Ziegenbart wischte fast den Boden, so demütig beugte er sich vornüber, »aber Eure Hohheit wollten sich den letzten Entscheid vorbehalten.«

»Was ja wohl auch meine Pflicht ist als Herrscher«, unterbrach ihn Salomo unwirsch. »Was ja wohl auch meine Pflicht ist«, wiederholte er gleichermaßen eindringlich wie vergesslich.

»Sehr wohl«, pflichtete Tutman bei und verstummte dann umgehend in betonter Servilität. Tutman Thot war dünn wie eine Schreibfeder und lang wie Schilfrohr, was seine Verbeugungen immer ein wenig linkisch wirken ließ.

Immerhin belustigt mich seine Erscheinung, dachte Salomo, und das ist ja schon viel wert, denn meine eigene Erscheinung tut das durchaus nicht mehr. Auch dieser Gedanke ließ ihn schmunzeln. Denn so eitel, wie alle um ihn herum zu glauben schienen, war er nach eigenem Dafürhalten gar nicht. Im Gegenteil, er rechnete sich seine Bescheidenheit als herausragende Tugend an. Es war nun einmal seine Pflicht als Herrscher, allmächtig zu erscheinen. Größe, wem Größe gebührt. In Kleinigkeiten hingegen konnte er sich durchaus auch auf andere verlassen und den Verhältnissen gemäß klein beigeben.

»Welche Titel waren denn«, Salomo tat unbeteiligt, aber sein Blick verriet ehrliche Neugier, »welche Titel waren denn in der engsten Auswahl?«

Tutman richtete sich wieder ein wenig auf, denn die Vergesslichkeit des Königs war seine Lebensversicherung. Zumindest, solange der Herrscher sich noch an die Vorhaben erinnern konnte, deren Ausführung er immer wieder vergaß. Und an seinen Namen.

»›Das große Buch des Lebens‹ stand zur engeren Wahl, mein Herrscher.«

»Soso, klingt nicht schlecht! Das große Buch des Lebens, das sehr große Buch, das königliche Buch des Lebens! Was hältst du davon?«

»Wir sollten vielleicht auch an die zukünftigen Leser denken, großer Herrscher, und nicht allzu pompös in die Zukunft hineinregieren wollen mit unserem Denken!«

»So, sollten wir das nicht? Ist das meine Entscheidung oder die meines Schreibers?« Salomos tückisch leise Stimme klang verdächtig nach Peitschenhieben.

»Zu keinem Zeitpunkt ist meinem Mitwirken auch nur die mindeste Notwendigkeit zuzuschreiben, größter aller Herrscher!«, säuselte Tutman von ganz unten hinauf.

»Ganz recht. Wir verstehen uns, auch wenn ich dich jetzt gerade nicht so verständlich verstanden habe«, aber den letzten Teil des Satzes verschluckte er. »Wie lautete der zweite Titel?«

»Das große Buch der Sprüche, Herr der Völker.«

»Das klingt mir denn doch zu volkstümlich.« Salomo runzelte die Stirn. »War das etwa mein eigener Vorschlag?«

»Nein, wiewohl – vielleicht sollte ich besser sagen: ja und nein, denn Eure Majestät beliebten, das Volk zu fragen und eine Abstimmung zu halten, wie denn das neueste Buch Eurer Hoheit betitelt sein sollte, und da kam eben nun dieser besagte Titel in die Endauswahl!«

»Das große Buch der Sprüche, nun ja, das klingt, als hätten Krethi und Plethi zu meiner Weisheit beigetragen!«

»Haben sie aber nicht«, bestätigte Tutman willfährig, »aber Eure Majestät wissen, wie viele Zusendungen wir jeden Tag erhalten, wie viele Lieder und Gedichte in Eurem Namen geschrieben und gesungen werden, so als wäre das Volk in Eurer Person und Ihrem Denken geeint.«

»Ach, all diese Sprüche! ›Sei nicht einfach nur gut, sorge dafür, dass Gutes geschieht‹, ›Mit der Geburt tritt der Tod in unser Leben‹, ›Jeder hat das Recht, ein Dummkopf zu sein‹, ›Freundlichkeit ist das Wichtigste‹, bla, bla, bla. Dergleichen bleibt mir im Kopf hängen. Jeden Tag krieg ich einen Spruch eingereicht, um ihn in meine Sammlung aufzunehmen. Viel zu viele Sprüche. Viel zu viele Wichtigtuer, die sich alle in meinem Namen versammeln. Wie hat die Welt eigentlich vor meiner Zeit Bestand haben können?«

»Nur sehr schwer, sehr schwer nur, großer König!«

»Danke, Tutman.« Er nickte wohlgefällig mit seinem majestätischen Haupt. »Ich weiß, deine Unbestechlichkeit zu schätzen. Das lehrt das Alter. Schmeicheleien vermögen mich nicht mehr zu rühren.«

Salomo wusste sehr wohl, dass vieles, was ihm zugeschrieben wurde, gar nicht von ihm stammte. Autoren veröffentlichten gern unter seinem Namen, weil ihre Weisheit so in Ewigkeit überdauern würde, auch wenn sie selbst dafür mit Anonymität gestraft wurden. »Das bringt nun mal das Herrscheramt so mit sich. Unter einem Namen alle Namen zu versammeln.« Salomo applaudierte sich selbst, was er zuweilen zur Aufmunterung tat. »Aber der Titel ist dennoch albern. Was tut's! Wir werden einfach weiter über den Titel nachdenken. Und im Text, wo waren wir im Text stehen geblieben? Dann kommt der Titel doch wohl ganz von allein!«

Salomo wedelte sich Luft zu, denn die Arbeit des Denkens strengte ihn, wie immer, sehr an.

»Im großen Buch Eures Lebens, Kapitel fünf: Vom Altern.«

»Wir kommen nicht umhin ...«, begann Salomo schleppend.

»... zu altern?«, setzte Tutman diensteifrig fort.

»Nein, dieses Kapitel fertigzustellen, oder?«

»Nein, wir kommen nicht umhin, die Chronologie zwingt uns.«

Salomos Kinn sackte auf die Brust. In letzter Zeit überkamen ihn häufig plötzliche Momente der Schläfrigkeit, aus denen er sehr unwohl aufschrak.

»Ja, diese unheimliche Macht der Zeit«, er räusperte sich, »das führt uns geradewegs zum Thema Alter.« Er pausierte nachdenklich. »Hatten wir uns schon auf eine Gliederung geeinigt?«

»Großer König, wir hatten erwogen, folgende sieben Punkte abzuhandeln, der Reihe nach, als da wären …«

»Klingt zwingend, lieber Thot«, unterbrach ihn Salomo, »eine Reihung ist immer etwas Zwingendes, das kenne ich von meinen Soldaten!«

Je freundlicher der Umgangston, das wusste Thot aus dem jahrelangen Zusammensein mit Salomo, desto uninspirierter fühlte sich der König. Mitleidig betrachtete er den Herrscher, der so in sich versunken auf dem prachtvollen Thron saß.

Salomo litt schwer unter der Last, der weiseste Mensch der Welt sein zu müssen. Es war eine Verkettung unglücklicher Umstände gewesen, die ihm diesen Ruf eingetragen hatte. Letztlich war es nur das eine berühmte Urteil gewesen, an dem er selbst so wenig Anteil gehabt hatte, denn seine Mutter hatte ihm seinerzeit des Rätsels Lösung eingeflüstert, dass nämlich eine Mutter eher auf ihr eigenes Kind verzichten würde, als es dem sicheren Tod auszusetzen. Wenn also zwei Mütter um ein Kind streiten, muss man sie nur auffordern, das Kind mit dem Schwerte zu halbieren. Die falsche Mutter wird dem sofort zustimmen. Die liebende Mutter dagegen verzichtet. So war es denn ja auch gekommen. Er wischte sich über die Stirn. Keine schönen Erinnerungen. Ebenso wenig die an seine Mutter Bathseba und an seinen Vater David und schon gar nicht die an seine Brüder, zumindest nicht an all jene, welche er hatte töten lassen müssen. Salomo schrak auf. Er fühlte den fragenden Blick Tutmans auf sich ruhen.

»Wollen wir also mit dem ersten Punkt beginnen?«

»Das sollten wir, sollten wir unbedingt«, bekräftigte Tutman.

»Gut, gut, sehr gern, obwohl … er uns …« Salomo rieb sich den schmerzenden Zeh. »Obwohl er uns unweigerlich irgendwann zum letzten Punkt …«

Tutman wusste sehr wohl, woran Salomo jetzt denken musste, aber er wusste auch um die wohltätige Macht der Ablenkung, also schnippte er nach dem Lieblingssklaven Salomos, der eine Schüssel mit parfümiertem Eis brachte und dabei ein Lächeln aufsetzte, das Salomo kindlich froh strahlen ließ. Je älter er wurde, desto verliebter verhielt er sich Knaben gegenüber, nicht aus Lust, sondern aus der Begierde, sich in ihrem Spiegelbild zu verjüngen.

»Er scheint mich wirklich zu vergöttern!«, seufzte Salomo erfreut, als der Diener unter vielen Bücklingen wieder den Saal verließ, den Blick fortwährend auf den Boden gerichtet, ganz so, wie Tutman es ihm eingebleut hatte.

»Wer tut das nicht, großer Herrscher?«, fügte Tutman hurtig hinzu.

»Aber er sieht auch noch gut aus dabei!« Salomo grinste diabolisch. »Nichts gegen dich persönlich, Tutman, du weißt, wie sehr ich dich als Sekretär schätze, aber mir ist aufgefallen, du wirst alt! Alt und brüchig«, setzte er genießerisch hinzu.

»Das ist der Lauf der Zeit«, bestätigte Tutman ergeben, »für jeden von uns.«

»Sehr geschickt auf das Thema zurückgeführt, ich weiß schon, warum ich dich vor allen anderen Schreibern auszeichnete, obwohl jeder gleich geeignet schien, meine Gedanken zu notieren. Denn es sind ja meine …«

»Wessen sonst, großer Herrscher?«

»Also beginnen wir!« Salomo sah ihn erwartungsvoll an.

»Sehr wohl, wir beginnen, das Kapitel vom Alter ...«

»Warum werden wir alt?« Salomo tippte Fingerspitze an Fingerspitze. Er fand, so wirkte er nachdenklicher.

»Das ist eine gute Frage, großer Herrscher, und Eurer Weisheit würdig!«

»Ja, warum nur, warum werden wir eigentlich alt? Obwohl der allmächtige Gott uns alles gegeben hat, was unser Herz begehrt, mehr noch. Und was tun wir? Wir altern! Warum, verdammt noch mal?« Salomo erschrak über seinen Fluch und hielt sich die reich beringte Hand vor den Mund. »Vielleicht«, fuhr er mit sanfter Stimme fort, »weil wir es nicht besser wissen, denn sonst ...«

»Sonst?«, assistierte Tutman, der sich selbst dann als Hebamme der königlichen Gedanken verstand, wenn er eine Fehlgeburt erwartete.

»... sonst würden wir es doch nicht wollen?« Salomo kratzte sich nachdenklich den Hinterkopf. Er war sich nicht sicher, ob er verstand, was er da gerade gesagt hatte. Wenn er so ins Sinnen geriet, konnte das eine Weile dauern, denn Salomo fand, wenn er sich mit Worten verirrte, immer seltener den Weg zurück zu seinen Gedanken.

»Warum werde ich alt?« Er streifte einen der kostbaren Ringe von seinem Zeigefinger und hielt ihn Tutman vor Augen. »Antworte gut, und ich schenke ihn dir! Warum werde ich alt?«

»Weil Gott es in seiner unerfindlichen Weisheit so will!«

Mürrisch ließ Salomo den Ring in Tutmans ausgestreckte Hand fallen. Das war sehr geschickt von ihm gewesen, Gott die Verantwortung aufzubürden, denn der war unmöglich zu belangen. Aber irgendwann würde ihn diese Geschicklichkeit noch einmal den Kopf kosten. Salomo machte gute Miene zum bösen Spiel.

»Gottes Weisheit, sehr gute Antwort. Nächste Frage …«

»Großer König –« Thot hatte vor langer Zeit einmal auf die Anrede »großer König« beziehungsweise »allergrößter König« verzichtet, nachdem ihn Salomo aus einer Laune heraus auf einen weniger förmlichen Tonfall verpflichtet hatte, aber kaum war das umgänglichere »lieber König« zur Gewohnheit geworden, hatte sich die Laune Salomos von Tag zu Tag beträchtlich verschlechtert, bis Thot – wie es schien, eher zufällig – wieder ein »großer König« herausgerutscht war. Seitdem war es dabei geblieben.

»Oh, König der Könige, die Frage des Warum könnte natürlich aufgefächert werden!«

»Könnte, aber warum sollte sie?« Salomo machte die Andeutung eines Gähnens.

»Weil das Warum zum Wie führt.«

»Nun, dann kürzen wir ab und sind direkt beim Wie!« Er lachte zufrieden. Fehlte nur noch, dachte Tutman erbost, dass er wieder in die Hände klatschte wie ein kleines Kind.

»Umstandslosigkeit, das ist ein sicheres Anzeichen für Jugend«, hob der Sekretär mit bedeutungsvoller Stimme an zu dozieren.

»Halsstarrigkeit hingegen eins des Alters«, unterbrach ihn Salomo und fuhr gut gelaunt fort: »Wie recht du hast, mein Lieber, aber keine Sorge, solange es mir gut geht, wird es dir auch gut gehen. Einem anderen Herrscher solltest du in deinem Alter ohnehin nicht mehr dienen wollen.«

»Wie könnte ich, allergrößter König? Aber es geht weniger um mein Alter als um das Alter allgemein. Warum werden wir alt? Wenn ich Eure berechtigte Frage erneut stellen darf!«

Misstrauisch beäugte ihn Salomo.

»Findest du, ich bin sehr alt geworden in letzter Zeit? Zu alt zum Herrschen etwa? Findest du das?« Sein Tonfall wurde gereizt, was Tutman veranlasste, seine Stimme noch ein wenig unterwürfiger klingen zu lassen.

»Angenommen, ich wüsste eine Antwort auf die Frage des Warum, die Gott den Allmächtigen nicht bemüht ...«

»... na, dann gib sie«, quengelte Salomo und rutschte unruhig auf seinem Thron hin und her. »Was ist denn deine Antwort auf das Warum?«

»Wir altern, weil wir uns an den Gedanken gewöhnt haben zu altern. Alle weisen Männer sagen, es gebe keinen vernünftigen Grund zu altern. Also altern wir vielleicht nur, weil wir es wollen, es uns einreden, weil die Gewohnheit uns nötigt.«

»So, wie wir uns die Liebe einreden oder die Weisheit oder all die anderen Krankheiten des Geistes und der Seele?« Salomo atmete tief ein und aus. Er atmete ein zweites Mal tief ein und aus, als er bemerkte, dass Tutman diesen, wie er fand, sehr klugen und sehr melancholischen Gedanken nicht notiert hatte.

»Möglich wäre es ...« Tutman blätterte nachdenklich in seinen Unterlagen. Ein hoher Stapel. Salomo hatte alle Ärzte und Weisen seines Landes und der weiteren bewohnten Welt befragen lassen, was das Alter sei und wie es zu verhindern wäre. Da war einiges zusammengekommen, und es hatte sich zwischen den beiden ein festes Ritual entwickelt, wie mit diesem bibliothekarischen Wissen umzugehen war.

»Trage vor, was wir wissen!« Mit diesen Worten hatte Salomo ihn schon vor Monaten, vor Wochen und vor Tagen aufgefordert, das Denken der Anderen zu referieren. Aber Tutman hatte all die Berichte immer wieder mit der knappen Bemerkung zusammengefasst: »Wir wissen nichts. Ich korrigiere mich: Die Ärzte und Priester wissen nichts. Es sei die Natur für das Altern verantwortlich oder die Weisheit des Allmächtigen. Darauf reden sie sich hinaus. Genauere Gründe geben sie nicht. Aber immerhin tun sie das sehr wortreich und gelehrt.«

»Kurzum, es bleibt mal wieder an uns hängen«, hatte Salomo dann immer hoheitsvoll gemurrt, weil er eigentlich sehr zufrieden damit war, dass ihm das letzte Wort in dieser Sache überlassen wurde.

Tutman sah, wie Salomos Geist wieder auf Wanderschaft zu gehen drohte, um sich den glanzvolleren Tagen seiner Herrschaft zuzuwenden, und hob eindringlich seine Stimme: »Wir müssen wissen, *wozu* wir altern. Nicht das Warum. Das sollte uns gar nicht kümmern!«

»Die wenigsten wissen, wozu sie überhaupt alt werden müssen, ganz recht! Klug bemerkt, mein lieber Tutman, das weiß ich auch nicht, wozu ich immer älter werde. Eigentlich wäre ich viel lieber jung!« Seine Stimme drohte ins Wehleidige zu kippen.

»Oh, großer König, Ihr wisst sehr wohl und als Einziger, wozu Ihr so alt werdet, denn nur so konntet Ihr Euer Weisheitsbuch schreiben, nur so konntet Ihr den Vorsatz fassen, es schreiben zu wollen! Ohne Alter keine Weisheit!«

Salomo klatschte erfreut in die Hände.

»Stimmt! Als junger König wäre das niemals gegangen, sehr gut! Schreib das bitte sofort auf!«

Thot zupfte nachdenklich an seinem Ziegenbart, was er immer tat, wenn er sich besonders schlau vorkam.

»Es wäre natürlich gegangen, Ihr hättet auch als junger König ein Weisheitsbuch schreiben können, aber keiner hätte es als Buch eines jungen Mannes respektiert!«

»Du bist ein schrecklicher Besserwisser!«, lobte Salomo und rutschte unruhig auf dem Thron hin und her. »Wäre es jetzt nicht Zeit für die Medizin?«

Tutman wiegelte ab. »Noch ein wenig Geduld, ein wenig Geduld für das nächste Kapitel!«

»Was da lautet?« Salomo legte neugierig den Kopf schräg. Tutman seufzte vernehmlich. »Das Alter und seine Gründe. Oder besser formuliert in Form der Frage: Warum verlieren wir mit den Jahren unser inneres Gleichgewicht? Denn darauf scheinen mir alle Erkenntnisse der Ärzte hinauszulaufen: Altern ist eine Unordnung im Fühlen und Denken. Eine Auflösungserscheinung.«

»Da mag etwas dran sein!« Salomo nickte zustimmend. Der Gedankengang gefiel ihm. Er erinnerte ihn an die Kunst des Regierens.

»Wie kann es mir gelingen, dass mir mein Körper weiter untertan bleibt und nicht ich ihm untertan werde? Indem ich das Gleichgewicht wahre …« Salomo schaukelte vor und zurück. »Alles in uns sollte im Gleichgewicht sein. Mehr Geheimnis gibt es nicht! Aber alt werden wir dennoch, selbst dann, wenn wir mit uns im Reinen sind. Oder sind wir es dann vielleicht nur nach außen hin?« Salomo stützte seinen Kopf mit beiden Fäusten, weil er immer schwerer zu werden schien. »Langsam, langsam mit den alten Pferden!«, schnaufte er.

»Waren wir zu schnell? Wollen wir zurück in die Chrono-logie des Kapitels?« Besorgt fächelte Tutman dem König ein wenig frische Luft zu.

»Ja, langsamer! Du hast zuweilen so etwas …«

»… bedrängend Strenges?« Tutman war keineswegs frei von Selbstgefälligkeit, wenn es um seine erzieherische Tätig-keit ging. Er fächelte noch ein wenig heftiger.

»Schlimmer, so etwas Inquisitorisches.«

»Aber das braucht es vielleicht auch«, unterbrach ihn Tut-man willfährig, »um dieses große Werk im Namen Eurer Ma-jestät zu vollenden.«

Salomo schüttelte den Kopf mit der Schwerfälligkeit eines alten Löwen.

»Was also sagen uns die Gelehrten über das Alter?«

»Nichts, was wir nicht schon wissen, großer Herrscher!«

»Also?«

»Also müssen wir von uns selbst ausgehen, da sind wir auf sicherem Terrain. Von uns ausgehend stelle ich also die Frage: Wie erkenne ich, dass ich altere?«

Salomo schnippte mit den Fingern. Sein Lieblingssklave erschien mit einem handtellergroßen Spiegel. Tutman hatte die Spiegel im Laufe der Jahre immer weiter verkleinern und auch ein wenig golden eintrüben lassen, damit alles im rech-ten und somit auch wohlgefälligen Licht erschien. Salomo blickte verzaubert in den Spiegel, als könnte er so die alten Zeiten wieder auferstehen lassen.

»Wo waren wir?«, fragte er träumerisch.

»Wie erkennen Hoheit, dass Ihr altert?«

»Nun, ich erkenne es selbst zuallererst, das ist wahr und sollte auch schriftlich festgehalten werden. Wer sonst sollte es erkennen, wer sonst steckt schon in meiner Haut, in der Haut eines Königs, im Gewand eines Herrschers, der seinesgleichen sucht?« Er hüstelte verlegen, denn mit einem Mal erschien ihm die eigene Lobeshymne ein wenig zu dick aufgetragen angesichts des kleinen Spiegelbildes. »Ich glaube, an meiner Zerstreutheit, daran kann man es erkennen. Ich muss zugeben, ich bin in letzter Zeit sehr zerstreut. Mehr als sonst. Das ist vielleicht das Alter. Oder es sind die ungewöhnlich hohen Temperaturen hier im Land. Die Liebe kann es ja nicht mehr sein! Leider.«

Er wartete auf Widerspruch, aber Tutman hatte sich ganz klein gemacht. Den Rücken tief gebeugt, sodass Salomo unmöglich sein Lächeln sehen konnte. Aber er ahnte es.

»Nun, woran erkenne ich noch, dass ich altere?« Salomo schien sichtlich Gefallen an der Listung seiner Altersmängel zu empfinden. Wohl, weil er sich nicht darüber den Kopf zerbrechen musste; rascher als Perlen reihte sich Klage an Klage, und dieses Klagen schien ihm Freude zu bereiten, denn es war ein herrschaftliches Klagen. Die schiere Zahl der Vorwürfe an die Zeit ließ ahnen, wie mächtig er im Vorausdenken gewesen war, als ihm die Zukunft noch gänzlich offenstand.

»Ich zeuge weniger Kinder, obwohl seltsamerweise immer noch sehr viele in meinem Namen zur Welt gebracht werden. Gott möge es richten, dass auch alle, die mir zugeschrieben werden, meiner Lendenkraft entsprangen!«

»Davon dürfen wir mit königlichem Hochmut ausgehen«, bemerkte Tutman trocken.

»Mit königlichem Hochmut, sehr schön gesagt, aber bitte nicht notieren, das könnte uns in ein falsches Licht rücken.

Hochmut kommt vor dem Fall, das darfst du notieren. Das klingt salomonischer.« Der König runzelte nachdenklich die Stirn. »Woran erkenne ich mein Altern? An meiner nachlassenden Bautätigkeit. Aber das liegt auch an der Steuerunwilligkeit der Untertanen, Gott strafe sie für ihren Geiz! Und dann, ich glaube, das geht aus dieser Äußerung hervor, bin ich nicht mehr so tolerant wie früher. Aber diese ungezogene Jugend macht mich krank. Die neue Mode macht mich krank. Laute Musik. Marktplatzgeschrei. Alles, was mit dem Gerichtswesen zu tun hat, macht mich krank. Überhaupt, ich verliere viel zu schnell die Geduld!«

Tutman Thot schrak zusammen, er wusste, was es bedeuten konnte, wenn Salomo die Geduld verlor. Nichts Gutes, schon gar nicht für seine Bediensteten. Er schnippte mit den Fingern, und der Leibsklave brachte eine Karaffe Wein, was Salomo mit einem freudigen Lächeln goutierte.

»Endlich die Medizin! Sehr gut, sehr aufmerksam von dir. Ich weiß, ich sollte maßhalten, und daran wirst du mich auch morgen bitte wieder erinnern. Alles in Maßen – notiere bitte, in der Rubrik ›Sprüche für den Tag‹!« Er nahm einen tiefen Schluck aus dem goldenen Pokal. »Tja, woran erkenne ich noch, dass ich alt werde? An den Wiederholungen. Ich wiederhole mich, in allem, nur nicht in dem einen, was mir das Liebste war.« Er lachte anzüglich, aber wieder verschloss Tutman seine Ohren, indem er demütig die Hände über dem Kopf zusammenschlug angesichts so großer Weisheit.

»Stell dich nicht immer tot, wenn ich eine lebendige Reaktion von dir erwarte!« Salomo stieß ihn verärgert mit dem Fuß an, was Tutman mit einem ehrerbietigen Lächeln und einem stummen Diener erwiderte. Salomo blickte böse auf ihn nieder. »Wechseln wir zum Vergnügen doch einmal den Blickwinkel: Woran erkennst du, mein lieber Tutman, dass ich alt werde? Sei ehrlich! Du weißt, du hast nichts zu befürchten, außer dem Tod«, ergänzte er lachend.

»Euer Humor, Majestät, wird, ähem, monologischer, wenn ich das so sagen darf.« Tutman blinzelte unter seinen verschränkten Armen hervor.

»Wie meinst du das?« Salomo fixierte ihn mit einem bösen Blick.

»Großer Herrscher, Ihr lacht vermehrt nur noch über Eure eigenen Witze! Ihr wechselt nicht mehr den Blickwinkel, das habt Ihr früher in Eurer unendlichen Güte gelegentlich getan.«

»Ein Zeichen der Altersschwäche?«

Tutman nickte, wohl wissend, dass ihm dieses Nicken nichts Gutes einbringen konnte. Denn der Herrscher aller Herrscher mochte die Wahrheit nur dann, wenn sie ihm gut zu Gesicht stand.

»Soso, ich werde darüber nachdenken.« Salomo wiegte grübelnd den Kopf. »Auch darüber werde ich also nachdenken müssen, ob ich als Majestät nicht geradezu dazu angehalten bin, über meine Witze allein zu lachen. Schließlich sind es majestätische Witze, einsame Witze sozusagen. Wer da Teilhabe fordert, kann ja gleich die Revolution ausrufen!«

Salomo schien nicht so recht zu wissen, ob er aufbrausen sollte oder nicht. Er nahm einen Schluck aus dem Pokal und merkte, wie seine Hand zitterte. Ein wehes »Ach« entrang sich dem Innersten seines Leibes.

»Mein Haar, Samson sei es geklagt, mein Haupthaar lässt sich nicht mehr färben, es nimmt mangels Dichte keine Farbe mehr an, und meine Nägel werden brüchig, mein Magen kennt keine Mengen mehr wie früher, meine Lungen pfeifen beim kleinsten Schritt zu viel, und meine Hände … sie zittern auch ohne Schwert.«

»Großer Herrscher«, unterbrach ihn Tutman gleichermaßen aus Mitleid wie aus Berechnung, denn eine weitere Listung der majestätischen Mängel würde unweigerlich zu einer Verschlechterung der majestätischen Laune führen. »Weisester der Weisen, statt mit Eurer ungewöhnlichen Macht des Geistes alle Mängel zu zählen, wäre es vielleicht ein königlicheres Tun, sich der Frage zu widmen, wie Majestät weiteres Altern verhindern können.«

»Oder: Wie verhindere ich es ganz? Ein für alle Mal und für immer! Das wäre doch die klügere Frage, wenn nicht die klügste überhaupt«, triumphierte Salomo.

»Zweifelsohne, großer König, aber, wenn ich aus meinem Heimatland Ägypten berichten darf, wir haben keine guten Erfahrungen mit dem Weiterleben nach dem Tod oder besser gesagt: mit dem Sieg über das Altern. Mit dem Erhalt der Hülle sicher, aber es ist wenig, was in der Hülle bleibt und Anlass zur Freude gäbe. Als Mumie ist das Leben ein sehr verhülltes, wenn ich mir diesen Scherz erlauben darf.«

Salomos Miene gab klar zu verstehen, dass zum einen nur er selbst scherzen durfte und dass er Tutmans Scherz zum anderen als unpassend empfand. Sein Ton wurde sehr sachlich, technisch geradezu.

»So, ist das so? Schützt also auch eine Pyramide nicht vor dem Verwesen der Lebendigen und der Toten? Nun, dann vielleicht eine Statue in der Gestalt des Herrschers? In konservativem Gold?«

»Eine sehr gute Idee, Majestät«, Tutman nickte und tat begeistert, »eine Statue mag ganz sicher vor dem Vergessen schützen, aber vor dem Alter und dem Tod?«

»Was ist der Unterschied? Altern ist Sterben Tag für Tag. Notier das bitte – in der Rubrik ›Lyrisches‹!«, fügte er nach kurzem Zögern hinzu.

»Sehr fein bemerkt, großer Herrscher«, dienerte Tutman.

»Was weiß man in Ägypten sonst so über das Altern?«, unterbrach Salomo, der sichtlich bemüht war, nicht länger über den Tod nachdenken zu müssen.

»Nun, Sklaven altern schneller als Schreiber, das wissen wir in Ägypten schon lange, und Pharaonen leben nicht unbedingt ewig, wenn sie sich wie solche benehmen, und wenig essen ist besser als viel essen und trockene Luft besser als feuchte und Bewegung besser als …«

»Ja, ja, diese Spaßverderber mit ihren klugen Ratschlägen.« Salomo wand sich mit Unbehagen in seinen Polstern. »Aber gibt es einen Zauber, eine Tinktur, eine Hieroglyphe, die im Nu das Altern stoppt?«

Tutman schüttelte stumm den Kopf. Salomo wies ihn mit einem herrschaftlichen Winken an, weiterzusprechen.

»Eine Krankheit zieht die andere nach sich«, dozierte der Sekretär.

»Wem sagst du das!«

»Also ist es vernünftig, die erste Krankheit durch viel Bewegung, maßvolles und gesundes Essen gar nicht zum Ausbruch kommen zu lassen!«

»Das ist nicht bewiesen, oder? Es gibt auch dicke Alte! Greise Säufer, Lüstlinge in Methusalems Alter!«

»Ganz recht, großer Herrscher, aber die Existenz eines einzelnen dicken Alten ist kein zureichender Beweis für die Gesundheit der Dicken im Allgemeinen!«

Salomo schien gar nicht zugehört zu haben: »Wenn ich recht nachdenke, ich kenne überhaupt keine dünnen Helden. Selbst David war größer und vor allem massiger, als es das Gerücht will. Ich hätte mich für den Ruhm natürlich auch kleiner machen können, als ich bin. So ein kleiner König, so viel Weisheit! Alberner Trick. Bitter, dass mein Vater dergleichen nötig hatte.«

»Majestät!« Tutman schnippte ungehörig mit dem Finger, was Salomo sofort mit einem missbilligenden Blick ahndete.

»Ja, ja, ja, ich habe dir zugehört: Eine simple Anleitung für ein langes Leben gibt es nicht. Einigen wir uns darauf. Obwohl, ich könnte mich tatsächlich mehr bewegen«, er rutschte unwohl im Thronsessel hin und her, denn diese Vorstellung gefiel ihm ganz und gar nicht, »oder noch besser: ruhiger atmen, das schont auch das Herz.«

In letzter Zeit hatten die Hofärzte mehreres an des Herrschers Essens- und vor allem Trinkgewohnheiten zu bemängeln gehabt, was sich aber nicht konkret auf Salomos Lebensführung auswirkte, denn dieser mochte keine Veränderungen, weder zum Guten noch zum Schlechten.

»Ich könnte mich beim Essen ein wenig einschränken, dieser Koch, dieser neue Koch scheint mir an allem schuld zu sein, er macht alles ein wenig leckerer als notwendig. Lass ihn köpfen!«

»Das wäre eine sehr barsche Reaktion auf sein eifriges Bemühen, es Eurer Majestät angenehm zu machen«, gab Tutman zu bedenken.

»Er bringt mich ins Grab, das ist Hochverrat, lass ihn köpfen!« Salomo war froh, endlich eine Entscheidung zugunsten seiner Gesundheit getroffen zu haben, und wollte sich davon auch nicht abbringen lassen. Er verschränkte trotzig die Arme. »Damit gewinne ich mehrere Jahre. Ein sehr salomonisches Urteil.«

»Das wäre es, Eure Majestät, wenn Ihr den Koch für die Angestellten des Palastes kochen lassen würdet. Dann gewinnt Ihr viele zufriedene Untertanen, und ob die früher oder später sterben, kann Euch in Eurem königlichen Gleichmut gleichgültig sein. Hauptsache, Ihr persönlich sterbt nicht vor der Zeit!«

»Gar nicht dumm, Tutman, diese Erwägung hätte von mir sein können! Verfüg es! Sag ihm, in meiner durchaus endlichen Güte habe ich ihm den Henker erspart, und er darf bei halbem Salär für die Angestellten weiterkochen. Bis auf den Tag des Herrn, den Sonntag, da soll er für mich kochen, wenn er denn schon am Leben bleibt, und die andere Hälfte des Lohns empfangen.«

»In der Tat sehr salomonisch, großer Salomo!« Tutman nickte. »Aber wir müssen jetzt wieder etwas mehr ans Allgemeine denken, Eure Majestät. Die Menschen da draußen wollen etwas Tröstliches. Eine Gewissheit. Einen fertigen Text! Wie bringen wir es fertig, in Würde zu altern?«

»Ja, ja, ja, als ob ich nicht Tag und Nacht darüber nachdenken würde, wie ich meine Untertanen glücklich machen kann.« Salomo stützte sein schweres Haupt in beide Hände. »Vielleicht würden die Tänzerinnen jetzt für ein wenig Abhilfe bei der Schwermut des Denkens sorgen?« Er hob hoffnungsfroh den Kopf.

»Sie warten schon draußen, großer Herrscher, aber Euer Befehl war es, sie nicht in den Saal bringen zu lassen, bevor nicht die ersten drei Seiten des neuen Kapitels geschrieben sind!«

»So, das war mein Befehl, warum klingt er dann so verdächtig nach einer Tutman-Anweisung?«

»Weil Eure Majestät für gewöhnlich Eure Befehle durch mich niederschreiben lassen!«, antwortete Tutman arglos. Salomo fixierte ihn misstrauisch.

»Dann jetzt rasch! Nichts sollte uns leichter fallen, als drei Seiten vorzuformulieren!«

»Gut«, dienerte Tutman. »Ich habe mir erlaubt, eine kleine Liste zusammenzustellen, betitelt mit ›Salomos Rezept der ewigen Jugend‹, in der sieben goldene Regeln der Lebensführung formuliert sind, jedem begreiflich und allen zum Nutzen.«

»Gott, was für ein schlechter Titel! ›Salomos Rezept der ewigen Jugend!‹ Das taugt nicht einmal für eine Kapitelüberschrift!«

Salomo lachte lauthals, was Tutman innerlich sehr erboste. Nichts war schwerer, als einen guten Titel zu finden. Niemand wusste das besser als er, der Schreiber aller Schreiber, der seinem Herrscher jedes Wort und jeden Gedanken einlöffeln musste wie Hirsebrei einem zahnlosen Kind.

»Weißt du was, mein lieber Tutman, wir nennen dieses Kapitel, wenn es sich nicht sogar zu einem kleinen Buch auswachsen wird, wir nennen dieses Kapitel einfach: ›Die sieben Säulen der Weisheit‹! Das ist griffig und hat Pepp, wenn ich das so sagen darf. Meinetwegen: ›Die sieben salomonischen Säulen der Weisheit‹. Aber darauf lege ich keinen gesteigerten

Wert, es ist ja ohnehin meine Weisheit, um die es hier geht. Und nun schließe bitte wieder deinen Mund!«

Tatsächlich staunte Tutman seinen Herrscher an, als wäre er geradewegs vom Himmel gefallen, denn dieser Titel war tatsächlich ein gewaltig guter Titel, einer, den sein eigenes Schreiberhirn sich nie hätte ausdenken können, wie er sich selbst sofort sehr ehrlich eingestand.

»Das ist sehr groß, sehr, sehr groß, Majestät: ›Die sieben Säulen der Weisheit‹! Ein wunderbarer Titel! Sehr, sehr wunderbar, gewaltig wunderbar …«

»Nun, dann lass uns endlich beginnen!«

»Sehr wohl.« Tutmans Kopf neigte sich eilfertig über seine Schreibtafel. Salomo stampfte erbost mit seinem gesunden Fuß auf.

»Beginnen, lieber Tutman, heißt, dass du deine vorbereiteten Aufbereitungen unserer Gespräche unter diesem meinem Titel nun versammelst, was hoffentlich längst geschehen ist, mir zuallererst vorträgst, auf dass ich sie erneut absegne und zu den meinen mache! Eile nun, denn meine Geduld hat langsam ein Ende. Zumal die Tänzerinnen warten!«

»Nicht nur die, großer Herrscher, es wartet noch ein ganz besonderer Gast auf Euch, aber …« Tutman hielt sich im gespielten Schreck die Hand vor den Mund und sank in Demut auf den Boden.

»Ich liebe keine Überraschungen!« Salomo sah gleichermaßen ernst und amüsiert auf seinen Schreiber, der sich einem Käfer gleich auf alle viere begeben hatte, aber keineswegs unterwürfig den Kopf hob.

»Ich weiß, ich weiß, aber diese Überraschung liebt Ihr, da bin ich mir gewiss, großer Herrscher.«

»Bin ich für dergleichen überhaupt passend gekleidet? Für Überraschungen?« Salomo äugte besorgt auf sein kostbares Gewand, das seine dickliche Gestalt sehr unförmig und gewaltig erscheinen ließ, bis auf die nackten Füße in den vergoldeten Pantoffeln, die unter dem Königskostüm sehr kindlich hervorlugten. Die Frage schien er allerdings mehr an sich selbst als an seinen Sekretär gerichtet zu haben, denn er nahm erneut den kleinen Taschenspiegel zu Hilfe und mied geradezu Tutmans Blick. Schon das verstimmte den Sekretär; was ihn aber noch mehr verdross, war, dass Salomo so tat, als könne ihn nichts mehr überraschen, warum sonst hatte er die jetzt anstehende Überraschung durch seinen ironischen Ton so deutlich infrage gestellt. Dennoch versicherte er eilfertig: »Majestät sind immer majestätisch gekleidet.«

»Soso«, Salomo schien in Gedanken versunken, die ihn weit weg in die Vergangenheit führten, deswegen wagte es Tutman, ihn sehr direkt an sein salomonisches Vorhaben zu erinnern.

»Die sieben Säulen der Weisheit«, gedenken Majestät sie rasch zu errichten? Das Schutzdach, unter dem wir uns alle einfinden werden, die wir Angst vor dem Alter und dem Sterben empfinden?«

»Nummeriere sie, die Säulen, meine ich, aber eile, und vor allem poetisiere nicht!«

»Ich beginne mit ›erstens‹?«

»Kluger Tutman«, applaudierte Salomo ironisch.

»Erstens also: Geduld …«

Tutman konnte seinen Gedanken nicht zu Ende führen, denn Salomo, erbost, wie sein Sekretär ihn selten erlebt hatte, versuchte sich aus dem Thron zu stemmen und zischte: »Geduld? Kaum naht die so lang herbeigesehnte Überraschung und du empfiehlst Geduld? Mein Tod ist nicht mehr fern, und ich soll geduldig sein? Die Nachfolger wetzen schon ihre Messer, aber in meinem Herzen schlummert Geduld?«

»Großer Herrscher, Sanftmut vor allem sollte in Eurem Herzen schlummern. Denn Wut verzerrt Euer Äußeres und lässt Euch älter erscheinen und, wenn ich so sagen darf, unmajestätisch!«

»Darfst du nicht!«, brüllte Salomo und gab sich einen gewaltigen Ruck, um ruhig weitersprechen zu können. »Geduld soll mich vor dem vorzeitigen Altern schützen? Gelassenheit wohl auch? Geschlechtslosigkeit wäre dann die höchste aller Tugenden!? Nicht mit mir, mein Lieber! Die königlichste aller Tugenden ist: Ungeduld. Ungeduld hält mein Herz jung und meine Gedanken in Bewegung. Geduld ist die Tugend der Greise, Ungeduld die der Helden! Notieren!«

»Sehr wohl, aber wenn ich das in ein anderes Heft eintragen dürfte? In das mit dem Titel: ›Vom heldenhaften Leben des königlichen Salomo‹?«

»Meinetwegen«, murrte Salomo befriedigt.

»Heute, hier und jetzt geht es uns ja mehr um das Volk, die Untertanen und deren edelste Tugend …«

»Kluger Tutman, ich verstehe: … sollte die Geduld sein. Je geduldiger der Untertan, desto …«

»… länger lebt der Herrscher«, setzte Tutman den Gedanken fort. »Majestät denken rascher als ich, wenn Ihr es darauf anlegt.«

Salomo applaudierte der List seines Sekretärs. Er sah auf seine Hand, aber die noch verbliebenen Ringe schienen zu kostbar, bis auf den kleinsten Ring am kleinen Finger. Er zog ihn ab, ließ ihn wie unabsichtlich fallen und Tutmans flinke

Finger bargen ihn, kaum da er den Boden berührt hatte, umgehend im Gewand.

»So wie der Untertan dem Herrscher Geduld entgegenbringen soll, so sind wir auch im alltäglichen Leben zuweilen Untertan, zuweilen Herrscher.«

»Im Harem vor allem«, witzelte Salomo.

»Es ist also von größter Wichtigkeit«, fuhr Tutman unbeeindruckt fort, »dass wir uns in Geduld gegenüber uns selbst und anderen üben. Geduld, die andere mit uns haben sollten, weil es ihnen eines Tages ebenso ergehen wird, wenn die ungeduldige Jugend wiederum ihnen den Platz streitig machen wird: eine Art Tauschgeschäft! Die Jungen haben Geduld mit den Alten und bekommen sie als Geduld wieder verzinst.«

»Also sind alle geduldig? Klingt nach Friedhof!«

»Nicht, wenn Ihr diese Geduld auch Eurem eigenen Körper als fällige Tributzahlung entrichtet, denn auch wenn Ihr sonst keine Macht über Euch wisst, so ist er doch Euer Herrscher, der Körper und nicht der Geist, der so kluge Ratschläge zu erteilen weiß, genau wie ich, der ich Euer Diener bin, obwohl ich dennoch Eure Gedanken zu formulieren weiß.«

Salomo winkte ab. Der Gedankengang überforderte ihn, und er hatte es sich in den letzten Jahren zur Gewohnheit werden lassen, alles, was ihn überforderte, einfach ab- oder durchzuwinken. Tutman kannte dieses Winken sehr gut, es kam der Aufforderung gleich, anstelle des Herrschers weiterzudenken.

»Lebensverlängernd wirkt Geduld vor allem im Umgang mit dem eigenen Körper. Ich habe mir erlaubt, auch da sieben goldene Regeln zu formulieren, die für die Ewigkeit gelten mögen, zum Ruhm Salomos.«

»Na, sag schon! Die Neugier nagt wie verrückt an meinem Herzen!« Salomo fletschte boshaft die wenigen verbliebenen Zähne.

Tutman ignorierte die Clownerien seines Herrschers und zählte mit buchhalterischer Gewissheit und unter Zuhilfenahme seiner dürren Finger auf: »Bescheiden essen, wenig trinken, keine körperlichen Ausschweifungen, regelmäßige Bewegung, tägliche geistige Übung, geselliges Beisammensein mit seinesgleichen …«

»Bei Königen nichts leichter als das«, unterbrach ihn Salomo mürrisch. »Du hast doch keine Ahnung von unserem Alltag!«

Tutman nickte bestätigend. Salomo sah, dass dieses Nicken nur dann nachlassen würde, wenn er die nunmehr zu erwartende Frage stellte.

»Und die siebte?«

»Niemals die Hoffnung verlieren und den Glauben …« Tutman machte eine lange Pause, Salomo schnippte ungeduldig mit den Fingern. »… und den Glauben an das eigene göttliche Ich!«, beendete Tutman seinen Gedankengang schließlich.

»Sehr gut hast du das formuliert! Gott sollte darin vorkommen, aber das majestätische Ich auch nicht verloren gehen, sonst wäre es ja nichts, so aber ist es das göttliche Ich. Gut, dann hätten wir das auch erledigt. Insgesamt ein wenig enttäuschend, aber so ist das ja mit der Klugheit immer. Nun, für die Menge mag es reichen. Gib noch ein paar garnierende Sinnsprüche aus meiner königlichen Schatztruhe hinzu, so in der Art: ›Denke an die finsteren Tage, dass es viele sein werden!‹«

»Dergleichen werde ich in Mengen hinzufügen!«, versprach Tutman.

»Tu das, mein Lieber. Und jetzt die Tänzerinnen bitte! War ein Scherz …« Salomo erschrak über den ernsten Blick seines Sekretärs. »Aber ein guter«, fügte er kleinlaut hinzu.

»Wichtig ist weiterhin«, fuhr Tutman in sehr nüchternem Ton fort, »Selbstvertrauen gegen Krankheit und vorzeitiges Altern. Die zweite Säule salomonischer Weisheit.«

»Selbstvertrauen?«, intervenierte Salomo. »Du meinst Gottvertrauen. Das soll doch wohl das A und O unseres Fühlens sein!« Er setzte eine sehr hoheitsvolle Miene auf, weil er wusste, dass Tutman ihm da nicht würde widersprechen können.

»Ganz recht, großer Herrscher, eigentlich ist Gottvertrauen die Triebfeder unseres Tuns. Aber vor allem will Gott der Allmächtige, dass wir uns um uns selbst kümmern und ihm nicht dauernd zur Last fallen mit unseren Alltagsklagen, deswegen gab er uns Selbstvertrauen: Ich bin nicht außer Gott und Gott ist nicht außer mir.«

»Nun, das klingt – wie soll ich sagen? – sehr mystisch. Es wäre doch sehr unvorteilhaft, wenn jedermann daraus das Selbstvertrauen ziehen könnte und wollte, selbst ein Jemand zu sein, obwohl er doch ein Niemand ist.«

»Nun, großer Herrscher, dem weisen Regierenden stellt sich stets die Frage, ob es besser ist, über ein Volk von Untertanen zu herrschen, denen jedes Vertrauen in sich selbst und folglich auch in ihren Herrscher fehlt, oder ob es nicht allen dienlicher ist, wenn jedermann sich seines Tuns und Wollens sehr bewusst und sicher ist.«

»Was du wieder für Fragen stellst, Tutman! Keine Ahnung!« Salomo rieb sich die Nase und griff dann zum Pokal. Er hob ihn empor, dankbar prostend, dass sein Amt das des Herrschers und nicht das des Denkers war.

»Natürlich ist es mir lieber, wenn du selbst denkst, mein lieber Tutman, und wenn du zufrieden mit dir bist, aber allzu zufrieden solltest du nicht sein!«

»Als Euer Vater David, Gott hab ihn selig, zu seinem hochberühmten Kampf gegen Goliath antrat ...«

»Ach, immer diese alten Geschichten, jeder weiß doch, wie die Erinnerungen alles beschönigen, ein kleiner König wird da unversehens zum großen König, ein kleiner Gegner ...«

»Als Euer Vater diesen Kampf gegen einen ungleich mächtigeren Gegner wagte«, fuhr Tutman unbeirrt fort, »war es da Gottvertrauen oder Selbstvertrauen, was ihn leitete?«

»So, wie ich meinen Vater kenne, war es ...« Salomo rieb sich unschlüssig die Nase. Was er oft tat, wie ihre Farbe zu erkennen gab.

»Beides«, assistierte ihm Tutman, der nicht wollte, dass unschön über den großen David gesprochen wurde. »Gottvertrauen und Selbstvertrauen vermengten sich zu dem, was wir, die wir in einfachen Begriffen denken, ›Mut‹ nennen würden. Und nun bedenken wir ...«

»Du, du bedenkst! Ich höre nur gnädig zu.« Salomo zupfte an seinem Gewand, was seines Erachtens sehr schön sein unbeteiligtes Zuhören zum Ausdruck brachte.

»Bedenken wir also nun«, nahm Tutman wieder Anlauf, »um wie viel mächtiger die Gegner sind, denen wir gegenübertreten!«

»Wen meinst du?« Salomo hob interessiert den Kopf.

»Krankheit und Tod!«

»Du hast schon eine Art, einem die Laune zu verderben!«

»Krankheit und Tod, ein Zwilling, gewaltiger als Goliath, übermächtig und von einer Gnadenlosigkeit, dass unsere Niederlage unausweichlich scheint!« Tutman machte eine theatralische Pause und umschrieb mit seinen Händen einen gewaltigen Körper.

»Soll ich mir jetzt Goliath vorstellen oder was?«, fragte Salomo in schnippischem Ton. Seit Kindertagen war er immer wieder auf diesen legendären Kampf angesprochen worden und auf die großen Fußstapfen, in die er treten würde, sodass er nichts mehr hasste als diesen Namen.

»Nein, ich zeichne ein Selbstbild!«

»Von dir?«, kicherte Salomo. »Dem gewaltigen Tutman? Dem Riesen, dem unbezwingbaren, nie niederzuringenden, draufgängerischen Tutman?«

»Ganz recht!«

»Das bist du aber nicht! Du bist ein kleiner Schreiber, der niemals mehr als ein kleiner Schreiber sein wird!«

»Wäre ich nur ein kleiner Schreiber, wären Eure Majestät nur …«

»Wage nicht, es auszusprechen!«, donnerte Salomo.

»Wären Eure Majestät nur in der unglücklichen Lage, eine falsche Wahl getroffen zu haben. Die Ihr sicherlich korrigieren könntet. Denn im Dienste des mächtigsten und klügsten Herrschers der Welt steht nur der klügste und ergebenste Sekretär. Alles andere wäre sehr unsymmetrisch gedacht, und alles Unsymmetrische ist unschön!«

»Da schlägt wieder deine ägyptische Ader durch! Was meinst du mit ›unsymmetrisch‹?«

»Je mächtiger der Herrscher, dem ich diene, desto größer mein eigenes kleines Ego. Je größer mein kleines Ego, desto mächtiger der Herrscher, dem ich diene. Je größer die Vorstellung von mir selbst, desto stärker mein Wollen zum Großen, desto erfolgversprechender mein Tun.«

»Da mag etwas dran sein! Nur, was hilft das konkret gegen das Altern?«

»Du findest einen Freund in dir selbst. Du bist nicht mehr allein. David und Goliath kämpfen gemeinsam, sind nicht länger Gegner. Du bist beides, zuweilen David, zuweilen Goliath, aber niemals nur klein. Du kannst groß sein, wenn du willst! Diese Zuversicht stärkt Körper und Geist. Das Kinn reckt sich, die Falten glätten sich, der Schritt wird fest, die Stimme nicht länger brüchig, die Verdauung regelmäßig, die Lust an der Liebe …«

»Ja, ja«, winkte Salomo ab. »David wird wieder Goliath, sehr putzig gedacht! Aber wenn sie trügt, die Zuversicht?«

»Hat sie zuvor dennoch gestärkt! Zuversicht ist eine Tugend an sich. Unverzichtbar im Alter. Auch wenn sie nur noch von Tag zu Tag gelten mag, ist sie doch der Skepsis an vitalisierender Wirkkraft wesentlich überlegen.«

Salomo wiegte nachdenklich sein Haupt.

»Du bist ein kluger Kopf, Tutman, hatte ich das schon jemals erwähnt?« Er schmunzelte und streifte einen weiteren Ring, den nächstgrößeren, von seinem Mittelfinger, den Tutman diesmal nicht in seinem Gewand verschwinden ließ, sondern sehr stolz über seinen Mittelfinger streifte.

»So kommen wir schon zur dritten Säule, der Großzügigkeit.« Tutman hob fragend seinen Zeigefinger, er hatte sich warm geredet. »Wie großzügig darf ich im Umgang mit mir selbst sein?« Er eilte die Frage selbst zu beantworten, bevor Salomo mit seinen hemmenden Einwürfen dazwischenkam, aber es trat etwas ein, was ihn so überraschte, dass er sprachlos die Augen aufriss. Salomo applaudierte.

Tutman wand sich ein wenig verlegen, aber dienerte dann doch sehr ergriffen als Zeichen seiner Dankbarkeit für dieses unerwartete Lob.

»Nun, lieber Tutman, was glaubst du, wem ich gerade applaudiert habe?«

»Da Gott der Allmächtige sich jeden Applaus verbeten hat und nur wir zwei hier im Raum sind …« Tutman runzelte die Stirn, denn ihm war plötzlich klar, dass, wenn die Wahl zwischen ihm und Salomo anstand, letzterer nur sich selbst applaudieren würde. Aber warum? Einigermaßen blöde starrte er auf seinen Herrscher.

»Genau, ich habe mir deine Rede von zuvor zu eigen gemacht und applaudiere gerade meinem eigenen, größeren Ego. Rubrik: Was ich Großes geleistet habe. Dein Blick verrät Unbehagen an meiner Großsprecherei? Du meinst, wir sollten bescheidener formulieren, oder was sagt dieser Blick? Warum? Bescheidenheit ist eine Tugend, die man an anderen schätzen mag, aber doch nicht an sich selbst. Schon gar nicht in meinen Kreisen. Wer Großes tut, darf groß von sich reden! Apropos: Was steht derzeit und für alle Ewigkeit bei mir ganz obenan in der Liste der Großartigkeiten?«

»Der Tempelbau«, dienerte Tutman. »Das ist in der Tat etwas für die Ewigkeit!«

»Was noch?«, drängelte Salomo, der einen Hintergedanken zu verfolgen schien.

»Das salomonische Urteil, das Rechtsgeschichte geschrieben hat.«

»Gut, aber den Bericht über dieses Urteil, den müssen wir

noch ein wenig bearbeiten. Der ist mir zu sentimental im Ton. Weiter!«

»Das Buch der Weisheit.«

»Und weiter«, drängelte er, »was war das Weiseste, was ich je getan habe? Ich gebe dir die Antwort selbst, da du so schwer von Begriff bist. Das Weiseste war: dass ich das Kriegshandwerk aufgab. Ich hätte als Held sterben können wie viele vor mir. Ganz andere Männer haben Selbstmord im Kampf begangen, als sie erkannten, dass sie sich selbst abhanden gekommen waren. Aber ich, ich geizte mit meinem Leben!« Salomo schien sichtlich amüsiert über das verdutzte Gesicht Tutmans. »Großzügigkeit führt zu nichts, wollte ich damit gesagt haben! Gib den Ratschlag gern den anderen, ich persönlich weiß es besser!«

»Aber Eure Weisheit«, Tutman tastete sich vorsichtig voran, »die habt Ihr doch der Welt geschenkt. Ihr werdet jünger, indem Ihr von Jüngeren gehört werdet!«

Salomo winkte ihn zu sich heran. Tutman trat näher an den Thron, ein wenig ängstlich, denn Vertraulichkeit bedeutete nie Gutes.

»Keine Angst, komm her!« Salomo bleckte seine wenigen Zähne, die gelbgolden schimmerten. »Hier, zu mir, an den Thron!« Er griff Tutmans Hand, zog ihm den Ring vom Finger, ließ ihn in seinem eigenen Gewand verschwinden. »Die beiden anderen lass ich dir vorläufig. Wer wenig hat, ist gern großzügig im Fordern!«

Tutmans Verständnislosigkeit amüsierte ihn. Er tätschelte ihm tröstend die Wange. »Du musst verstehen! Das Schicksal ist launisch. Zuweilen gibt es, viel häufiger nimmt es. Überlege dir also gut, ob du großzügig sein willst mit dem, was dir gegeben wurde. Opfere niemals deine Zeit für andere, fordere vielmehr Zeit von ihnen. Die Welt lebt von der Illusion, wir hätten Zeit zu verschenken. Es ist das große Rad des Vertrauens, irgendeiner muss es in Gang setzen, es darf niemals still stehen, jeder lebt von der Hoffnung, dass ihm einst mehr gegeben wird, als er selbst gab. Notiere: Wer hilft, dem wird geholfen werden.« Salomo lachte. »Leider ist das ein Trugschluss. Die Zeit, die du für andere verschwendet hast, bleibt für immer verloren!« Er klatschte zufrieden in die Hände. »Letzteres nicht notieren, lieber Tutman, das ist Herrschaftswissen. Auf deinen Platz jetzt und weiter im Text!«

»Neugier«, stammelte Tutman, »viertens: die Neugier.«

»Eine Untugend«, monierte Salomo.

»Und eine Tugend zugleich«, widersprach Tutman schüchtern, »denn sie ist das sicherste Mittel, sich selbst jung zu erhalten. Wir müssen uns erziehen, andere immer wieder neu zu sehen, alles um uns herum als ungeboren zu betrachten.« Tutmans Stimme wurde wieder fester. »Hinter jedem Vorhang kann ein Gast warten, ein Unbekannter, der unser Leben in ganz andere Bahnen lenkt. Je neugieriger wir auf die Dinge und die Menschen sind, desto älter werden wir. Kein aufmerksam Lauschender, kein aufrichtig Sehender, kein anständig Lesender ist je wirklich alt.«

»Sehr schön gesagt, mein lieber Tutman. Ein wenig zu offensichtlich, aber deswegen keineswegs falsch.«

»Je offensichtlicher das Offensichtliche, desto neugieriger sollten wir auf das Verborgene sein!« Tutman hob geziert die Hand und wies Richtung Vorhang.

Salomo ging auf das Spiel ein. Denn ein wenig tat ihm Tutman leid. Er wirkte noch immer schockiert über den Verlust des Rings. Seltsamerweise schien genau in diesem Moment ein hohes Klirren zu erklingen, als wäre ein Handkettchen bewegt worden.

»Wer ist da hinter dem Vorhang? Jetzt sag schon!«, quengelte er. »Etwa die Tänzerinnen?«

»Seht Ihr, Herrscher aller Herrscher, wie Euer Ton kindlicher wird, Euer Begehren jugendlicher!«, triumphierte Tutman.

»Ja, aber nur bis zum Moment der Enthüllung. Dann bin ich wieder ganz der Alte. Vielleicht sogar noch älter. Denn wirklich überraschen kann mich nichts mehr.« Er stöhnte. »Das war früher anders. Notiere bitte: Alles hat seine Zeit, Geborenwerden hat seine Zeit …«

»… und Sterben hat seine Zeit«, fuhr Tutman fort.

»Ja, sehr gut, so in dieser Reihe, das scheint mir sehr klug formuliert!« Salomo nickte wohlwollend. »Bin mal neugierig, ob die Nachwelt das auch so sehen wird!« Er klatschte sich amüsiert auf die Schenkel. Dass Jüngere sich den Kopf über ihn zerbrechen würden, schien ihm der gerechte Ausgleich für sein Alter.

Tutman hingegen zerkaute noch immer die Worte, schmatzte und schmeckte.

»Alles hat seine Zeit … zu schweigen, zu reden, allein und zu zweit.« Er summte die Worte. »Das ließe sich auch sehr schön vertonen!«

»Ja, bitte, sorg dafür, dass die Eunuchen ein Lied daraus machen! Und jetzt weiter, ich hab nicht mehr alle Zeit der Welt!«, lachte Salomo, als hätte er einen sehr guten Witz gemacht.

»Fünftens: die Bescheidenheit, denn je bescheidener wir im Alter unsere Ansprüche formulieren, desto weniger können wir enttäuscht werden und desto gesünder bleiben wir. Denn Gesundheit ist das Ausbleiben von Krankheiten, und unter allen seelischen Krankheiten ist die kräftezehrendste, weil giftigste, die Verbitterung.«

»Sehr fleißig gedacht, Tutman. Vermutlich auch sehr wahr, wenn auch in meinen Ohren ein wenig – wie soll ich sagen? – betulich. Du klingst so altväterlich weise, was einem hageren Kerlchen wie dir nicht sonderlich gut zu Gesicht steht!« Salomo patschte sich auf den mächtigen Bauch. »Weisheit braucht einen prächtigen Tempel.«

Tutman dienerte, wie immer, wenn ihm keine passende Gegenrede einfiel.

»Aber natürlich hast du recht: Der Tod macht uns alle bescheiden. Ein lebender Hund ist besser als ein toter Löwe«, sinnierte Salomo, »das ist wohl wahr. Wer wird sich meiner schon erinnern?«

Tutman horchte auf. Das war sein Stichwort, wie er sehr wohl wusste.

»All jene, die Eure großen Gedanken lesen werden. Eure Bücher der Weisheit, Eure Lieder der Liebe und natürlich Eure Sinnsprüche – aber nur«, fügte er nach kleiner Pause listig hinzu, »wenn sie auf eine Art verfasst sind, die sie jedem verständlich macht. Das bescheidene Wort ist das gehörte Wort!«

»Darüber ließe sich streiten, wenn ich zum Streiten aufgelegt wäre. Ein wenig Pathos und Pomp ist von Herrscherseite immer erforderlich, ansonsten wäre doch alles nur eitel und ein Haschen nach Wind. Worte müssen wie Monumente stehen!«

»Sehr gut!« Thot klatschte enthusiastisch Beifall.

»Was? Das mit den Monumenten?«, fragte Salomo geschmeichelt.

»Nein, das mit dem Wind! Alles ist eitel und ein Haschen nach Wind. Die Leser werden sofort den Euch eigenen Ton erkennen und lieben!«

»Ich denke auch«, Salomo nickte beifällig, »wenn du das so sagst, ich denke auch. Und so fahren wir fort ...« Er klatschte in die Hände.

Tutman ließ ihn für eine kleine Weile im Unklaren, wie er fortzufahren gedachte. Dann soufflierte er: »Das Auge sieht sich nimmer satt, und das Ohr hört sich nimmer satt. Was ist's, das geschehen ist? Eben das hernach geschehen wird. Was ist's, das man getan hat? Eben das man hernach tun wird; und so geschieht nichts Neues unter der Sonne.«

»Sehr schön, ja, da habe ich Gültiges formuliert, ich denke, das bleibt. So ein Gedanke ist etwas Wunderliches. Einmal im Kopf des einen gedacht, immer im Kopf aller. Noch in tausend Jahren wird man darüber grübeln, ach was, in hunderttausend.«

Eine größere Zahl kannte auch Tutman nicht, insofern blieb es ihm erspart, das Lob noch zu mehren, obwohl genau das seine Pflicht war, also bekräftigte er: »Sicher, großer Herrscher, in mehreren Hunderttausend Jahren!«

»Weißt du, ich glaube, du hast recht mit der Bescheidenheit. Sie ist ein Wundermittel, in der Tat, und ein Verjüngungsmittel vor allem. Die Bescheidenheit der Leser hält den Künstler jung, und die Unbescheidenheit des Künstlers wiederum lässt die Leser niemals erwachsen werden. Ein wunderbares Geschäft auf Gegenseitigkeit. Das Publikum erhält sich seinen Glauben an ein begnadetes Gegenüber, und das begnadete Gegenüber erhält sich gesund und munter dank des kräftigen Applauses seines stets unmündigen Publikums. So einfach ist das mit dem Wesen des Künstlers, Gott will er sein und Kind.« Salomo räusperte sich zufrieden. »Gut, war es das für heute? Groß gedacht! Eigentlich sollte jeder Mensch ein Künstler sein. Billiger als jede Medizin. Schreib alles ins Reine und dann machen wir morgen weiter. Jetzt können die Tänzerinnen kommen!« Salomo wollte erneut in die Hände klatschen, aber Tutmans mahnender Zeigefinger hielt ihn ab. »Was denn jetzt schon wieder?«

»Wenn ich Euch daran erinnern darf ...«

»An was?« Salomo griff entnervt zum Weinpokal.

»Es steht noch aus, die sechste Säule der Weisheit: der Humor. Untertitel: ›Vom Nutzen und Nachteil der Altersweisheit‹.« Thot hob selbstgefällig den Griffel und kratzte sich das kahle Haupt.

»Nun, beides scheint mir auf der Hand zu liegen«, trompetete Salomo, dem der letzte Becher Wein sichtlich gutgetan hatte. Sein Gesicht war gerötet wie vom Sonnenuntergang und seine Bewegungen schienen die eines vielarmigen Gottes zu sein.

»Der Nachteil der Altersweisheit ist – das Alter. Der Nutzen der Altersweisheit – man kann darüber lachen.«

»Worüber genau, großer Herrscher?«

»Tutman, Tutman, du bist ein kluges Kerlchen! Willst du nicht auch einen Schluck trinken? Das würde dich entspannen! Nein. Dann nicht, dann bring ich an deiner statt das Opfer den Göttern dar, ähm, Gott, dem allein Seligmachenden.« Er nahm erneut einen kräftigen Schluck, wischte sich den Mund ab und lächelte Tutman beseelt an. »Worüber lache ich? Über mich oder über die anderen, die auch eines Tages alt werden? Gute Frage, denn ich muss zugeben, lieber Tutman«, er hickste, was ein wenig unpassend, geradezu kindlich wirkte, »ich lache ungern über mich selbst, das ist so – wie soll ich sagen? –, so unköniglich, aber über andere lache ich gern, doch, sehr gern. Schlag mir einen Purzelbaum!« Er hieb sich auf die Schenkel, als er Tutmans entrüstetes Gesicht sah. »Ein Scherz! Ein kleiner Scherz, mein Lieber! Das Lachen wird uns ja noch früh genug vergehen.«

»Das mit den majestätischen Scherzen ist so ein Ding.« Tutman beugte sich sehr tief und fuhr mit kaum vernehmlicher Stimme fort: »Scherze und Humor sind zweierlei, großer Herrscher, Sklaven scherzen, freie Geister lächeln. Kein großer Mann würde sich je einen Scherz auf Kosten eines anderen erlauben.« Den letzten Satz flüsterte Tutman sehr, sehr leise. Er wollte ihn unbedingt gesagt haben, aber nicht so laut, dass Salomo ihn auch hören konnte. Aber der schien ohnehin ganz in Gedanken versunken. Tutman konnte auf dem weitflächigen Gesicht des alten Mannes sehen, wie die Stimmung abrupt wechselte. Das Gesicht verzog sich zur Grimasse eines greinenden Kindes, etwas Weinerliches kam in seinen Ton.

»Der Tag wird kommen, da lachen sie über uns, Tutman, über dich und über mich noch mehr, denn ich war der Höhere und falle tiefer. Wenige Tage sind uns gegeben auf Erden, sehr wenige, selbst den Königen, selbst den Königen der Könige. Und das Gelächter der Götter ist groß über unsere Winzigkeit … Ups! Hab ich schon wieder ›Götter‹ gesagt? Ich meinte natürlich Gott, Gottes Lachen ist ein gewaltiges angesichts unserer Nichtigkeit. Rührt es vielleicht daher …« Er versank in ein Brüten, aus dem ihn Tutman nur sehr sanft wecken wollte, denn er kannte die Stimmungsabfolgen seines

Herrschers in den verschiedenen Stadien der Trunkenheit. Zu frühes Wecken entfachte nicht selten eine plötzliche Wut.

»… dass uns«, vollendete er den Satz an Salomos statt, »Gott das Lachen geschenkt hat, als Allheilmittel gegen die Gebrechlichkeit und Nichtigkeit unserer Existenz?«

»Deine Existenz ist nichtig, meine ist nur gebrechlich …« Salomo schrak auf und versank erneut in Brüten.

»Ich habe Hunger, ich erwarte einen Gast, lass mir etwas zu essen bringen und eine Karaffe des großen Ernüchterers.«

»Eure Majestät meinen Wasser?«

»Wasser, genau, mit einem nicht zu kleinen Quantum Rosenessenz, das ist gut für den Atem.«

Der Lieblingssklave eilte herbei, Salomo sah ihn gar nicht, griff nur nach der goldenen Karaffe und den teigigen Plätzchen und schlang und schluckte beides abwechselnd hinunter. Daraufhin wischte er sich so bäuerlich den Mund mit seinem kostbaren Gewand ab, dass der Sklave errötend wieder verschwand. Er schämt sich für seinen Herrscher, stellte Tutman belustigt fest, er muss ihn wirklich lieben. Vielleicht sollten wir die beiden gemeinsam beerdigen. Der Gedanke erheiterte ihn. Er sah viel freundlicher auf Salomo, der sich einen Ruck zu geben schien.

»Gut, wir kommen zum Ende, Tutman, und wir wollen würdig zum Ende kommen, zu diesem – wie auch zum großen Finale unserer Existenz. Verlassen wir die Welt mit einem weinenden oder mit einem lachenden Auge? Das ist die Frage aller Fragen, lieber Tutman.«

Salomo winkte ihn ganz nah an seinen Thron heran, legte ihm mit fast zärtlicher Geste den Arm um die Schultern, brachte den Mund sehr nah an die spitzen Ohren seines Sekretärs und flüsterte mit diabolischer Deutlichkeit: »Ich hoffe, du hast eine gute Antwort darauf, denn ich konnte deine Gedanken lesen, als du den Sklaven erröten sahst. Wir Herrscher können das, Gedanken lesen. Sonst wären wir keine Herrscher … Also?« Er schubste ihn ein wenig von sich, sodass er das Gleichgewicht zu verlieren drohte. »Wie ist deine Antwort, du klügster aller Schreiberlinge?«

»Großer Herrscher, größter aller Herrscher, da Euch selbst die Gedanken Eurer niedersten Untertanen nicht verborgen bleiben …« Salomo winkte unwillig, sein Blick befahl, ohne Weitschweifigkeit zur Sache zu kommen.

»Die Antwort hat Gott in seiner unendlichen Weisheit selbst gegeben!«

»Ach ja, sollte mir da etwas entgangen sein? Oder hat er sie nur dir gegeben?«, höhnte Salomo, dessen Trunkenheit nur ganz allmählich wich.

»Er hat sie uns allen gegeben, von Angesicht zu Angesicht, denn, weisester aller Weisen, wieso sonst hätten wir zwei Augen, wenn nicht dafür, um mit einem lachenden und einem weinenden Auge zugleich auf die Welt sehen zu können?«

Salomo verschlug es einen Moment lang die Sprache. Dann erscholl ein dröhnendes Gelächter, das wahrhaft majestätisch war. Er hustete und prustete, und wenn noch ein Tröpfchen Wein in ihm gewesen war, so perlte es jetzt auf dem Boden des Palastes.

Tutman verzog keine Miene, während das Lachen Salomo fast zu zerreißen schien. Bis er den Blick seines Sekretärs sah und sich im Nu zusammennahm. Er hob seine Hand, griff mit der anderen den letzten verbliebenen Ring und reichte ihn mit einem angedeuteten Kopfnicken seinem Sekretär. »Respekt, lieber Tutman, das war klug und weise und geistreich geantwortet. Und wie immer, wenn du Gott ins Spiel bringst, darf ich nicht wagen, dir zu widersprechen. Es ist immer unterhaltsam und belehrend, mit dir zu debattieren, es macht mich nachdenklich und ein wenig heiter, zugegeben, aber glaubst du wirklich«, sein Tonfall wurde plötzlich sehr ernst, »glaubst du, das könnte die Freude meines Alters sein? Klug und witzig daherzureden, bis uns der letzte Zahn aus dem Mund gefallen ist und der letzte Gedanke sich den Weg über die lahme Zunge gebahnt hat? Glaubst du wirklich, Lachen lässt mich jünger werden?«

»Oh ja, großer Herrscher«, ertönte eine Frauenstimme, »das glaube ich tatsächlich!«

Salomo und Tutman blickten erstaunt auf den Vorhang, der sich langsam teilte. Salomo versuchte sich zu erheben, sank aber schwer wieder in sein Polster zurück. Tutman hatte eilig zum großen Zeremonienstab gegriffen und stampfte drei Mal auf den marmornen Boden. Seine Lippen rundeten sich zum offiziellen Willkommensruf, aber ein Wink der Königin hieß ihn still sein. Sie schritt geradewegs auf Salomo zu, neigte leicht ihr Haupt und sprach mit warmer Stimme: »Schön, dass wir uns noch einmal wiedersehen.«

Salomo nickte, viel mehr blieb ihm auch nicht zu tun, denn ihre Schönheit nahm ihm wie immer den Atem. Schon als er ihr das erste Mal begegnet war, und dieses Treffen lag nun mehr als dreißig Jahre zurück, hatte er nach Luft gerungen, obwohl er natürlich gewusst hatte, dass sie als die schönste Frau der Welt galt – und als die klügste. Aber die Erwartung mindert nicht etwa die Wirkung der Schönheit, sondern steigert sie. In Abständen hatten sie sich wiedergesehen, in großen Abständen, was beiden Zeit ließ, die Erinnerung aneinander zu pflegen wie eine sehr kostbare Pflanze, die nur alle sieben Jahre Blüten trägt.

»Es ist wunderbar, dass wir uns wiedersehen.« Salomo nickte gravitätisch, weil er seine Zuflucht in Floskeln suchte.

Was genau die Schönheit der Königin von Saba ausmachte, war nicht zu sagen. Sie war eine Frau von sechzig Jahren, die von Regierungsgeschäften nicht weniger beansprucht war als Salomo selbst. Zudem hatte sie eine große Schar von Beratern um sich versammelt, die sie täglich in den Fragen der Kunst und Philosophie zu unterrichten hatten, denn, wie sie selbst gern betonte, auch eine Königin lernt nie aus.

Sie war einer der klügsten Menschen der Welt, das hatte sie ja seinerzeit zu Salomo geführt, der ebenfalls als der klügste Herrscher seiner Zeit galt, was ihn wiederum genötigt hatte, sie kennenzulernen, aber aus dem Wettbewerb, der anfangs zwischen ihnen geherrscht hatte, war Freundschaft geworden, eine Freundschaft, die sich leicht mit Liebe verwechseln ließ, wie Salomo sich von Zeit zu Zeit eingestand, wenn er ihren Rat vermisste und ihre Ehrlichkeit.

»Du bist schön wie eh und je«, stammelte er, und wie immer, wenn ihn das Gefühl übermannte, wechselte er zum persönlichen Du.

Sie hätte dieses Kompliment gern erwidert, aber es gehörte zu den gerühmten Wesenszügen der Königin von Saba, dass niemals eine Lüge über ihre Lippen kam. »Ihr hingegen wirkt ein wenig abgekämpft! Hat Euch Tutman wieder einmal über Gebühr beansprucht?«

Die beiden lächelten, denn Tutman hatte sich bei ihrer ersten Begegnung als sehr nützlich erwiesen, da er seinerzeit durch seine hölzerne Erscheinung, die in Anbetracht beider Majestäten noch ein wenig steifer geraten war, zu unmäßigem Lachen gereizt und so zur Entspannung aller beigetragen hatte.

»Er denkt, ich sterbe bald, deswegen hat er Euch rufen lassen. Ich denke das übrigens auch«, er wies mit seinem Zeigefinger streng auf Tutman, der vor Erstaunen zusammengeklappt war wie ein gebrochenes Schilfrohr. »Ich dachte es sogar früher als er, deswegen erging meine Einladung an Euch auch sehr viel früher.«

»Einen Tag früher, um genau zu sein«, korrigierte die Königin.

»Nun, ihr werdet gut zusammenpassen, wenn ich einmal nicht mehr bin, ihr beiden Besserwisser!« Salomo klatschte in die Hände, denn das war seine erste testamentarische Verfügung, dass Tutman in den Besitz der Königin überging, und er fand sie sehr erfreulich für alle Beteiligten. »Wir wollen uns einen schönen Nachmittag machen und noch ein paar Fragen klären, die mir auf der Seele lasten. Ich bin mir sicher, dass Ihr mir dabei helfen könnt.«

»Gern! Wenn es denn keine Zeitverschwendung für Euch ist, mit mir Eure letzten Stunden zu verbringen?«

»Wie kommt Ihr denn auf diesen Gedanken?« Salomo kratzte sich verlegen am kahlen Hinterkopf.

»Ich habe ein wenig gelauscht und Eure monumentale Fehldeutung der Großzügigkeit mit anhören müssen.«

»Aber die war doch für Tutmans Ohren bestimmt und nicht für Eure!« Er wand sich, denn er wusste sehr wohl, dass die Wahrheit für die Ohren aller bestimmt ist und sich nicht von Ohr zu Ohr wandelt.

»Wer liebt, verschwendet niemals seine Zeit! Das wollte ich nur gesagt haben. Damit mich nicht das schlechte Gewissen plagt, wenn ich mich für die nächsten Stunden neben Euch setze! Die Stunden, die wir uns schenken, sind gedoppelte Stunden!«

Die Königin machte einen kleinen Knicks, der ihrem Sinn von Ironie entsprach, und befahl, einen Thronsessel hereinzutragen, der Salomos Thron schräg gegenübergestellt wurde.

Tutman ließ gesüßten Ingwertee servieren, denn die Königin trank keinen Wein. Salomo hingegen schnippte nach der zweiten Karaffe, ungeachtet der besorgten Blicke der beiden.

»Kommen wir gleich zur Sache«, wandte sich Salomo an die Königin, »sollten wir im Alter unsere Sünden bereuen?«

»Zu welchem Zweck? Um sie zu erinnern?« Das Lächeln der Königin blieb ein angedeutetes, denn sie wusste, dass Salomo sehr viel und ausgiebig gesündigt hatte und auch gern damit prahlte, aber dazu wollte sie ihn in dieser Stunde nicht ermutigen.

»Sehr klug, Königin, sehr klug.« Salomo nickte ergeben. »Es wäre also ein Akt der Eitelkeit, in der Vergangenheit zu schwelgen, zu welchem Zwecke auch immer, ob aus Reue oder aus Freude, wir gewinnen nichts wieder zurück von dem, was wir verloren haben. Aber wir sollten die anderen ermuntern, es zu tun, oder? Zu bereuen, damit sie nicht den Weg zu Ende gehen, den wir gegangen sind, nur um zu erkennen, dass alles umsonst war!«

Die Königin sah Tutmans spöttisches Blinzeln. Sie dachten wohl beide Ähnliches in diesem Moment. König Salomo gab sich zerknirscht, wie alle alten Männer, denen die Lebenslust der anderen nur deshalb ein Ärgernis ist, weil ihnen selbst die Kraft zur Lust abhanden gekommen war. Träte er sich selbst als junger Mann in diesem Moment gegenüber, er würde sich verlachen. Aber die Miene der Königin blieb ernst, und sie sprach mit noch ernsterer Stimme: »Wahrhaft ein salomonisches Selbstmitleid, das Eure Hoheit hier an den Tag legen, und alle Greise und Greisinnen sollten mit einstimmen in das Gejammer über die verlorene Zeit, und ein Wehklagen soll sein im Land und …«

Salomo hielt sich die Hüften, so schmerzte ihn das Lachen, das seinen Körper im Nu überfallen hatte, mehr noch angesichts der vollkommen ernsten Miene der Königin als aufgrund ihrer Worte.

»Ich habe verstanden! Tutman, streich die allzu weinerlichen Passagen aus dem Buch der Weisheit! Solche Sätze wie ›Der Tag des Todes ist besser als der Tag der Geburt‹ und dergleichen.«

Tutman nickte dienstfrig, aber er gedachte keineswegs dem Befehl Folge zu leisten. Sein Gehorsam galt dem Wort, nicht dem Wortschöpfer.

»Wenn ich also schon nicht weinen darf über die verlorenen Jahre, so darf ich wenigstens hoffen auf die verbleibenden Stunden?«

Die Augenbraue der Königin hob sich fragend. Salomo blinzelte ihr bubenhaft zu, was einigermaßen kindisch wirkte, aber das ließ sie sich nicht anmerken.

»Dürfen wir, wollte ich damit gesagt haben, im Alter noch auf Liebe hoffen, große Königin?«

»Ja, unbedingt, Eure Majestät«, sie nickte huldvoll, »schon, weil nicht ausgeschlossen ist, dass sie lebensverlängernd wirkt.«

»Ganz gleich, ob uns ein glaubhafter Anlass dazu gegeben wird oder nicht?«

»Ganz unabhängig davon, schon das Gefühl allein belebt!«

»Gemeinsame Belebung wäre mir lieber«, schmollte Salomo.

»Eure Majestät können da ganz gelassen sein«, pflichtete ihm Tutman bei, »die Liebe so vieler Untertanen und Untertaninnen ist Euch sicher!«

»Gepfiffen auf deine Gelassenheit! Mir kommt es auf die Liebe der einen an, und die ist mir nicht tributpflichtig.«

Tutmans Sorgenfalte rührte daher, dass er noch nicht genau wusste, wie er diese Stelle in den Aufzeichnungen bereinigen sollte. Die Königin hingegen legte Salomo sanft die Hand auf den Arm.

»Nicht so rüde, mein Freund. Ihr wollt doch als Liebender, nicht als Klagender in Erinnerung bleiben!«

»Keine Ahnung, wie ich in Erinnerung bleiben will!«, erwiderte Salomo störrisch. »Aber die Frage ist gut, denn ich habe sie mir selbst oft gestellt: Gesetzt den Fall, ich sterbe, was ja bald der Fall sein wird, ist dann mein Leben vorüber, oder gibt es ein Mittel, in Erinnerung zu bleiben, lebendig in Erinnerung zu bleiben, nicht nur als Inschrift auf einer Herrschertafel?«

Die Königin sah ihn mit einem Blick an, in dem sich Liebe und Mitleid zu gleichen Teilen mengten, dann begann sie mit leiser Stimme zu rezitieren:

»Du siehst, wohin du siehst, nur Eitelkeit auf Erden:
Was dieser heute baut, reißt jener morgen ein:
Wo jetzt noch Städte stehn, wird eine Wiese sein,
Auf der ein Schäferskind wird spielen mit den Herden.«

»Ist das von mir?«, stieß Salomo Tutman an, der hinter ihm stand, um ihm jederzeit sein Ohr oder seine Stimme leihen zu können.

»So gut wie …«, flüsterte Tutman.

»Sehr gut! Gefällt mir, was ich da geschrieben habe!«

Die Königin tat so, als hätte sie das Flüstern der beiden gar nicht vernommen, und fuhr in ihrem Vortrag fort:

»Was jetzt noch prächtig blüht, soll bald zertreten werden.
Was jetzt so pocht und trotzt, ist morgen Asch' und Bein.
Nichts ist, das ewig sei, kein Erz, kein Marmorstein.
Jetzt lacht das Glück uns an, bald donnern die Beschwerden.
Der hohen Taten Ruhm muss wie ein Traum vergehn.
Soll denn das Spiel der Zeit, der leichte Mensch, bestehn?
Ach! Was ist alles dies, was wir für köstlich achten,
Als schlechte Nichtigkeit, als Schatten, Staub und Wind;
Als eine Wiesenblum', die man nicht wieder find't.
Noch will, was ewig ist, kein einzig Mensch betrachten!«

Die beiden applaudierten lange und eindringlich der Rezitation, während die Königin bescheiden an ihrem Ingwertee nippte.

»Sehr traurig, aber sehr schön, und sehr schön vorgetragen.« Salomo wischte sich eine kleine Träne aus dem Augenwinkel. Die Königin von Saba nickte huldvoll. »Das, lieber König, ist Eurem Geist entsprungen, auch wenn es nicht das Eurige im wörtlichen Sinne ist!«

Salomo wehrte mit beiden Händen ab: »Das kann ich nicht annehmen! Jeder wird wissen, dass Ihr das erdacht habt. Jeder Vers atmet Eure Schönheit, jedes Wort verneigt sich vor der Majestät Eurer Erfindungsgabe, jeder …«

»Schon gut!«, kürzte sie seine Schmeicheleien unbeeindruckt

ab. »Ich schenke es Euch. Als Beweis Eurer Unsterblichkeit. Denn unsterblich wird, wer zeugt, ohne …«

»… selbst noch zeugen zu können, wie er es eigentlich sollte und wollte«, vollendete Salomo ihren Gedankengang in seinem eigenen, rustikalen Sinn. »Das ist ungemein tröstlich.« Salomo schüttelte sich, denn der Gedanke der fleischlosen Zeugung war ihm ein wenig fremd, aber er sah sofort ihren Nutzen. »Das ist generös gedacht und tröstlich!«, wiederholte er nachdenklich und zupfte sich an seiner Nase. Eine Geste, die der Königin von Saba schon wiederholt unangenehm aufgefallen war. Ein Grund mehr, nicht dauerhaft in seiner Gegenwart zu weilen.

»Aber«, Salomo hob warnend den Zeigefinger, »dergleichen betrifft doch mehr die Unsterblichkeit. Also die Zukunft. Jetzt, hier, in der Gegenwart, was ist Euer Eindruck, klügste aller Königinnen: Bin ich zu alt fürs Leben, oder noch nicht alt genug fürs Sterben? Die berühmte salomonische Entscheidung – ich überlasse sie Euch.«

Die beiden wussten sehr wohl, was mit dieser Frage eigentlich gemeint war. Sie hatten schon bei ihrer ersten Begegnung über den Freitod gesprochen, denn jeder Herrscher sieht sich von Zeit zu Zeit vor die Frage gestellt, ob er durch die Hand der Feinde oder durch die eigene sterben will.

»Das Recht auf den eigenen Tod steht über allen anderen Rechten«, hatte die Königin seinerzeit bekräftigt, und Salomo hatte ihr da nur zustimmen können.

Das Gift stand schon seit Wochen bereit, Tutman hatte sich schweren Herzens bereit erklärt, es in die letzte Karaffe zu füllen, wenn Salomo ihn mit den verabredeten Worten »Die letzte Karaffe bitte« dazu auffordern würde. »Nicht die allerletzte oder die allerallerletzte, sondern die letzte! Nicht, dass wir uns da falsch verstehen, das wäre unangenehm, für alle Beteiligten.« Eine leise Drohung war damals herauszuhören gewesen, ja darauf zu achten, den Tod nicht vorzeitig zu verschulden.

»Der Tag mag noch fern sein, mag er ewig fern bleiben!«, hatte Tutman seinerzeit tröstend geraunt. »Ist schon gut, mein Lieber«, hatte Salomo ihm belustigt den Hinterkopf getätschelt, »der Tod ist mir nicht so ein ferner Gesell wie dir.«

Salomo schrak aus seinen Erinnerungen auf. »Sagt mir ehrlich, Königin: Bin ich zu alt als Herrscher, als Mann? Die Frage stellt sich mir Tag für Tag in den letzten Monaten, gemeinsam mit einer anderen: Auf wen soll ich hören in dieser alles entscheidenden Frage? Soll ich auf meine Frauen hören? Auf meine Kinder?«

»Das käme einer Volksbefragung gleich«, säuselte die Herrscherin von Saba. Salomo grinste erfreut, tat aber so, als hätte er diese Spöttelei überhört.

»Auf meinen Minister? Auf die Priester?«

Die Königin wie auch Tutman täuschten einen Schluckauf vor, beide hielten sehr wenig von den Priestern.

»Auf den Mann von der Straße etwa?«

»Es ist eine alte Gewohnheit von Herrschern, ab und an unerkannt durch die Straßen zu gehen und auf des Volkes Stimme zu lauschen«, gab die Königin zu bedenken. Salomo winkte ab. »Ich gebe nicht viel auf des Volkes Stimme. Das Volk gibt ja auch nicht viel auf meine!«

»Wenn Ihr Euch da nicht irrt, großer Herrscher.« Tutman dienerte anstelle der vielen. »Das Volk liebt Eure weisen Worte und Ratschläge, sie gehen von Mund zu Mund und haben schon vielfach die Anonymität von Redensarten.«

»Sag ich ja! Ich bin schneller vergessen, als ich gelebt habe! Also, wen soll ich fragen? Das Orakel? Oder etwa Tutman, der mir niemals in dieser Sache die Wahrheit sagen wird!« Salomo beugte in gespielter Demut sein Haupt. »Deswegen habe ich Euch gebeten zu kommen, große Königin. Ihr sagt immer die Wahrheit!«

Die Königin von Saba neigte huldvoll ihr Haupt, was ihr bei der turmhohen Frisur nicht ganz leicht fiel, und tätschelte Salomo beruhigend die Hand.

»Das mit der Wahrheit ist ein ganz eigenes Ding. Je mehr Worte, desto mehr Eitelkeit. Welche Wahrheiten braucht ein Kind? Doch wohl nur die eine, dass es geliebt wird. Und ein Mann, eine Frau, dass sie gebraucht werden. Eine Wahrheit reicht für viele Lebensjahre, und es dauert seine Zeit, bis eine neue …«

»Ihr wollt Euch herausreden!«, unterbrach sie Salomo ungezogen.

»Keineswegs! Wenn es Euch so dringend ist, fragt doch Euren ärgsten Feind, ob Ihr noch gebraucht werdet. Wenn der abwinkt und sagt: Kein Gegner mehr, dieser Mann, dann, großer Salomo, ist es Zeit, von der Bühne zu gehen!«

»Keine dumme Idee. Das Problem ist nur: Alle meine ärgsten Feinde sind tot!« Salomo lächelte verschmitzt. »Die werde ich also nicht mehr fragen können!«

»Fragt Euren Hofnarren, der weiß, was es heißt, eine lächerliche Figur abzugeben und gut damit leben zu können!«

»Ich habe keinen Hofnarren!« Er sah augenzwinkernd Richtung Tutman, der indigniert die Stirn runzelte. »Nein, dergleichen brauche ich nicht. Das ist mir zu modern. Diese Art von Späßen ertrage ich nicht.«

»Dann, lieber Salomo, bleibt nur noch ein Mensch übrig …«
Ihr bedeutungsvolles Verstummen ließ Salomo die Augenbrauen zusammenziehen.

»Ich weiß, worauf Ihr hinauswollt. Ich bin der klügste Mann der Welt. Ich sollte die Frage im Handumdrehen entscheiden. Kann ich aber nicht. Ich weiß nicht, wie viele Teile meines gewohnten Ichs mir schon verloren gegangen sind. Diese Vergesslichkeit lässt mich an meinem gesamten Verstand zweifeln. Und natürlich an meinem Urteilsvermögen.«

»Der Ichverlust«, wandte Tutman begütigend ein, »ist doch nur dann ein Verlust, wenn Ihr wisst, was Euch verloren ging.«

»Sehr klug«, höhnte Salomo, »sehr selbstverständlich.«

»Nun, so selbstverständlich auch wieder nicht.« Tutman ließ sich nicht beirren. »Wisst Ihr denn, um wen oder was es sich da handelt bei Eurem Ich?«

»Ich bin König Salomo, Sohn des David, Enkel des Isais, Vater vieler Hundert Kinder, Herrscher des vereinigten Königreichs Israel …«

»Nun, ich bin mir sicher, dass nachfolgende Historiker da ihre Zweifel haben werden, aber hattet Ihr nicht schon selbst Zweifel geäußert, dergestalt …«

»Dergestalt?«

»… dass Ihr nicht sicher wart, ob Ihr wirklich Davids Sohn seid? Wer sollte bei so vielen Frauen nicht den Überblick verlieren, was die eigene Vaterschaft angeht? Und hattet Ihr nicht Zweifel«, fuhr Tutman unbeirrt fort, »an der Herkunft Eurer Verse? Und wisst Ihr überhaupt noch, was Ihr alles geschrieben habt, und was Euch zugeschrieben wird, könnt Ihr es reinlich trennen von dem, was Euch wirklich zugehört? Und ist darunter nicht viel Angelesenes, sodass Ihr, wenn Ihr wieder von dem Geschriebenen das Gehörte trennt, sehr wenig finden werdet, das Euer Eigenstes ist?«

»Wo soll das hinführen? Was soll die verdammte Verwirrung?« Salomo schwieg bockig.

»Was Tutman sagen will, wenn ich ihn recht verstehe, ist, dass unser Ich ein sehr fragiles Ding ist, immer in Bewegung, immer im Schwinden und Anfluten, wie das Meer. Schließt die Augen«, bat ihn die Königin. »Was seht Ihr?«

»Nichts!«, brummte Salomo.

»Wo ist Euer Ich?«, säuselte die Königin.

»Na ja, wohl nicht hinter den Augen.«

»Zeigt es mir! Wo in Eurem Körper ist das Selbst? Fühlt Ihr es?«

Er klopfte sich gegen das Gemächt und lachte verwegen. Die Königin verstand auch grobe Scherze, insofern machte er sich da keine Sorgen. Entschuldigend rührte er mit drei Fingern an sein Herz und nahm dessen unruhigen Schlag wahr. Dann tippte er sich an die Stirn. »Hier oben sitzt es wie die Spinne in ihrem Netz!«

»Ist es die Spinne oder das Netz?«, fragte Tutman.

»Was für eine dumme Frage!« Salomo wand sich in Unwissenheit.

»Ist es die Musik oder der Musiker, der Vers oder der Dichter?«, stand die Königin Tutman bei.

»Keine ganz dumme Frage ...«, murrte Salomo widerwillig.

»In Euren Werken wird man Euch erkennen.« Ihr Ton war sehr sanft. Zu sanft, fand Salomo. »Es wandert das Ich durch die Zeiten.«

»Möglich«, gestand er ein, denn er mochte der Königin ungern offen widersprechen, »aber tröstet mich das über mein persönliches Verlöschen hinweg?«

Tutman sprang ihr bei. »Möglich ist auch, dass ein solches Ich nach dem Tod von Körper zu Körper weiterwandert. Dann gäbe es überhaupt keinen Grund zur Sorge mehr, sofern es denn gute Herberge findet, was nicht immer ausgemacht ist in diesen Zeiten, aber da können wir ja vorsorgen!«

»Unsinn«, unterbrach ihn Salomo, »du redest Unsinn und du weißt es. Von meinem Körper wird nichts bleiben und mein Ich wird einen Teufel tun und sich in anderen Körpern einquartieren! Als ob da Platz wäre! Es ist ausgemacht: Meine babylonische Wanderung kommt an ihr Ziel. Ich denke daran, meinem Leben ein Ende zu setzen.«

Ernst blickte er Tutman und die Königin an. Ernst blickten Tutman und die Königin zurück.

»Noch an diesem Sonntag. Bis dahin sollte alles niedergeschrieben sein, worüber wir uns hier unterhalten haben.«

»Sehr wohl.« Tutman beugte sich tief hinab, wobei sein Blick unweigerlich auf das königliche Paar Füße fiel.

»Lässt der majestätisch große Zeh Euch denn in Ruhe, oder peinigt sein Schmerz noch immer?«, fragte Tutman mit listigem Seitenblick auf die Königin, die ihm augenzwinkernd zu verstehen gab, dass sie genau wusste, worauf er hinauswollte.

»Was tut das denn zur Sache, ob mein niedrigstes Körperglied mich schmerzt?«, brummte Salomo vor sich hin.

»Nun«, griff die Königin Tutmans Gedanken auf, »wenn Euer niederstes Glied Euch peinigt, wie kann dann Euer höchstes, der Kopf nämlich, in Ruhe und Unbefangenheit Entscheidungen treffen? So wichtige Entscheidungen noch dazu!«

»Ihr meint, ich sei nicht bei klarem Verstande?«, hakte Salomo listig nach.

»Was hinderlich wäre im Sinne der Justiz, denn eine solche Entscheidung darf nur bei klarem Verstande gefällt werden, so will es das Gesetz«, behauptete Tutman in festem Ton, und die Königin pflichtete ihm bei: »Solange dich noch etwas schmerzt, lebst du in Hoffnung auf Linderung des Schmerzes.«

»Das gilt auch fürs Herz«, scherzte der König aufgeräumt, denn er hatte sehr wohl begriffen, welches Hintertürchen die beiden ihm eröffnet hatten. »Aber ich verstehe, was ihr meint! Es ist meine königliche Pflicht, den Schmerz zu erdulden, bis ich wieder bei klarem Verstand bin. Also notieren, Thot! Die alleroberste salomonische Regel: Solange ich noch etwas wahrhaft empfinde, im Guten wie im Bösen, muss das Sterben aufgeschoben werden. Reim in diesem Sinne bitte irgendwas in der Gestalt von: Wenn mein Zeh auch schmerzt, wenn mein Herz auch bricht, so lass ich doch das Leben nicht. Du weißt, was ich meine! Aber ein wenig kunstvoller, salomonischer eben!« Er klatschte zufrieden in die Hände. »Weisheit ist doch eine einzige Dieberei! Findet ihr nicht auch?« Salomo stimmte herzlich in das Lachen der beiden mit ein. Er war froh, von so guten und klugen Menschen umgeben zu sein. Zärtlich sah er auf die Königin. Sie war schöner denn je, jetzt, da sie so gelöst wirkte, weil der Tod wieder in weiter Ferne schien. Dafür liebte er sie. Für ihre Ferne zu allem Untröstlichen. Deswegen hatte er sich schon vor Zeiten gewünscht, in ihren Armen sterben zu dürfen. Das tat er dann auch – in einer der folgenden Nächte.

IV. SIE GRÜSSEN VERLEGEN IHR SPIEGELBILD? SIE WOLLEN ES GAR NICHT MEHR GRÜSSEN?

Oder: Haben Sie Konfuzius
je in Jogginghosen gesehen?

Meine Begegnung mit Konfuzius war eigentümlich, und sie bleibt es, denn ich weiß bis heute nicht, wer sich tatsächlich hinter diesem Namen verbirgt. Wie es überhaupt dazu kam? Wie immer im Frühjahr veranstaltete unsere Zeitung, eine der großen des Landes, eine Podiumsdiskussion über ein Zeitgeist-Thema. »Altern im Alter« war diesmal die Titelzeile des Sonderheftes gewesen und folglich war das auch das Thema der Veranstaltung. Über diesen Titel war viel gestritten worden. Alle hatten Vorschläge machen dürfen. Die Redaktionskonferenz verlief dementsprechend lebhaft. Wobei hinzugefügt werden muss, dass alle in unserer Redaktion vom Thema »Alter« persönlich betroffen sind.

»Altern im Alter«. Sehr schwacher Titel, absolut spaßfrei und absurd tautologisch, können wir den Lesern nicht zumuten«, schimpfte der Chefredakteur, für den Fremdwörter so etwas wie die Feigenblätter seiner geistigen Unbedarftheit sind.

»Was ist tautologisch?«, fragte mich flüsternd der Praktikant der Leserbriefseite, die ich seit Neuestem, strafversetzt, zu betreuen hatte. Dieser Praktikant war nicht alt, aber, ungeachtet seiner Unbildung, sehr altklug, was die schlimmste Form des Alterns ist, wie ich mir oft genug selbst eingestehen musste. »Tautologisch? Das ist, wenn sich der Chefredakteur über die Unfähigkeit des stellvertretenden Chefredakteurs aufregt, der hat nämlich den Titel vorgeschlagen. Aber ich wette mit Ihnen, der Titel kommt dennoch durch. Die Null ist nun mal der größte gemeinsame Nenner unserer Redaktion.« Der Praktikant warf mir einen vorwurfsvollen Seitenblick zu. Ironie empfand er als Kommunikationshindernis. Tatsächlich ist sie ein Karrierehindernis, aber ich wollte ihn nicht schon wieder belehren.

»Gibt's in der Leserbriefecke Vorbehalte, oder warum flüstern Sie?«, schnauzte mich der Chefredakteur an.

»Keine Vorbehalte!« Melde gehorsamst, wollte ich noch hinzufügen, aber das unterließ ich dann doch lieber. Der Ton in unseren Sitzungen ist rau, niemals herzlich, denn das wäre ein Zeichen mangelnder Professionalität. Wir sind nun mal, nach eigenem Dafürhalten, eine sehr moderne und sehr freche Zeitung, ungeachtet des Alters unserer Redaktion. Wir surfen den Zeitgeist praktisch im Rollator.

»Senioren sorgen sich selten ums Morgen! Die Frühpensionäre als ökonomische Last betrachtet, gewogen und für zu schwer befunden.« Doktor Huber von der Wirtschaftsredaktion wandte Beifall heischend seinen Habichtkopf nach links und rechts. Dabei hätte er wissen müssen, dass ihm kein Mensch zugehört hatte. Er musste nur den Mund aufmachen, schon dichteten sich die Ohren der anderen wie von selbst ab. »Zeitiges Sterben als evolutionäre Notwendigkeit«, tönte es anonym aus der Wissenschaftsredaktion, die stets in der zweiten Reihe der großen Redaktionsrunde Platz zu nehmen hatte und daher eine gewisse Narrenfreiheit genoss. Eine andere Stimme ergänzte: »Die Lockerung der Alterungspflicht – ein Gewinn für die Kompostwirtschaft?« Nicht alle Kollegen waren offenbar mit dem nötigen Ernst bei der Sache, was der Chefredakteur mit einem sehr ernsten Stirnrunzeln quittierte. Aber die Wissenschaftsseite war tabu, die Kollegen konnten sich jeden Schabernack erlauben, weil die Werbeanzeigen der Pharmaindustrie ihnen Immunität garantierten.

»Ich bitte um Aufmerksamkeit für: ›Jeder Tag ist wie ein neues Leben. Das Versprechen der Unsterblichkeit von der Warte der Alltäglichkeit aus gesehen‹. Damit wäre das Wort ›Altern‹ ganz vermieden, was den Leser ohnehin nur verstört.«

Horst, der »Prediger«, so genannt, weil er tatsächlich einmal Theologie studiert hatte, blickte mit seinen müden Uhu-Augen in die Runde, ohne groß den Kopf zu bewegen. Er betreute die »Intensiver-Leben«-Seite, die von keinem Mitarbeiter sonderlich ernst genommen wurde, weil sie sich ausschließlich am Lesergeschmack orientierte. Der Chefredakteur applaudierte augenzwinkernd, denn er, der Machtmensch, mochte es sehr, wenn er überlange Schlagzeilen zusammenstreichen konnte. Und Horst lieferte immer überlange Schlagzeilen. Da sich jeder Horst überlegen glaubte, redeten plötzlich alle durcheinander. »Artgerechtes Altern?« – »Zu biologistisch!« – »Altern in Kunst und Geschichte?« – »Gähn!« – »Altern als Konstrukt!« – »Gender, Gender ist nicht mehr Agenda«, echote es hämisch aus der Kolumnenecke. Die »MS Brainstorming« drohte in einem Wirbelsturm der Animositäten unterzugehen. Die Stunde des Lotsen hatte geschlagen. »Wie wir alt werden, ohne zu altern«, brachte ich mit betont ruhiger Stimme vor. »Das kommt den Bedürfnissen unserer Leser entgegen, ohne sie zu belehren.«

»Sie sollen nicht glauben, sie sollen faktenbasiert …«, raunzte der Stellvertretende und schlug sich erschrocken vor den Mund, denn das Orakel hatte gesprochen, und er hatte es mit seinem Keifen beinahe übertönt, was einer Majestätsbeleidigung gleichkam und als solche auch geahndet wurde. »Nicht uninteressant …« Das greise Flüstern unseres Seniorherausgebers war deutlich zu hören, was auch daran lag, dass wir alle in der Redaktionsrunde immer mit einem Auge an seinen Lippen hingen. Denn alle wussten: Was er sagte, hatte beim Leser Gewicht. Grüblerisch langsam wiederholte er die Worte: »Wie wir alt werden, ohne zu altern …« Aber mehr als ein Hüsteln war danach nicht mehr von ihm zu hören.

»Sehr schön, eine sehr schöne Anregung unseres geschätzten Seniorherausgebers!«, bilanzierte der Chefredakteur. »Vertagen wir nunmehr das Titelthema und wenden uns der Frage zu: Wen laden wir ein?«

Unser Chefredakteur war ein sehr kleiner Mann, was seine Sehnsucht nach großen Männern und sehr großen Frauen gleichsam als eine natürliche erscheinen ließ, obwohl es dann immer sehr unnatürlich wirkte, wenn er wie ein ferngesteuerter Satellit die Prominenz umkreiste. Das tat seinem napoleonischen Ehrgeiz aber keinen Abbruch.

»Jane Fonda, wen sonst? Heißer Feger! Ich hab sie damals beim Anti-Vietnam-Marsch …« Karl-Heinz, der Alt-Linke, hatte erst gar nicht die Hand gehoben, um sich zu Wort zu melden. Er wusste, dass er ohnehin überstimmt werden würde, aber einmal noch wollte auch er Gehör finden, bevor er sich wieder, ebenfalls strafversetzt, um seine Sudokus kümmern musste. »Unbedingt Judith Butler!« Fräulein Klinke aus der Innenpolitik galt als aussichtsreichste Anwärterin auf die Chefredakteursnachfolge, deswegen wurde ihr Vorschlag weder belächelt noch rundweg abgelehnt. »Ein wenig jung, die Dame, oder?«, wandte Horst der Prediger ein, aber dieser Einwand wurde von Fräulein Klinke mit herrschaftlicher Geste hinweggewischt: »Kein Kongress ohne Judith Butler!« – »Aber es geht doch nicht um Gender«, wagte Karl-Heinz einzuwerfen, obwohl er keine Redezeit mehr hatte. »Es geht immer um Gender«, belehrte ihn Fräulein Klinke, »denn es gilt, das männliche Diskursmonopol zu brechen.« Sie beharre auf der Einladung. Alles andere empfände sie als Affront. Applaus von allen Seiten. Keiner wollte und will es sich mit Fräulein Klinke verscherzen, deswegen wird sie auch hier nicht mit Klarnamen genannt, ebenso wenig wie ihr Ressort. Judith Butler lehnte im Übrigen die Einladung umgehend ab – mit dem Hinweis, sie fühle sich zu jung für eine derartige Veranstaltung und überdies thematisch missbraucht.

Das Feuilleton meldete sich wie immer spät und ein wenig verschlafen in Person von Maulwurf Gruber, der von allen eigentlich längst vergessen war, weshalb er sich schon gar nicht mehr die Mühe machte, ganze Sätze zu formulieren. »Es wäre doch schön, einen älteren Autor …, das äh, gibt Sinn … wenn … Botho Strauß?« Sein Nachfolger, Erwin, der »Forsche«, nunmehr auch schon Anfang vierzig, hatte es sich angewöhnt, Grubers Sätze in seinem Sinn zu komplettieren. In betont jugendlicher Manier, denn er war davon überzeugt, dass ihn sein täglicher Marihuana-Konsum alterslos erscheinen ließ. »Ein Senioren-Sit-in, wie cool ist das denn?! *Proudly presenting* Günter Grass! Wie? Der ist auch schon tot?

Ich hab gedacht, Walser wäre … Wir könnten Nabokov … dieses Lolita-Thema, spannend … Der ist auch tot? *Shit*. Was ist mit Roth? Joseph Roth, Philip Roth? *Whatever*, super Idee, oder? Die Bestie Alter! Geiler Titel, oder? Könnte von Paul Auster sein! Sagt mir bitte nicht, der ist auch schon tot!? Na also …« Erwin war wie immer, dank seines ersten Joints, sehr im Reinen mit sich. »Philip Roth, sehr gut, definitiv prominent«, applaudierte der Chefredakteur. »Nicht schon wieder der Prostata-Philip«, seufzte die sehr hübsche Dame aus der Wissenschaftsredaktion, die ungenannt bleiben möchte, weil sie sehr viele ungute Erfahrungen mit eitlen Alt-Autoren gemacht hatte. »Grass ist tot?« Erwin schien noch nicht ganz über die Nachricht hinweggekommen zu sein. »Aber Enzensburger lebt noch, oder? Den könnten wir einladen, gemeinsam mit Gabriel García, die könnten dann wunderbar über den alten Fidel und die Revolution reden. *Forever young*, oder? *It's still Rock 'n' Roll*, oder?« Unmutiges Flüstern.

»Wie, was, der ist tot? Castro ist tot?« – »Nein, Gabriel García Márquez – falls du den meintest und nicht irgendeinen Tennisspieler oder Golfer. Im Übrigen heißt es Enzensberger!« – »Kein Grund, schnippisch zu werden, oder? Sterben müssen wir alle. Früher oder später. Jedem seinen Fauxpas!« Er grinste den Stellvertretenden anzüglich an. Erwin der Forsche stammte aus einer uralten Adelsdynastie, was ihm den Rückhalt des stets auf Prominenz versessenen Personalchefs sicherte; unter uns Kollegen hingegen galt er als eitler Trottel. Der Chefredakteur hieb auf den Tisch: »Fokussieren wir uns! Worum geht es überhaupt? Um die ewige Jugend! Wir wollen keine Greise mehr in Jogginghosen sehen! Altern, ohne zu altern! Also: Richard Gere und George Clooney für das

Podium, der Dalai Lama als Hauptredner. Das wird sich doch wohl arrangieren lassen, oder?!«

Nun gehört unsere Wochenzeitung zu den wichtigsten Zeitungen der Republik, und es war klar, dass die Eingeladenen es sich sehr wohl überlegen würden, die Einladung anzunehmen, aber wenn sie absagten, war es natürlich umso peinlicher für uns.

»Der Dalai Lama ist teuer«, wandte die Buchhaltung ein. »Aber er generiert auch eine Menge Spenden«, konterte unser Controller. »Und Anzeigen«, assistierte die Dame aus der Anzeigenabteilung, deren Name mir immer entfiel, weil sie meinen noch nie ausgesprochen hatte. »Kostengünstiger wäre vielleicht Konfuzius?«, wagte ich einzuwerfen. Es war eigentlich als Scherz gedacht. »Ein Kampfsportler kommt mir nicht ins Haus«, bellte der Chefredakteur. Wie immer bei seinen Witzen wussten wir nicht so genau, ob er tatsächlich einen Scherz machen wollte. Das war im Übrigen auch das Geheimnis seiner Machtfülle: die Rätselhaftigkeit seiner Person. Keiner wusste so genau, ob er ein Genie oder ein Versager war.

»Konfuzius! Mein Gott, den kennt doch kein Mensch mehr! Fragen Sie mal unseren Auszubildenden!« Der Stellvertretende, unheimlich instinktsicher, wenn es um die Launen des Chefs ging, nickte oberlehrerhaft in Richtung des Praktikanten. »Konfuzius war ein chinesischer Philosoph zur Zeit der Östlichen Zhou-Dynastie …«, begann der Praktikant zu rapportieren. Aber der Chefredakteur ließ ihn nicht weit kommen. »Verdammt noch mal, woher wissen Sie das denn?« Der Praktikant wies auf sein Tablet, das er ängstlich unter dem Tisch auf seinen Knien wiegte. »Ah! Sehr kluger Kopf! Besser gesagt: Clever. Aber wir sollten die Frage des Alters nicht religiös oder philosophisch diskutieren! Wenn schon ein chinesisches *enfant terrible,* dann diesen Aktionskünstler, wie heißt er wieder? Wehohweh? Hahaha!« Das laute Lachen des Chefredakteurs lud uns alle zum Mitlachen ein. »Ai Weiwei«, assistierte pflichtschuldigst mein Praktikant, der Humor für ein Privileg der Festangestellten hielt. »Meine ich wirklich den?«, wandte sich der Chefredakteur mit hochgezogenen Augenbrauen an seine persönliche Sekretärin, die immer eine Armlänge hinter ihm sitzen musste. Dem Praktikanten schien er nicht zu trauen. Die Sekretärin nickte. »Also laden Sie diesen Ai Weiwei ein!« Die herrische Botschaft galt mir. Als Mädchen für alles war es auch meine Pflicht, die finale Gästeliste für die Podiumsdiskussion zu erstellen. »Gern, aber Ai Weiwei …« – »Unverzichtbar! Sparen Sie sich Einwände!«, bellte der stellvertretende Chefredakteur dazwischen, weil er seine Schlappe von vorhin wieder wettmachen wollte. »Aber Ai Weiwei ist noch nicht wirklich alt!«, insistierte ich. »Ja und? Was soll der Einwand? Kann er deswegen nicht über das Alter reden?« Der stellvertretende Chefredakteur schaute triumphierend in die Runde. Alle Häupter senkten sich. Ob aus Zustimmung oder stiller Verzweiflung, war nicht auszumachen. »Das Einfachste ist doch«, intervenierte die Buchhaltung, »sich an eine dieser Agenturen zu wenden, die Redner zu allen Themen vermitteln. Da können wir sicher sein, dass sie aktuell verfügbar sind, und darüber hinaus haben wir eine gewisse Honorargarantie!«

Der Stellvertretende wandte sich wieder an mich. »Also fragen Sie bitte mal nach, ob Konfuzius, Ai Weiwei oder Paul Auster zur Verfügung stehen!« – »Halt! Bevor wir diese Einladung aussprechen: Ist er solidarisch mit dem tibetischen Volk, dieser Konfuzius? Und wie steht er zu Tierversuchen, insbesondere an Hunden? Es gibt da Gerüchte …«, sagte Fräulein Klinke, die immer gern das letzte Wort hatte. »Tierversuche? Sollten nicht an Menschen ausgeführt werden!«, konterte Karl-Heinz, was ungewöhnlich schlagfertig für ihn war.

Ins allgemeine Gelächter hinein piepste plötzlich die Stimme des Praktikanten. Sein hochroter Kopf zeigte an, dass der Mitteilungsdrang ihn schon seit einer ganzen Weile plagte. »Was ist mit den inhaltlichen Fragen? Die verschiedenen Aspekte des Alterns, was interessiert uns daran wirklich? Sollten wir das nicht noch diskutieren?« Das Gelächter schlug wie eine Flutwelle über ihm zusammen. »Also – kommen wir zum Ende.« Der Chefredakteur schnappte theatralisch nach Luft und setzte seine Chefmiene auf. »Wir brauchen unbedingt einen der ›Großen Vier‹ als Starredner, Ai Weiwei oder den Dalai Lama, oder Žižek, diesen kurzatmigen Philosophen, oder Giorgio Agamben, egal. Möge die Höhe des Honorars über den Besseren entscheiden! Der Preis ist heiß! Ich tippe auf Ai Weiwei, definitiv der Käuflichste in der Runde.«

»Definitiv« ist das Lieblingswort unseres Chefredakteurs, weil er sich definitiv für den Klügsten hält, insofern ist er Fachmann für Eitelkeiten. Der Stellvertretende nickte in meine Richtung. Damit war klar, dass ich die undankbare Aufgabe hatte, Ai Weiwei einzuladen. Um es kurz zu machen: Auch Ai Weiwei lehnte dankend ab. Er fühle sich für dieses Thema viel zu jung und im Übrigen thematisch missbraucht. Wir sollten uns an Damien Hirst wenden. Der würde für Geld doch alles tun.

Ich wandte mich an die namhafteste Model-Agentur für philosophische Zeitgeistfragen, die mir knapp beschied, dass Damien Hirst auf Jahre hin ausgebucht sei, ebenso Žižek und Agamben. Habermas sei relativ günstig zu haben, auch Sloterdijk, desgleichen diverse Italiener und ein Restposten postmoderner Franzosen, jeweils im halben Dutzend zu buchen, aber ansonsten sehe es sehr düster aus, was namhafte Referenten zum Thema »Alter« anbelange. Sie ging die Liste der Tabuthemen noch einmal mit mir durch, Frauenfrage, Tierrechte, Flüchtlingskatastrophe, IS – wenn er über all das schweigen sollte, blieb tatsächlich nur einer von den Ältesten. »Nehmen Sie Laotse«, so ihre finale Empfehlung, »und sichern Sie sich den Seniorenrabatt.« – »Hätten Sie denn eventuell auch Konfuzius im Angebot?« – »Konfuzius, warum nicht? Ist zwar lange nicht mehr nachgefragt worden, aber gelistet ist er noch.« Ich fragte telefonisch beim stellvertretenden Chefredakteur nach – und bekam eine barsche Abfuhr. »Der Mann ist zu alt, *no way.*«

»Sie haben selbst gesagt: Alt ist sexy. Und im Übrigen auch das Thema unserer Veranstaltung.« – »Alt, ja, aber nicht so alt! Nicht uralt. Nicht Methusalem … Ah, guter Titel übrigens! Das Methusalem-Kartell. Wie sich die Alten gegen die Jungen verschwören, äh, verschworen. Notieren! Und Konfuzius, na gut, ist genehmigt, meinetwegen. Aber zehn Prozent Seniorenrabatt, Minimum, und dass er mir nicht ohnmächtig wird auf dem Podium!«

Nun weiß jeder, dass Konfuzius schon seit einer geraumen Weile tot ist, zweitausendfünfhundert Jahre, um genau zu sein, insofern war meine Hoffnung gering, ihn tatsächlich engagieren zu können, andererseits war ihm das Thema »Alter« wie auf den Leib geschneidert. Doch, doch, versicherte mir die Agentur, Mr. Konfuzius wäre hocherfreut, und wenn wir Laotse dazu buchen wollten, könne sie uns beide Philosophen im günstigen Doppelpack anbieten, *take and save*. Ich verzichtete dankend und buchte Konfuzius solo. Vierundzwanzig Stunden später hatte ich die Zusage, nebst einem Autogrammfoto, auf dem er erstaunlich jung wirkte. Vermutlich ist es eine ganze Philosophen-Dynastie, beruhigte ich mich, und das Wissen wird von Generation zu Generation weitergetragen, bleibender Name, wechselndes Personal, ähnlich wie im Reinkarnationskarussell der Dalai Lamas. In der Redaktion würde sein wahres Alter ohnehin keinen interessieren und dem Publikum … na ja, Hauptsache, er konnte etwas Kluges über das Altern sagen. In Berlin interessiert es keinen, wo du herkommst oder wie alt du wirklich bist.

Die Agentur hatte seine Ankunft am Flughafen Tegel für elf Uhr annonciert. Der Vertrag sah vor, dass ich vierundzwanzig Stunden mit Mr. Konfu verbringen durfte und ihn am nächsten Tag Punkt elf Uhr wieder am Flughafen abzuliefern hatte. Die Namenskürzung geschah wohl der Fluglinie zuliebe und war mir persönlich ganz recht, denn so erregte ich weniger Aufsehen mit meinem Begrüßungsschild. Ich nahm mir noch mal meinen Spickzettel vor. Kong Qiu, genannt Konfuzius, geboren 551 vor unserer Zeitrechnung, gestorben 479 v. Chr. Nichts deutete in seinen frühen Jahren auf eine große Karriere hin. Angefangen hatte er als Scheunenaufseher, erst später stieg er zum Minister auf, dann zum stellvertretenden Kanzler. Nach einer Meinungsverschiedenheit mit seinem Fürsten ging er auf Wanderschaft und zog durch seine Lehrtätigkeit etliche Schüler in seinen Bann. Er war verheiratet gewesen und hatte einen Sohn, ansonsten aber zu Lebzeiten wenig Großartiges als Philosoph vorzuweisen. Wie erkenne ich einen Philosophen, noch dazu einen sehr alten, der sich sehr jung gibt? Ich hatte dieses Autogrammfoto in der Hand und ein vages Bild von einem schwergewichtigen, dickschädligen alten Chinesen im Kopf, die sich beide nur schwer zur Deckung bringen ließen.

Es erschien ein munterer Hippie im langen Baumwollgewand, das nicht weiter auffiel, weil es ihm sehr gut stand. Er trug sein Haar zu einem Knoten gebunden im Nacken, wirkte sportlich hager und beindruckte mit herben, fein geschnittenen Gesichtszügen. Ein gut aussehender Mann, nach dem sich die Frauen umdrehten, wie ich im Laufe des Tages immer wieder feststellen musste.

»Mr. Konfuzius, wenn ich nicht irre?« Er lächelte über meinen verwirrten Blick. »Nennen Sie mich bitte fortan einfach Mr. Konfu! Das erregt weniger Aufmerksamkeit.« Sein Ton war verbindlich und ein wenig spöttisch zugleich, aber das konnte auch Einbildung meinerseits sein. »Ich freue mich über Ihre Einladung und die Gelegenheit, einen Tag in Berlin verbringen zu dürfen!« Artige Worte, die keineswegs auswendig gelernt wirkten. »Ganz unsererseits! Wir haben ein sehr straffes Programm für Sie! Darf ich Ihren Koffer …« – »Danke, aber ich bin nicht so kraftlos, wie mein Alter es vielleicht vermuten lässt!«

Der Mann schritt mit der energischen Würde eines Yoga-Gurus durch den Raum und zog alle Blicke auf sich, auch die der Männer. Noch bevor ich einschreiten konnte, winkte er nach dem Verlassen des Flughafengebäudes ein Taxi heran und ließ sich von mir die Tür öffnen.

»Also, was haben wir heute vor?« Er lehnte sich bequem zurück und verschränkte die Arme. »Nun, ich bringe Sie ins Hotel und Sie können ein wenig ausruhen und dann …« – »Junger Mann, ich bin seit zweitausendfünfhundert Jahren auf den Beinen, glauben Sie wirklich, ich müsste mich ausruhen?« – »Zweitausendfünfhundert Jahre – krass! Was hast du denn für Drogen, Alter?« Der Taxifahrer rieb sich verwundert die Glatze. »Kannst du Yogi? Hast du so Langzeitkarma? Gutes Haarwuchsmittel? Neue Tibeter? Fragst du jeden: Was ist das – Händy?« Mr. Konfu unterbrach den Redeschwall unseres Fahrers mit einem fröhlichen Händeklatschen. »Ich habe schon viel von den Berliner Taxifahrern gehört! Es ist mir eine Freude, einen von ihnen persönlich kennenzulernen.« – »Meinerseits ebenso, Grandmaster Lama. Klarer Fall: *Joy Division! Nice to meet you*, Bhagwan!« Er wollte sich umdrehen, um Konfu die Hand zu schütteln. Gott sei Dank erinnerte ihn das eindringliche Hupen seines Hintermanns an seine eigentlichen Pflichten.

»Also«, Mr. Konfu wandte sich mit einem neugierigen Lächeln wieder mir zu, »was haben wir heute vor?« – »Wie gesagt, ein sehr dichtes Programm!« Ich skizzierte ihm kurz den vorgesehenen Tagesablauf, aber er nickte nur. Die Termindichte schien ihn nicht zu schrecken. »Schön«, bilanzierte er und musterte mich interessiert. »Das werden wir schon schaffen, wir zwei.« Er zwinkerte mir zu. »Wie alt sind Sie eigentlich, wenn ich fragen darf?« – »Dreiundfünfzig«, antwortete ich wahrheitsgemäß.

»Keine Kinder?« – »Keine Kinder«, entgegnete ich knapp. Ich empfand die Frage als indiskret. »Warum nicht? Ich meine, wie wollen Sie ernsthaft über das Thema ›Alter‹ nachdenken, wenn Sie nie Vater geworden sind?«–»Nun, allgemein gesprochen: Ich habe mir sagen lassen, dass viele Männer hierzulande keine Kinder wollen, weil sie fürchten, dann älter zu wirken, als sie sind!«–»Ist das so?« Konfuzius schüttelte den Kopf, was mehr der Rhythmisierung seiner Gedanken als dem Ausdruck einer tatsächlichen Verwunderung zu dienen schien. »Im Vergleich zu uns Chinesen seid ihr Europäer unglaublich jung, unglaublich jung und naiv, wenn ich das hinzufügen darf. Ein Mann ohne Kinder ist uralt. Denn – wo ist seine Zukunft, wenn er stirbt?« Er ließ mich mit dieser rätselhaften Äußerung allein und starrte aus dem Fenster. Es war wohl genau in diesem Moment, dass ein vages Gefühl in mir aufkam, so wie bisher nicht weiterleben zu können. Ich war mir plötzlich sicher: Dieser Mann würde mein Leben zum Besseren verändern!

Für dreizehn Uhr war ein Mittagessen mit dem Chefredakteur angesetzt, das in einem Prominentenlokal in der Nähe des Gendarmenmarktes eingenommen werden sollte. Der Chefredakteur ließ sich per SMS entschuldigen, was seltsam war, denn solche Termine ließ er für gewöhnlich ungern aus. Stattdessen schickte er Karl-Heinz, was einer Degradierung unseres Gastes gleichkam. Als wir das Lokal betraten, saß Karl-Heinz schon am Stammtisch der Redaktion und winkte uns zu. Vermutlich hatte er auch schon unsere Aperitifs getrunken. »Ich habe euch etwas sehr Unangenehmes mitzuteilen!« Er strahlte übers ganze Gesicht. »Etwas sehr Unangenehmes: Die Vorlesung in der Humboldt-Universität mitsamt Podiumsgespräch entfällt leider – oder besser gesagt: das Zusammentreffen mit den Studenten, ehemals ›Vorlesung‹ genannt.« Konfu blickte mich fragend an. »Wurde als zu bevormundend empfunden, das Wort ›Vorlesung‹«, erklärte ich beiläufig. »Wollt ihr nicht wissen, warum die Vorlesung entfällt?«, grinste Karl-Heinz. Konfu zuckte mit den Schultern, was ich mit einem forschen »Nur zu!« übersetzte. »Sie sind ein enttarnter Agent der chauvinistischen Internationale, so die aktuellste Twittermeldung«, trumpfte Karl-Heinz auf. »Es heißt, Sie hätten Ai Weiwei als Kunstgewerbler verunglimpft. Des Weiteren geht das Gerücht um, Sie würden Hunde essen und Frauen verachten! Und dann ist da natürlich noch die Sache mit Tibet!«

Konfu sah mich verwundert an und flüsterte seine Frage, als ob er schon ahnte, dass sie mir peinlich sein würde: »Natürlich esse ich Hunde. Wo ist das Problem?« – »Wer hat diese Gerüchte in die Welt gesetzt?«, lenkte ich ab. »Die Denunziationsgruppe *Anonyme Wahrheiten urheberrechtsfrei*«, posaunte Karl-Heinz, »und zwar per Twitter, Rundmail und Facebook. Der Termin an der Uni muss leider ohne uns stattfinden. Warte, warte, warte – was twittert da? … Auch die Gender-Kommission hat sich Ihr Kommen ausdrücklich verbeten. Wow! Stammt dieses Zitat von Ihnen: ›Die Zunge einer Frau bringt den Mann dazu, zu fliehen bis an die Grenzen der Welt.‹?« Konfu nickte. »So in etwa. Die korrekte Fortsetzung lautet: ›Ihre Sticheleien sind es, die ihn ins Verderben senden.‹«

Karl-Heinz zupfte sich verlegen seinen schütteren Bart. »Das ist akademischer Selbstmord, publizistischer im Übrigen auch. Wann haben Sie das denn geschrieben?«

»Vor zweitausendfünfhundert Jahren. Damals dachten wir Männer noch so …«

»Nun, so denken wir Männer heute natürlich noch immer. Aber so dürfen wir nicht denken, und so dürfen wir auch

nicht schreiben. Und so wollen wir auch nicht denken …«
Karl-Heinz grinste sehr breit. »Das ist Zensur«, unterbrach
ihn Konfu. »So würde ich das nicht nennen«, versuchte ich
zu vermitteln. »Wir in China nennen das so, wie nennt ihr
das hier?« – »Politische Korrektheit«, schlug Karl-Heinz vor.
»So nennt das die Staatsführung in China auch. Also Zensur!«, triumphierte Konfu freudlos, denn er war sichtlich enttäuscht, in der Fremde nur wieder die Heimat zu finden. »So
würde ich das nicht nennen«, wiederholte ich hilflos. »Wie
auch immer, die Vorlesung entfällt – wir haben jede Menge
Zeit.« Ich blickte fragend in die Runde.

»Gehen wir zur Vorspeise über«, entschied Karl-Heinz und
Konfu gab ihm recht. »Vorspeise erscheint mir sehr sinnvoll.«
Seine Miene war undurchdringlich. Er wirkte allerdings keineswegs betrübt, nicht vor den Studenten auftreten zu dürfen.
»Das sind alles Faschisten«, murmelte Karl-Heinz, aber das
murmelte er schon seit dreißig Jahren zu wechselnden Adres-
saten. »Ich kann mit dieser Generation X-Y-Pop nichts mehr
anfangen. Die sind mir alle zu rechthaberisch.« – »Genau wie
du damals«, erinnerte ich ihn. »Jugend ist keine Tugend«, ora-
kelte Konfu und widmete sich andächtig seinem Pilz-Risotto.
Er schien stolz darauf zu sein, dass sich sein Vortragsthema
als so aktuell erwiesen hatte. Mir hingegen war der Appetit
vergangen. Es war nicht das erste Mal, dass bei einer unserer
Podiumsveranstaltungen der Hauptredner erst gar nicht zu
Wort kam, weil seine Meinung als nicht korrekt galt. Je länger ich darüber nachdachte, desto wütender wurde ich. Ich
stocherte empört im Risotto. »Das ist der Terror des neuen
Juste Milieu!«, schimpfte ich. »Das ist Faschismus«, posaunte
Karl-Heinz, »Gleichschaltung der Meinungen ist Faschismus.«

Er blickte triumphierend in die Runde und hob dann den Zeigefinger für ein zweites Glas Riesling. »Das ist einfach nur dumm. Rechthaberei ist die schlimmste Form der Vergreisung«, stellte Konfuzius unaufgeregt fest. Er wusste genau, dass wir ihm zustimmen mussten.

»Wie geht es denn jetzt weiter? Nein, nein, Karl-Heinz, sag jetzt nicht: Mit dem Hauptgericht! Was hat der Chef gesagt?« – »Ganz normal mit der Pressekonferenz um fünfzehn Uhr. Dann Treffen mit unserem Starjournalisten, tausend Fragen in hundert Sekunden, dann …« – »Schon gut, ich kenn den Stundenplan!« – »Also doch das Hauptgericht!«

Die nächste halbe Stunde widmeten wir ausschließlich dem Essen. Karl-Heinz schlang seine Portion hinunter und stahl mir noch die Hälfte vom Teller. Konfu kaute bedächtig und sah sich immer mal wieder neugierig im Speisesaal um.

»Ein feines Publikum«, nickte er, als das Dessert gereicht wurde, »aber sehr mundfaul, oder? Bei uns wird mehr gelacht beim Essen.«

»Dann schmeckt das Hündchen besser, wie?«, scherzte Karl-Heinz. Konfu lächelte höflich. »Lächle ein wenig, und du bist zehn Jahre jünger. Selbst die zahnlosen Alten lächeln bei uns. Hier wirken alle so mürrisch, auch die mit Zähnen.«

»Es liegt ein Widerspruch darin, dass, während alle Menschen alt zu werden wünschen, sie doch nicht alt sein wollen«, zitierte ich aus einer seiner älteren Schriften. Er nahm es unkommentiert hin. Nicht so Karl-Heinz. »Soll heißen?«, brummte er, ohne von seinem Teller aufzusehen. »Die Leute im reichen Westen sind alle unverhältnismäßig unzufrieden mit ihrem Hier- und Jetztsein. Und sie werden umso unzufriedener, je älter sie werden. Jeder sieht nur mit einem erwartungsvollen oder einem konsumierenden Blick auf die Welt. Die wenigsten mit einem dankbaren«, dozierte ich.

»Also ich freu mich, Mr. Jogi-Yoga, ich freu mich sogar riesig, auf den Nachtisch nämlich.« Seit Karl-Heinz begriffen hatte, dass es in Deutschland zu keiner Revolution mehr kommen würde, widmete er sich ausschließlich dem, was er unter gutem Leben verstand, nämlich gutem Essen und reichlichem Trinken. Er hob sein Glas: »Auf unsere neue Volkskrankheit: Infantilismus. Prost! Wir waren vielleicht zu radikal zu unserer Zeit, aber nicht kindisch. Die Jugend will nichts mehr von uns wissen, weil sie gar nichts mehr wissen will.« – »Sie will nichts mehr von uns Alten wissen, weil sie weiß, dass unser Wissen zu wenig Gutem gedient hat. Ist das nicht auch eine ehrenwerte Gewissheit?«, warf Konfu ein. »Versteh ich nicht«, murrte Karl-Heinz, der sich auf seine Ehrlichkeit sehr viel einbildete. »Die Weisheit des Alters lehrt die Jugend oft nur das Verzichten. Wollten Sie je verzichten?« – »Also ich nicht!« Karl-Heinz hob kämpferisch die Faust. »Das ist das letzte Glas«, ermahnte ich ihn und begann in ruhigem Ton, meine Sicht der Dinge zu entwickeln. »Das ist doch ein klassisches Vergreisungssymptom: das Klagen über die Jugend, über die Manieren, über die Sittenlosigkeit.« – »Gute Manieren halten nicht davon ab, Kriegsverbrechen zu begehen«, unterbrach Karl-Heinz reflexartig. Ich war schon froh, dass er zur Beglaubigung des Geäußerten nicht laut rülpste. »Gute Manieren können Kriege verhindern«, gab Konfu zu bedenken, dessen Stimme wie immer mehr Fragendes als Behauptendes durchklingen ließ. »Was ganz anderes«, wich Karl-Heinz aus, »wenn wir hier schon so vertraut zusammensitzen: Wie sind Sie ei-

gentlich so alt geworden? Bleibt unter uns, Ehrenwort! Gelée royale? Vitamin B, C, E? Schlangenelixier, Hundeblut?« –
»Meinen Sie alt oder weise?«, erkundigte sich Konfu mit einem höflichen Lächeln. »Letzteres wird Sie doch wohl mehr interessieren?« – »Na, weise sind wir ja alle irgendwie, jeder nach eigener Fasson eben! Ich möchte wissen, warum Sie so alt geworden sind. Besser gesagt: *wie* Sie so alt geworden sind.«
Konfu musterte Karl-Heinz sehr eindringlich. Es war offensichtlich, dass er ihm die Wahrheit nicht zumuten wollte, einfach, weil er ihm das gesunde Altern nicht zumuten wollte. »Die Antwort auf diese Frage würde Ihnen zu einfältig erscheinen.«

»Also, damit hatte ich noch nie Probleme«, brummte Karl-Heinz, »aber wer nicht will, der hat schon! Ich nehm mir dann mal Ihren Nachtisch, wenn's recht ist. Wer weiß, ob ich im Altersheim noch so gut versorgt werde! Egoismus erleichtert das Altern ungemein. Sofern ich keinen Eigenurin trinken muss. Haha!«

Konfu und ich verabschiedeten uns höflich. Karl-Heinz hingegen hob kaum den Kopf, als wir gingen. Wir waren ihm zu vorgestrig. Das machte einen Abschied offenbar erst gar nicht nötig.

Gemeinsam spazierten wir Unter den Linden entlang Richtung Alexanderplatz. Jeder hing so seinen Gedanken nach. Mir ging die Sache mit den Tibetern einfach nicht aus dem Kopf. Irgendwie ahnte ich, dass von dieser Seite her noch Aufregung drohte. Konfu stoppte plötzlich, deutete auf den Rohbau des Schlosses und hob amüsiert die Augenbrauen. »Deutschland ist doch noch immer eine Demokratie, oder ist mir da etwas entgangen?« Ich nickte und schwieg beschämt für den Rest des Weges. Punkt fünfzehn Uhr fünfzehn trafen wir im ehemaligen Staatsratsgebäude ein, wo eine kleine Pressekonferenz stattfinden sollte. Rüdiger, »*The Voice*«, wie er in Talk-Kreisen genannt wurde, nahm mich beiseite. Er machte den Moderatorenjob seit über dreißig Jahren, obwohl er ihn vom ersten Moment an gehasst hatte. Vermutlich weil er unter chronischem Lampenfieber litt. So gelassen wie heute hatte ich ihn allerdings noch selten erlebt. »Es ist keiner da. Die haben vor einer Stunde erfahren, dass gar nicht Ai Weiwei kommt, sondern dieser Kampfsportler …« – »Kampfsportler?«, unterbrach ich ihn. »Na, dieser Mr. Konfu«, entgegnete er schnippisch. »Nicht Konfu, Konfuzius!« – »*So what*? Kampfname Konfu oder Karaoke Kid eins, zwei, drei, mir soll es gleich sein, ist ja eh keiner erschienen.«

»Verdammt noch mal, Konfuzius, der berühmte Philosoph.« »Tut mir leid, aber für den interessiert sich kein Schwein, wenn ich das mal so zusammenfassen darf! Ich kenn ihn im Übrigen auch nicht. Vielleicht doch zu alt? Bringen Sie mir den dicken Žižek oder Frau Butler, irgendeine von den Pussy Riots, meinetwegen einen Franzosen, aber aus China, da geht nur Ai Weiwei! Hätte ich geahnt, wie unprofessionell ihr das angeht …« – »Sie machen mich wahnsinnig!« – »Ihr macht mich wahnsinnig! Ich hab hier Schnittchen für fünfzig Leute! Also …«, er kramte in seiner Umhängetasche, »… quittieren Sie mir mein Erscheinen. Dann quittiere ich Ihnen das Ausbleiben der Reporter. Und wir schweigen einfach über das Ganze. Deal? Oha, ist er das?« Konfu war auf mein Winken hin einige Schritte näher gekommen. »Sehr erfreut!« Rüdiger schüttelte ihm die Hand. Konfu, ungeübt in dieser Form der Begrüßung, hielt sie einen Moment länger als nötig, was

Rüdiger sichtlich peinlich war. »Sie sollten diesen Job aufgeben«, Konfu lächelte ihn freundlich an, »sonst sterben Sie vor der Zeit. Ihr Puls verrät mehr über Sie, als Ihre Zunge es je könnte! Ihr Puls ist sehr unregelmäßig!«

Rüdiger schnappte nach Luft. Er suchte krampfhaft nach einer Entgegnung, konnte aber nur noch empört ausschnaufen. Kopfschüttelnd blickte er erst mich und dann Konfu an. »Ihr habt mir echt den Tag gerettet.« Kopfschüttelnd eilte er hinaus. Konfuzius sah ihm mitleidig hinterher. »Wie schnell man altert in einem ungeliebten Beruf. Seltsam, dass so viele alles dafür geben, um so wenig zu bekommen.«

»Vielleicht weil sie Geld verdienen müssen? Ein wenig zumindest ...« Ich bemühte mich um Ironie. »Was nützt ihnen das Wenige, wenn sie tot sind?« – »Gehen wir einen Kaffee trinken, wir haben ja noch ein Stündchen Zeit!« Wir sprachen wenig im Café und vertieften uns stattdessen in die Lektüre der Zeitungen. Es war angenehm, mit ihm zu schweigen. Selbst das Umblättern geschah bei ihm auf unaufgeregte Art, so als wüsste er immer schon, was auf der nächsten Seite stand. Entsprechend gelassen war sein Kopfnicken. Es tat mir fast leid, ihn zum nächsten Termin drängeln zu müssen.

Der Redaktionsraum war hell erleuchtet. Moritz mochte Scheinwerferlicht. »Ich möchte Sie unserem Starreporter Moritz König vorstellen ...« Moritz erhob sich aus dem Sessel, ohne sein iPhone abzulegen, und grinste breit. »Sehr erfreut, Mr. Konfuzius! Ich habe schon viel von Ihnen gehört!« Er grinste noch eine Spur verbindlicher. Jedes Kind hätte nun auf seinen Spitznamen kommen können: Grinsekatze, Cheshire Cat. »Uralter Industrie-Adel«, informierte ich Konfu flüsternd, »Pfannenbeläge, Teflon, ›Non-Stop Non-Stick‹, sagt

Ihnen das was? Na, ist ja auch egal, er mag es jedenfalls gern kurz und knackig. Werden Sie gleich merken.«

Mr. Konfu nickte. Es war offensichtlich, dass ihm Moritz König nicht sonderlich sympathisch war. »Sehr geehrter Herr …« – »Konfu«, sprang ich ein, »ihr müsst nicht so förmlich bleiben.« – »Sehr geehrter Herr Konfu …«, Moritz König blickte erst gar nicht von seinem Tablet hoch. »Kurz zur Vorgehensweise: Ich möchte Ihnen gerne hundert Fragen in hundert Sekunden stellen. *I like it short!* Thema ist … warten Sie, Thema ist: Das Alter als philosophische Herausforderung. Ich weiß«, wehrte er einen imaginären Einwand ab, »das wird in exakt hundert Sekunden schwerlich zu machen sein, aber es ist eine Richtlinie für Sie, ganz spontan und intuitiv zu antworten. *Fast feeding*, das mögen unsere Leser. Thematisch müssen Sie sich nicht gebunden fühlen. Antworten Sie einfach, aus dem Bauch, mit dem Bauch, wie Sie wollen. *Starting now!*« Konfuzius nickte. Moritz blickte kurz hoch und sah ihn herausfordernd an. »Erste Frage: Warum tue ich das hier?« – »Weil Ihnen nicht eine einzige kluge Frage einfällt. Also müssen Sie hundert stellen.« – »Nein, *sorry*, ich meinte: Warum tun Sie das hier?« Moritz richtete seinen Zeigefinger wie eine Pistole auf Konfus Brust. »Weil Ihnen nicht eine kluge Frage einfällt, deswegen muss ich Ihnen …« – »Verstehen Sie überhaupt, was ich Sie fragen will?« Moritz König tippte mit allen zehn Fingern entnervt auf seinem Tablet. »Aber ja«, entgegnete Konfu, »Sie wollen mir hundert dumme Fragen stellen, weil Ihnen nicht eine kluge Frage einfällt. Ihnen fehlt die Neugier, deswegen simulieren Sie Neugier. Eigentlich wollen Sie nur sich selbst zuhören!« Moritz König blickte Hilfe suchend zu mir. Ich zuckte nur mit den Achseln. Die Andeutung eines Schmollmundes verdickte Königs Gesicht noch ein wenig mehr. Die Grenze der Aufblasbarkeit musste gleich erreicht sein. »Sie wollen nicht mitspielen???« – »Die Frage ehrt die Antwort, nicht umgekehrt!« – »Essen Sie Hunde?« – »Natürlich esse ich Hunde, wenn sie fett genug sind. Essen Sie Schweine?« Moritz König überging die Frage. »Es heißt, Sie haben nur zweiundsiebzig Anhänger.« – »Jeder von ihnen ist ein Freund.« – »Sie sind nie zu Vermögen gekommen wie andere Denker?« – »In allem nur dem eigenen Vorteil nachzugehen bringt viel Ärgernis.« – »Kennen Sie das Buch ›Gelassenheit im Alter‹? Sind Sie neidisch auf den Autor?« – »Um Neid ist keiner zu beneiden.« – »Sie selbst haben in letzter Zeit nur sehr wenig geschrieben. Fällt Ihnen nichts mehr ein?«

Schweigen. Konfu musterte Moritz König eindringlich und stellte mit sehr leiser Stimme fest: »Sie sind sehr hässlich angezogen. Denken Sie schlecht von sich selbst?« – »Na ja, über Geschmack lässt sich ja bekanntlich streiten«, versuchte ich zu moderieren, denn ich kannte Königs reizbares Temperament. »Keineswegs«, erwiderte Konfu mit leiser, aber eindringlicher Stimme. »Über Geschmack lässt sich niemals streiten. Ein Jüngling ist kein Kind, und ein Mann kein Jüngling, und ein Greis zieht sich nicht an wie ein Knabe, es sei denn, er möchte nicht erwachsen werden!« – »Muss ich mir nicht bieten lassen!«, grummelte Moritz König, der stolz darauf war, noch mit fünfzig Chucks zu tragen. »Mein Alter tut hier gar nichts zur Sache. Wer von uns beiden ins Berghain kommt, dürfte ja wohl auch klar sein!« – »Haben Sie Kinder?«, fragte Konfuzius mit himmelwärts gewendetem Blick, was Moritz König sichtlich irritierte. Er war es gewohnt, dass man ihn ansah. »Ich habe hier hundert Fragen, und er hat noch nicht mal zehn beantwortet. Der Mann ist doch senil. Kann sich überhaupt nicht konzentrieren.« Moritz König bekam einen hochroten Kopf. Sein Ego pumpte Adrenalin. »Senil!« Offenbar drohte ein cholerischer Anfall. »Senil!«, schrie er uns hinterher, denn ich beeilte mich, Konfu aus dem Interviewzimmer zu ziehen. In der Tür drehte er sich noch einmal um und fixierte Moritz König mit einem besorgten Blick. »Dieses Tempo, das Sie da an den Tag legen, ist nur Zeitvergeudung, kein Gewinn. Tempo ist die Geschwindigkeit, mit der Sie sich von der Wahrheit entfernen! Nehmen Sie sich ein Beispiel an Dorian Gray! Einen schönen Tag noch.« Er schloss sanft die Tür hinter sich, als ob er so das Gebrüll im Zimmer herunterdimmen könnte.

»Warum haben Sie ihn so auflaufen lassen? Der Typ ist nicht ungefährlich, wenn er wütend wird«, flüsterte ich und zog ihn rasch zum Notausgang. Es hatte schon Interviews gegeben, in denen Moritz König die Fragen aus seinem Gegenüber herausgeprügelt hatte, weil der nicht schnell genug mit seinen Antworten gewesen war. Konfu zuckte mit den Achseln. »Ich wollte ihm etwas zum Nachdenken geben. Er schien ein wenig ausgehungert, hier oben, wenn Sie wissen, was ich meine.« Er tippte sich an die Stirn und lächelte mir verschmitzt zu. »Aber er kann sich sehr schön über andere aufregen. Das Wesen der Altklugen ist es, stets Antworten zu haben und keine Fragen. Oder viel zu viele Fragen. Der kleinste Kreis des Wissens ist der, der um sich selbst gezogen wird.« – »Na, da kann ich nur sagen: Willkommen in Berlin, der Hauptstadt der Altklugen!« Ich brachte Konfu im Taxi zum Hotel und versprach ihm, in der Lobby zu warten, bis er sich ein wenig frisch gemacht hatte.

»Sie haben nur noch drei Termine heute!«, begrüßte ich ihn eine halbe Stunde später. Konfu ließ sich in den Sessel fallen. Er wirkte nun doch ein wenig erschöpft. »Jetzt gleich erwartet uns die Verlegerin in der Bar. Aber zuvor wird uns ihre Cheflektorin noch ein paar«, ich hüstelte verlegen, »Tipps für den Umgang geben. Die Verlegerin ist keine einfache Person!« – »Wozu?«, fragte Konfu. »Wozu die Tipps? Wie gesagt, die Verlegerin ist keine …« – »Wozu will sie mich treffen?« – »Sie will ein Buch mit Ihnen machen.« – »Es gibt schon so viele Bücher.« – »Richtig. Aber sie will ein ganz besonderes Buch mit Ihnen machen.« Ich räusperte mich. »Kennen Sie eigentlich ›Die fünf Tibeter‹?« Konfus Miene versteinerte. »Ich äußere mich nicht politisch!« – »Das sollen Sie auch nicht! Ich meine natürlich das Buch über die ewige Jugend!« – »Die ewige Jugend gibt es nicht!«, erklärte er abweisend. »Natürlich nicht«, begütigte ich, »aber es gibt doch Übungen, die das Leben verlängern! Der Dalai Lama wirkt doch noch sehr fit für sein Alter. Das hat er bestimmt den berühmten tibetischen Übungen zu verdanken.« – »Philosophen turnen nicht«, beschied Konfu knapp. »Und von dergleichen Übungen habe ich noch nie gehört!« – »Aber wir könnten dennoch darüber schreiben«, ermunterte ich ihn. »Es wäre doch eine feine Sache, zwei, drei weitere Tibeter zu Wort kommen zu lassen. Im Interesse der Volksgesundheit!« Ich lächelte werbend, aber Konfus Miene blieb ablehnend.

Natürlich hätte ich ihm auch direkt die Wahrheit sagen können. Wie immer bei diesen Themenkongressen hatte der Chefredakteur sofort beim Verlag anfragen lassen, ob nicht Interesse an einer gemeinsamen Aktion gegen das Altern bestehe, zum Wohle der Leser selbstredend. Der Kongress als

Buch, das Buch als Serie in der Zeitschrift, die Reaktionen der Leser als Buch und so weiter. Aber dieses Joint Venture zwischen Zeitung und Verlag schien mir nun doch zu kompliziert, als dass ich es ihm in drei Sätzen hätte erklären können.

»Das würde ein ganz besonderes Buch werden. Eins, das den Menschen Mut macht, alt zu werden«, wiederholte ich mich in der Hoffnung, ihm die Sache doch noch schmackhaft machen zu können.

»Ein ganz besonderes Buch! Es gibt schon so viele ganz besondere Bücher.« – »Auch richtig. Aber sie will ein ganz ganz besonderes von Ihnen!« – »Von mir …?« Konfu strich sich grüblerisch über den Bart und sah mich sehr ernst an. »Ich denke, ich möchte diese Verlegerin nicht treffen.« – »Wieso? Andere Autoren würden auf den Knien zu ihr robben! Es ist einer der ältesten Verlage des Landes!« – »Deswegen. Ich denke, es braucht kein neues Buch. Es braucht mehr alte Bücher. Die alten Bücher sollten wieder gelesen werden. Wenn überhaupt, sollten wir über alte Bücher mit ihr sprechen. Denn über das gute Altern ist schon alles gesagt.« – »Ein sehr schöner Ratschlag für eine Verlegerin. Sie wird sich freuen.« Meine Ironie glitt an ihm ab wie Spucke an einer Schaufensterscheibe. »Ich denke, sie wird sich nicht freuen«, entgegnete Konfuzius sehr ernst, was mich darin bestärkte, dass dieser Mann einen sehr eigenen Humor kultivierte. Einen sehr einsamen Humor. »Aber ich denke, Sie werden sich freuen, wenn ich Ihnen den Vorschuss nenne, der zur Verhandlung steht.« Ich stand auf und flüsterte ihm die Zahl ins Ohr, um die Sache ein wenig dramatischer zu gestalten. Konfuzius nickte wohlwollend. »Ich freue mich darauf, die Verlegerin zu treffen.«

»Na, hier ist zumindest schon einmal ihre Cheflektorin ...«
Wie auf höheren Befehl war eben in diesem Moment Ilona
Lustig in die Lobby getreten. Eine beneidenswert kluge Frau,
die meine Avancen seit Jahren beharrlich abwies. »Hallo Ilona, schön dich zu sehen. Darf ich vorstellen ...« – »Meister
Kong, eine Ehre und Freude, Sie zu treffen.« Sie ignorierte
mich und ging geradewegs auf ihn zu. Konfu erhob sich aus
dem Sessel. Ilona musterte ihn mit sichtlichem Wohlgefal-
len, was mir einen unerwartet schmerzhaften Stich der Eifersucht versetzte. »Lassen Sie uns gleich über das Geschäft-
liche reden. Die Chefin erwartet uns in zehn Minuten in der
Bar.« Konfu nickte und setzte sich wieder. Ilona rückte ihren
Sessel neben den seinen und legte vertraulich ihre Hand auf
seine Armlehne.

»Wahrheit ist der Weg des Himmels‹, wie Sie so schön sa-
gen. Wir wollen ganz ehrlich sein, Meister Kong, Ihre alten
Bücher verkaufen sich nicht mehr sonderlich gut. *Don't worry!*
Nicht Ihre Schuld, das wissen wir, schuld ist das Publikum.
Aber ein Minus bleibt ein Minus, wer immer es verschuldet.«

Konfuzius blickte mich Rat suchend an, denn er fühlte sich
offensichtlich von ihrem wohlwollenden Lächeln ein wenig
getäuscht.

»Was sie eigentlich sagen will, ist: Sie sind ein altmodischer
Kauz, dessen Weisheitssprüche sich nicht mehr an den Mann,
geschweige denn an die Frau bringen lassen!« Mein ironisches
Dolmetschen erheiterte keinen von beiden.

»Weisheit – *sorry*«, korrigierte mich Ilona, »das klingt ein
wenig *old-fashioned*. Ihre Bücher verkaufen sich nicht mehr so
recht, *so what?* Das gilt für viele Klassiker, eigentlich für alle,
mit Ausnahme der ›Zehn Chakren‹ – oder waren es sieben,

egal!« Sie lächelte verbindlich. »Entweder nehmen wir Sie ganz aus dem Programm«, ihre Stimme wurde plötzlich sehr sachlich, »oder Sie sind bereit, sich zu modernisieren. Behutsam zu modernisieren, versteht sich. Ich habe hier ein paar Titelvorschläge: ›Klug in zehn Minuten‹, ›Sorglos klug mit Konfu‹, ›Konfuzis kleiner Senilitätscheck‹?«

»Das ist witzig«, nickte ich.»Super Titel!«

Sie lächelte entgegenkommend und schlug ihre Beine verwirrend langsam übereinander, was Konfuzius durchaus zu bemerken schien. Seltsam, ich hatte ihn für geschlechtslos gehalten.

»Was uns vorschwebt, ist eine kurze, knackige Sammlung Ihrer schönsten Sinnsprüche nach Art: ›Die Welt erobern durch Handeln, ich habe erlebt, dass das misslingt.‹ Passivität ist die neue Aktivität des Alters. Ganz klarer Trend!« Sie blätterte ihren Notizblock durch. »Oder: ›Übe dich im Schwachsein, so bist du stark.‹ Das, finde ich, kommt sehr gut! Vor allem nicht so arrogant. Das mögen unsere Leser nicht, wenn der Autor so klug tut.«

»Ein guter Wanderer lässt keine Spur zurück«, schlug Konfu hinterlistig vor.

Sie ignorierte seinen ironischen Ton und blieb ganz beim Inhaltlichen. Im Umgang mit Autoren machte ihr so schnell keiner was vor. Deren Eitelkeiten verbuchte sie einfach als unvermeidbare Beigabe der Bücher. »Nein, zu pilgermäßig. Abgegessen!« Sie schüttelte unwillig den Kopf. Eine hungrige Löwin auf Beutezug. Leider schien ihr mein bewundernder Blick völlig zu entgehen.

»Was in mir steckt, wird nie entdeckt!«, schlug ich vor, um mich auch ein wenig einzubringen.

»Ist das von Ihnen?« Sie gönnte mir keinen Blick und tätschelte stattdessen Konfus Hand, die sich in der Sessellehne verkrallt hatte. »Oder von Laotse?«

»Von Edith Hancke«, informierte ich die beiden, »Schauspielerin, leider verstorben, sehr beliebt hier in Berlin.« Aber die beiden hatten nur noch Augen für sich.

»Die sieben Weisheiten des Konfuzius«. Was bitte ist an meinem alten Titel auszusetzen?« Konfu lächelte höflich und deutete mit einem kurzen Nicken des Kopfes an, dass er gewillt war, den Kampf aufzunehmen. Widerstandslos wollte er sich offenbar nicht in das neue Marketingkorsett zwängen lassen. Ilona schätzte Gegenwehr, solange sie nicht zu lange währte.

»Schlechter Titel. Zu lang. Daraus könnten wir allenfalls einen Kalender machen. Aber das Jahr hat nun mal zwölf Monate. Also – wenn, dann ›Die zwölf Weisheiten des Konfuzius‹.« Ilona hob entschuldigend die Hände. »*Sorry,* die Zeiten ändern sich!«

»Weise Greise‹ – könnten Sie sich damit anfreunden?« Konfu bemühte sich um Ironie. »Das ist kurz und informativ. Der Leser weiß dann sofort: Es geht ums Altern. Aber um ein Altern ohne Schrecken.«

Ihre Hand tätschelte die seine mit der Beharrlichkeit einer Hospizschwester. »Nicht emotional werden! Denken Sie in Ruhe über meinen Vorschlag nach! Daraus ließe sich übrigens auch ein wunderbares Drehbuch für eine Doku destillieren: ›Die zwölf Monde des Konfu!‹ Nein, nein, kein Autorenfilm, eine Art Lebensbeichte. So im Stil: ›Meine letzte Reise‹. Apropos Film, ich fürchte, es ist eine Art Running Gag, aber sind Sie mit Ai Weiwei verwandt? Sie sehen ihm sehr ähnlich. Ein wenig schlanker, Kompliment. Kennen Sie ihn denn persönlich, Ai Weiwei?«

»Nur, weil ich Chinese bin?«

Sie schien seinen Einwurf überhört zu haben. »Wissen Sie, ob er an einem neuen Buch arbeitet?« Sie strahlte ihn an. »Bringen Sie uns den Mann in den Verlag, und wir verlegen auch Ihren kleinen Ratgeber über das Altern! Wäre das ein Deal in Ihrem Sinn?« Das Schweigen zog sich in eine sehr peinliche Länge. »Haben Sie eigentlich Kinder?« Konfu blickte sie neugierig an. »Ein wenig mehr familiäres Verantwortungsbewusstsein würde Ihnen guttun! Gerade auch im Hinblick auf Ihre Autoren.« – »Meinen Sie?« Ilona sah auf ihre Uhr. Es war offensichtlich, dass sie ihm nicht zugehört hatte. »Ich denke, es ist jetzt Zeit, die Chefin zu treffen. Sie hasst Unpünktlichkeit bei anderen.«

Ich hakte Konfu unter und ließ Ilona voranschreiten. »Bitte, bitte«, flüsterte ich, »thematisieren Sie jetzt nicht das Alter! Oder Kinder! Oder Kinder im Alter!!! Bitte! Die Verlegerin ist Witwe!« Er lächelte mich von der Seite an. Ein sehr müdes Lächeln. Ich wusste, es würde kein neues Buch geben.

Die Verlegerin war wie immer ganz in Schwarz gekleidet. Ein Hosenanzug im Stil Marlene Dietrichs. Einziger Schmuck: eine Stoffrose im Haar. Sie lehnte versonnen an der Bar, wobei ich mir sicher war, dass sie diese Pose kurz zuvor mit Bedacht eingenommen hatte.

»Lehrmeister Kong! Welche Freude, Sie in meiner Hauptstadt begrüßen zu dürfen.«

Konfu streckte ihr seine Rechte entgegen, die sie energisch mit beiden Händen ergriff, um ihn gleich sehr nah an sich heranzuziehen. Augenscheinlich missfiel ihm der körperliche

Kontakt, was sie persönlich aber gar nicht wahrzunehmen schien.

»Wir beide sind ja sehr eins in unserem Dichten und Trachten. Ich denke wie Sie sehr intensiv über das Leben nach – und über das Alter.« Sie machte eine Pause, schürzte die Lippen, aber er ließ sich die Chance zum Kompliment entgehen. »Vielleicht haben Sie ja zufällig eins meiner Bücher gelesen.« Wieder Pause, wieder schürzte sie die Lippen, wieder ließ sich Konfu die Chance entgehen. »Oh, schade …« Sie sah streng zur Lektorin, als hätte die es versäumt, ihn in der Kunst des Kompliments zu unterrichten.

»Wir begrüßen es ja immer sehr, wenn sich die Autoren um den Geist des Verlages bemühen. Die große Tradition unseres Hauses …« Pause. Sie wollte ihm offenbar die Gelegenheit zum Duett eines Lobgesangs geben. Konfu lächelte sie an und schwieg. Langsam zog er die Hand aus dem Schraubstock ihrer Umklammerung. Diese Renitenz schien ihr zu imponieren.

»Es heißt, Sie kennen George Clooney und sind gut Freund mit Richard Gere? Stimmt es, dass Madonna mit Ihnen ein Shaolin-Video drehen wollte? Oder wurde ich da wieder einmal falsch informiert?« Strafender Seitenblick auf Ilona. »Ohne Yoga wäre ich in meinem Job ja völlig tot. Seelisch wie körperlich.« Sie schürzte einmal mehr die Lippen. Aber Konfuzius war nicht gewillt, sich auf ihr werbendes Spiel einzulassen. Er verschränkte die Arme und blickte sie einfach nur an. Die Verlegerin trippelte unruhig auf der Stelle.

»Wie aufregend Sie schweigen können! Wussten Sie übrigens, dass wir darüber nachdenken, ein Meditationszentrum zu gründen, in dem vierundzwanzig Stunden am Tag meine

Texte gelesen werden? Natürlich auch die anderer Autoren, sofern sie dem *spirit* des Hauses verpflichtet sind. ›Meditation ist immer auch Mediation‹, sagte mein Mann, mein verstorbener Mann, dessen schweres Erbe ich angetreten habe.« Sie massierte leicht ihre Schläfen.

Konfuzius schwieg. Die Verlegerin sah Hilfe suchend erst zu Ilona, dann zu mir. Sie schien ein wenig verloren, denn Selbstgespräche, die nicht von Beifall unterbrochen wurden, war sie nicht gewohnt. Ich winkte mit dem Zeigefinger den Fotografen heran, aber diese Geste schien sie als Imitation eines Schwanzwedelns misszuverstehen. Ein Strahl der Erkenntnis erhellte ihr Gesicht.

»Sagen Sie, es geht das Gerücht, Sie essen Hunde! Das finde ich sehr animalisch, geradezu kannibalisch, und irgendwie sehr interessant anthropologisch. Verwirrend interessant!« Sie starrte an die Decke. In dieser Pose würde sie jetzt eine Weile verharren. Der Fotograf begann zu knipsen.

»Stellen Sie sich einfach dazu!«, bat ich Konfuzius. »Lächeln Sie und fragen Sie sie bitte nicht nach ihren Kindern!«

Ilona klatschte in die Hände. Die Verlegerin erwachte wie aus einer Trance, winkte den Fotografen weg und wandte sich ernüchtert an Konfuzius: »Schade, dass Sie so wenig lesen. Ich werde Ihnen eins meiner Bücher schicken lassen«, und schon war sie hinausgerauscht. Konfuzius sah ihr verwirrt hinterher.

»Eine bemerkenswerte Frau, nicht wahr?« Ich bemühte mich um ein dezentes Augenzwinkern, aber Konfu schien es nicht zu bemerken. »Vielleicht werden Sie beide ja doch noch die besten Freunde. Sie hat Ihnen die Tür zu ihrem Herzen jedenfalls weit geöffnet – und die zu ihrem Meditationszentrum der angewandten Achtsamkeit auch.«

Mein Handy klingelte. Die Nummer verhieß nichts Gutes. Die Nachricht, die mir die Sekretärin des Chefredakteurs übermittelte, war kurz und klar. »Das Abendessen mit der Gattin des Chefredakteurs und einigen ausgewählten Mitgliedern des Rotary Clubs ist abgesagt.«

»Lassen Sie mich raten.« Konfu rieb sich mit der Hand über den Magen. »Weil ich hin und wieder Hunde esse?«

»Exakt!« Ich nickte sehr würdevoll und rieb mir ebenfalls mit der Hand über den Magen. Konfu rieb ein wenig schneller, als wollte er einen Wettbewerb in buddhistischer Selbstgefälligkeit austragen.

»Spüren Sie es auch?«

»Ich spüre es auch!«, echote ich. »Hunger!«

»Dann lassen Sie uns eine Currywurst essen gehen! Ich habe mir sagen lassen, in denen sei auch immer ein wenig …«

»Still!«, unterbrach ich ihn. »Wagen Sie es nicht, auch nur zu denken, was Sie gleich verdauen!«

Wir winkten ein Taxi heran und ließen uns zu Konnopkes Imbiss fahren. Da standen wir dann, stocherten in unseren Pappschalen, tunkten Pommes in Ketchup und staunten über das Gedränge der Touristen. Keiner scherte sich um Konfus seltsames Äußeres. Im Gegenteil, jeder tat so, als müsste er ihn genau deshalb übersehen.

»Was unternehmen wir jetzt?« Konfus Appetit schien ebenso groß wie seine Ausdauer. Er schielte ganz unverhohlen auf meine halbe Wurst. Mir selbst war irgendwie die Lust vergangen. Ich zuckte mit den Schultern und schob den Pappteller in seine Richtung. »Wir haben noch zwei Stunden Zeit bis zur Talkrunde im Deutschen Theater. Sie dürfen wählen!«

»Mein Wunsch wäre: Lassen Sie uns ein wenig auf dem Friedhof spazieren gehen. Ich möchte gern einen alten Bekannten besuchen.«

»Warum nicht?«, stimmte ich zu. »Nach einer Currywurst ist mir ohnehin immer melancholisch zumute.«

Konfu sprang auf die Straße. Das Taxi bremste scharf ab. »In die Chausseestraße, bitte. Zum ›Dorotheenstädtischen Friedhof‹.« Er schien sich auszukennen. Nicht so der Taxifahrer, der Friedhöfe offensichtlich nicht als *Points of Interest* führte und einen lukrativen Umweg übers Brandenburger Tor wählte. Uns beiden war es gleich. Wir hingen unseren Gedanken nach. Ich rätselte, welches Grab er besuchen wollte. Prominenz gab es dort ja zuhauf, von Hegel bis Heiner Müller.

Es war früher Abend, die Sonne schien ein wenig kühl durch die frühlingsgrünen Blätter, und Besucher waren kaum noch zu sehen. Konfu schritt geradewegs auf die Mitte des Friedhofes zu, als wäre er diesen Weg schon Dutzende Male gegangen. »Bin ich auch«, gestand er mir augenzwinkernd. »Mit Google-Walk und Google-Funeral finden Sie jedes Grab der Welt. Kleine Sonderfunktion für Nekrophile.« Sein Gesicht erstarrte zu einer undurchdringlichen Maske, was mich vermuten ließ, dass er wieder einmal seine Späße mit mir trieb. Oder er war in Trauer erstarrt. Er blieb vor einem Grab stehen, das zwei Steine zierten, faltete die Hände vor dem Bauch und wartete geduldig, bis ich aufhörte, ihn anzustarren. Dann wies er stolz nach vorn. »Wussten Sie, dass er stets ein Bild von mir bei sich hatte, selbst in der Emigration? Wussten Sie das?«

»War es nicht ein Bild von Laotse?«, fragte ich zweifelnd nach. »War es nicht dessen ›Bibel‹, die er immer bei sich führte?«

»Das Buch des Alten vom Sinn und Leben« meinen Sie? Nun gut, das Buch ist natürlich nicht von mir, auch der Titel ist vom Übersetzer. Und Laotse selbst ist, wie Sie vielleicht wissen …«

»Lassen Sie mich raten – eine Erfindung von Konfuzius?«

»Ganz recht. Der Legende nach war Laotse ein kaiserlicher Archivar und Bibliothekar«, monologisierte Konfu. »Es wird erzählt, dass Konfuzius ihn aufgesucht habe, um von ihm zu lernen, aber da hatte er sich angeblich schon auf den Weg gemacht.« So berichtet zumindest Meister Wiki. »Um den Wirren der Zeit zu entfliehen, wollte sich Laotse in die Einsamkeit der Berge zurückziehen. Aber der Zöllner des Bergpasses ließ ihn nicht weitergehen …«

»Er wollte Geld?«

»Schlimmer, er wollte seine Geschichte. Er wollte wissen, warum Laotse sein Leben für die Weisheit geopfert hatte. Er wollte den Beweis, dass er wirklich einen alten Weisen vor sich hatte und nicht nur einen greisen Wirrkopf. Offensichtlich langweilte er sich in den Bergen.«

»Klingt sehr pädagogisch!«

»Klingt sehr erfunden, und das ist es auch! Aber die westlichen Missionare, die damals unsere Legenden und Lehrtexte übersetzten, nahmen alles für bare Münze, was ihnen unsere Lehrer erzählten.«

»Die Geschichte ist tatsächlich nur erfunden?«

»Was heißt ›nur‹? Können Sie sich einen besseren Beweis ihrer Wahrheit vorstellen?« Ich hob hilflos die Hände, er fuhr dennoch fort zu erzählen, wohl in der Hoffnung, dass mein Verständnis seinen Worten nicht allzu sehr hinterherhinken würde. »Die Geschichte ist von Konfuzius erfunden, oder sagen wir besser: Er hat sie konstruiert. Es ist die älteste und noch immer wirkungsvollste Form einer Eignungs- und Altersprüfung. Ein Senilitätscheck, wenn Sie so wollen ...«

»Ein was bitte?«

»Ein Senilitätscheck, ein Vergreisungstest für Philosophen und Denker aller Art zwecks Überprüfung ihrer Vermittelbarkeit.« Mein Unverständnis schien ihn zu amüsieren. Prompt verstärkte er seinen belehrenden Tonfall.

»Im Grunde ganz einfach. Wann immer ein sehr kluger Mann zu Konfuzius kam und seine Klugheit bestätigt wissen wollte, schickte Konfuzius ihn wieder weg. Nicht der Kluge erkenne den Klugen, war sein Credo, da sei immer zu viel Missgunst im Spiel. Kein weiser Mann erträgt einen noch weiseren an seiner Seite, wohl aber der Durstige den Wasserträger. Das ist ein Bild«, beeilte sich Konfu, mir zu erklären. »Der Durstige steht für den Wissensdurstigen!«

»Schon kapiert«, murmelte ich, was Konfu mit einem freudigen Nicken quittierte, denn er konnte fortfahren.

»Er, der weise Mann, möge also bitte durch die Stadt wandern, oder übers Land, und den Nächstbesten ansprechen, einen Menschen, der nicht mit ihm verwandt oder verschwägert sei, der ihn weder kenne, noch je von ihm gehört ...«

»Eine Zufallsbegegnung, verstanden, verstanden«, unterbrach ich ihn. Für ganz so dumm wollte ich mich ja auch nicht verkaufen lassen. »Wie dieser Grenzer ...«

»Exakt. Wie dieser Grenzer. Wobei dieser Grenzer natürlich mit Bedacht von Konfuzius gewählt wurde, ein Berufsbild sozusagen, denn jeder Denker überschreitet eine Grenze, die zum Vergessen oder die zum ewigen Ruhm. Ein Gleichnis, Sie verstehen? Er ist nicht wirklich einem Grenzer begegnet.

Nur zu literarischen Zwecken …« Konfu legte den Kopf ein wenig schräg, als traute er mir das Verständnis des Gesagten nicht ganz zu. Ich tat es ihm papageienhaft nach und fasste seine Worte auf meine Weise zusammen. »Der Senilitätscheck besteht also darin, zu prüfen, ob es dem großen Denker gelingt, seine Lehre in kleine Worte zu fassen, die jeder versteht?«

»Genau. Denn ein Mann, der sich nicht in aller Kürze verständlich machen kann, ist entweder dumm oder ein Prahlhans oder beides. Der Test hat sich sofort in ganz China durchgesetzt. Alle Schüler der Weisheit müssen seither diese Prüfung bestehen, bevor sie sich ›Alte Meister‹ nennen dürfen!«

»Interessant! Dieser Senilitätscheck, meine ich. Worin besteht er genau?«

»Fünf einfache Fragen: Seid ihr wirklich im Fluss des Geschehens? Werdet ihr noch? Zu wem sprecht ihr? Wem nützt es, was ihr sagt? Wie handelt man, wenn man euch glaubt, was ihr sagt?«

»Sehr einfacher Test!« Ich zuckte mit den Schultern.

»Nicht so einfach, wie Sie glauben. Kinderfragen eben. Und die seien bekanntlich die schwersten, sagt Einstein, Albert Einstein!«

»Warum hat hierzulande noch keiner davon gehört? Ich meine: von diesem Test?«

»Weil ihr westlichen Denker mit wenigen Ausnahmen immer alles so wörtlich nehmt. Ihr könnt nicht in Bildern denken. Eure Philosophen sind sehr – wie soll ich sagen? – …«

»… unhöflich? Arrogant? Kopflastig? Bestimmend?«

Er überging meine Vorschläge einfach, blähte nachdenklich die Wangen auf und pustete erleichtert. »Naiv‹ ist, glaube ich, das passende Wort.« Er nickte mit der Behäbigkeit eines satten Pandas. »Wissen Sie, woran es den Menschen hier fehlt? An metaphorischer Intelligenz. Der Blick für das Eigentliche hinter dem Tatsächlichen fehlt. Hier wird alles für bare Münze genommen. Das scheint mir das Grundübel des Kapitalismus und des westlichen Denkens allgemein. Die wenigsten Denker hier würden den Test des Konfuzius bestehen. Schon weil sie so überheblich sind, erst gar nicht mit dem einfachen Mann sprechen zu wollen. Euch gilt das Wort schon als Tat, aber das Wort ist nur die Einladung zur Tat.«

»Soso.« Ich nickte duldsam. Das war mir alles ein wenig zu viel auf einmal. »Aber Brecht hat diesen Test bestanden? Oder warum stehen Sie ausgerechnet vor seinem Grab und nicht vor dem Hegels oder Fichtes?«

»Brecht hat ihn mit Bravour bestanden! Er war es ja auch, der ihn hier im Westen heimisch gemacht hat. Sie erinnern sich an die fünf Fragen? Brecht hat sie sehr eindringlich gestellt. Seine Worte laden mit sanftem Nachdruck zum Verständnis ein. Das ist sehr chinesisch gedacht. Sehr höflich, sehr bedächtig, sehr weise. Und weise wollen wir im Alter doch alle werden, oder?« Konfus Enthusiasmus reizte mich zum Widerspruch.

»Sie sind voreingenommen, weil Brecht immer ganz gern auf umgänglichen Mandarin machte. ›Der gute Mensch von Sezuan‹ und solche Sachen. Alles Propaganda! Im Grunde war er ein Politfunktionär im Dienste eines absolutistischen Staates.« Genau wie Sie, war ich versucht hinzuzufügen, konnte es aber gerade noch verschlucken. »Ein ratloser Kulturfunktionär noch dazu: ›Wir stehen selbst enttäuscht und sehn betroffen, den Vorhang zu und alle Fragen offen.‹ Das sind seine eigenen Worte!«

»Nein!« Konfu schüttelte den Kopf. »Da tun Sie ihm unrecht. Seine Hilflosigkeit ehrt ihn. Hilflosigkeit reimt sich nicht selten auf Weisheit und Alter.«

»Hört, hört, Sie denken lyrisch! Seine Gedichte, Sie mögen seine Gedichte, weil sie so schlicht gereimt sind, im Volksliedton der Akademiker!« Ich zwinkerte ihm zu, aber er blieb ernst.

»Nein. Ich muss Sie enttäuschen, obwohl er sehr schöne Gedichte geschrieben hat, die mich übrigens immer an Bai Juyi erinnern, der stets alles neu Geschriebene einer alten Bauersfrau vorgelesen hat, aber nein . . .« Er schüttelte den Kopf. »Ich verrate es Ihnen, sonst kommen wir zu keinem guten Ende: Es sind seine ›Kalendergeschichten‹! Die Geschichte ›Die unwürdige Greisin‹ insbesondere, denn die stammt ursprünglich aus China. Genau genommen war es die Großmutter von Konfuzius, von der hier erzählt wird. Also meine Großmutter.« Er lächelte verbindlich, was seine Lüge nicht glaubwürdiger machte.

»Brecht hat geklaut?« Ich bemühte mich um einen ironischen Ton, den er zu überhören schien.

»Das dürfte doch keine Überraschung für Sie sein. Aber ich würde es anders formulieren: Er hat sich mit Erfolg um unser Wissen bemüht!«

»Die Geschichte von der unwürdigen Greisin?« Ich gab mich nachdenklich, so, als wäre der Inhalt mir gerade erst entfallen, dabei hatte ich Brecht seit meinen Schultagen nicht mehr gelesen.

»Eine alte Dame, aus keineswegs reichem Haus, beschließt nach dem Auszug der Kinder und dem Tod des Mannes, all das zu tun, was ihr früher nicht möglich war. Sie geht ins Kino, ins Tanzcafé, verschwendet ihr Geld und beginnt ein vollkommen anderes Leben zu leben.«

»Spannend erzählt«, bemerkte ich spöttisch. »Aber tun das nicht alle Witwen heutzutage? Längst vergangene Feste feiern?«

»Es ist eine sehr kurze und eine sehr traurige Geschichte, denn sie erzählt von der Uneinholbarkeit der Zeit. Auch wenn es so scheinen mag, als würde sie im Alter ihre Jugend wiederfinden – ihre Zeit ist längst vorbei. Und auch wieder nicht, denn ihr Mut gibt uns den Mut, nicht vor der Zeit zu altern. Es ist unser eigener Entschluss, wann wir uns zum Altmetall rechnen, so sagen Sie doch hier?«

»Zum alten Eisen. Aber wie auch immer, ist das die Lehre, die daraus zu ziehen ist?« Ich runzelte die Stirn. Das schien mir ein wenig dürftig.

»Die Lehre, die daraus zu ziehen ist: Ich bin alt, aber nicht überholt!«, zitierte er in lehrbuchhaftem Ton.

»Das ist von Laotse?«, fragte ich neugierig.

»Nein, das ist von Arnold Schwarzenegger! Den mögen wir sehr in China.«

Mein fragendes Stirnrunzeln erfüllte ihn mit großer Heiterkeit.

»Arnold gibt nicht vor, ein anderer zu sein, als er ist. Diese Bescheidenheit mögen wir.«

»Das ist wahr«, bestätigte ich, »er ist wirklich kein guter Schauspieler! Das mag ich auch an ihm! Das macht ihn lustiger, als er ist. Sehr chinesisch gedacht, oder?«

Wir lachten lauthals, was sich sofort als großer Fehler herausstellte. Denn wie aus dem Nichts eilte plötzlich ein Mann in Uniform auf uns zu, sehr lang, sehr hager, sehr streng. Er hatte uns schon seit Längerem umkreist wie ein griesgrämiger Grenzer einen verdächtigen Spaziergänger.

»Wir müssen Sie bitten, den Friedhof zu verlassen. Laute Gespräche sind hier nicht erlaubt, Theaterspielen auch nicht.« Er schien uns schon die ganze Zeit beobachtet zu haben. Die Wut musste in ihm langsam hochgekrochen sein wie Lava in einem nahezu erloschenen Vulkan. Umso heftiger war der Ausbruch.

»Aber erkennen Sie den Mann denn nicht?« Ich versuchte es auf die freche Art, nämlich mit der Wahrheit. »Das ist Meister Konfuzius!«

»Sicher, und ich bin Laotse, und ich lotse Sie hiermit hinaus! Sie haben Hausverbot! Das ist hier schließlich kein Maskenball, sondern eine letzte Ruhestätte! Einen schönen Tag noch, die Herren!«

»Eigentlich tat er nur seine Pflicht«, entschuldigte ich ihn halbherzig, denn so ganz wollte mir die barsche Art des Friedhofswächters nicht einleuchten.

Mein Handy klingelte, kaum, dass wir auf die Straße getreten waren. Konfu lächelte hintersinnig. Er schien eine Ahnung zu haben. Tatsächlich, es war die stellvertretende Pressesprecherin des Deutschen Theaters. Ich stellte auf Mithören.

»Es tut mir wirklich sehr leid, auch im Namen des Intendanten, aber ich muss Sie bitten, den Herrn Konfuzius heute Abend nicht zu dieser Podiumsveranstaltung mitzubringen. Es gab Twitterwarnungen im Vorfeld über mögliche Störungen, auch gewaltsame.«

»Ein Shitstorm droht«, flüsterte ich Konfu zu. »Und der offizielle Grund der Ausladung?«, fragte ich sehr artikuliert nach.

»Äh, ohne dem Herrn Konfuzius zu nahe treten zu wollen, aber er ist einfach zu alt.«

»Bitte?« Ich tat entrüstet. »Das kann doch nicht der wahre Grund sein. Ich meine, deswegen wurde er eingeladen!«

»Das Alter bezieht sich nicht auf seine Person, sondern auf seine Position.« Verlegenes Hüsteln. »Seine Position ist überholt. Nicht mehr Stand der Forschung. So denken alte Menschen heute einfach nicht mehr!«

Offensichtlich las sie die Vorwürfe nur ab.

»Er ist ein Repräsentant des reaktionären Chinas. Er vertritt ein Denken ohne Denken. Anders als Ai Weiwei. Er ist frauenfeindlich. Und er war nie in Tibet. Das ist alles!«

Das Schweigen in der Leitung schien endlos.

»Ist das wirklich alles?«, insistierte ich.

»Nun ja«, hüstelte sie, »es gibt da noch ein böses Gerücht, was seine Essgewohnheiten anbelangt …«

»Ich werde ausgeladen, weil ich Hundefleisch mag?«, fragte Konfu belustigt dazwischen.

Ich nickte nur und legte auf. Verlegen kratzte ich mich am Kopf. Wir sind schon verdammt schlechte Gastgeber, ging es mir durch den Kopf. Unhöflich und altklug. Aber das wollte ich so offen dann doch nicht zugeben.

»Sind Sie ungehalten?«, fragte ich stattdessen mit gespielter Unverbindlichkeit.

»Nein.« Konfuzius schüttelte bedächtig den Kopf. »›Ungehalten‹ ist das unpassende Wort. Ich bin nur ein wenig besorgt, weil unser aller Denken so zwanghaft geworden ist. Der Herdentrieb ist der stärkste aller Triebe, und er scheint immer stärker zu werden, je moderner die Welt wird. Eine Art *gold rush* ins Gedankenlose. Wir stürmen blindlings in die

Zukunft und lassen alles Ererbte zurück. Da bleiben wir Alten auf der Strecke! Es sei denn, wir geben uns anpassungswilliger, als wir tatsächlich sind. Aber das wirkt immer sehr komisch.«

Wir setzten uns in ein Café gegenüber dem Friedhof, streckten die Beine aus, so lang es ging, und bestellten beide ein großes Pils.

»Darf ich Ihnen jetzt auch mal eine Frage stellen?« Konfuzius prostete mir zu. Er schien deutsches Bier sehr zu mögen. »Wie kamen Sie eigentlich auf mich? Philosophen meines Alters werden doch gar nicht mehr gebraucht in diesen vergesslichen Zeiten.« Konfuzius wischte sich behaglich den Schaum von den Lippen.

»Sie waren der Letzte in der Liste. Der Kostengünstigste. Ai Weiwei war einfach zu teuer.«

Meine Verlegenheit schien ihn zu erheitern. Er nahm einen tiefen Schluck und rülpste behaglich, was die Damen am Nachbartisch mit einem verlegenen Lachen überspielten. »Und jetzt ich«, bat ich, »darf ich auch eine Frage …?« Er nickte aufmunternd. »Sind Sie wirklich Konfuzius? Also, dass Sie es nicht sind, weiß ich natürlich. Aber heißen Sie etwa tatsächlich so?«

»›Sein Streben war, sich selbst zu verbergen und ohne Namen zu bleiben.‹ Heißt es von Laotse. Natürlich bin ich nicht Laotse, obwohl ich die Rolle auch spielen kann. Nicht so gut wie die des Konfuzius, zugegeben. Mein richtiger Name ist Mei Lanfang. Ich bin Schauspieler von Beruf. Leider arbeitslos die meiste Zeit. Seit vielen Jahren gilt das Alte auch in meinem Land nichts mehr. Uns ergeht es nicht besser als Ihnen. Aber in China ist es mittlerweile ein beliebter Partyscherz, bei den großen Feiern der neuen Reichen einen der Alten zu Gast zu bitten. Das Eventbusiness boomt. Es hat sich mittlerweile bis nach Hongkong ausgeweitet, ja sogar bis nach Amerika. Und jetzt auch Europa! Sie sind mein erster Kunde hier! Mein großer Dank gebührt Ihnen!« Er beugte devot den Kopf. Ganz Schauspieler eben. Ich applaudierte. Die Damen am Nachbartisch taten es mir nach.

»Mein großes Kompliment an Sie. Sehr gut gespielt!«

»Danke!« Er verschränkte die Hände über der Brust und beugte sich nach altchinesischer Sitte vor. »Danke!« Eine weitere Verbeugung galt dem Nachbartisch. »Danke!«

»Ist gut, ist gut!« Ich tätschelte beruhigend seinen Arm und bestellte noch zwei Bier. »Jetzt, da wir so offen sprechen: Wie alt sind Sie eigentlich wirklich?«

Er lachte lauthals.

»Nun, wie alt sehe ich denn aus?«

»Wie knapp sechzig«, schätzte ich wohlwollend.

»Korrekt. Finden Sie, ich wirke zu jung für die Rolle?«

»Keineswegs, keineswegs. Und äh«, ich stotterte ein wenig herum, »warum haben Sie jeden gefragt, ob er Kinder habe?«

»Weil es die ehrenvollste Pflicht ist, anderen den Platz zu überlassen, den man selbst so lange eingenommen hat.«

»Das heißt, Sie glauben an das, was Sie sagen?«

»Der Wissende redet nicht. Der Redende weiß nicht.« Er zog eine Grimasse.

»Das werde ich dann mal so meinem Chefredakteur mitteilen.« Ich tat es ihm gleich und grimassierte wie ein alter chinesischer Dämon.

»Tun Sie das! Und denken Sie immer daran: Was alt ist, wird neu werden.«

»Wo Sie das gerade ansprechen – könnten Sie mir nicht«, ich nahm all meinen Mut zusammen, »könnten Sie mir nicht, sozusagen zum Abschied, auf die Schnelle sieben Tibeter aufzählen? Verjüngungsübungen für den Kopf, mentale Gymnastik, metaphysisches Brainwarming? So was können Sie doch aus dem Nähkästchen zaubern!«

Konfu sah mich an, als würde er mich in diesem Moment zum ersten Mal wirklich wahrnehmen.

»Junger Mann, Sie wollen sich auf meine Kosten einen Namen machen! Richtig?«

Ich nickte. Was blieb mir auch anderes übrig, als die Wahrheit zu sagen? »Ich will nicht mehr für die Zeitung arbeiten müssen. Ich will nicht mehr in diesen Betrieb zurück. Ich würde mich gern selbstständig machen als Autor!«

»Das kann ich verstehen.« Er nickte wohlwollend, trank sein Bier aus und hob das leere Glas. Ich schnippte nach einem neuen Getränk. Konfu lächelte dankbar und rieb sich meditierend die Schläfen, so wie er es bei der Verlegerin gesehen hatte.

»Weisheitssprüche nach der Art: Schwimme mit dem Strom der Zeit, niemals gegen ihn. Nur so erreichst du das Meer der Ewigkeit?«

»Genau!« Ich zückte begeistert meinen Stift und beschrieb den ersten Bierdeckel.

»Fliege mit den Winden der Weisheit, dann breiten sich die Flügel der Seele wie von selbst aus.« – »Wunderbar poetisch«, klang es vom Nebentisch herüber. Ich grinste und notierte. Konfuzius fand offensichtlich Gefallen an der Sache. Seine Stirn faltete sich.

»Frage dich niemals: Was hat die Zeit mit dir gemacht? Sondern: Was kannst du mit der Zeit machen?«

»Auch ganz okay!« Ich gab mich nicht allzu begeistert, um ihn noch ein wenig mehr anzuspornen.

»Achte die Alten, aber halte dich fern von ihnen … nein. Wenn es Schritt für Schritt bergab geht, geht es sich Schritt für Schritt leichter. Geht so. Es ist besser, einen schönen Tag zu erleben, als ein Jahr zu vergessen. Ganz okay ist nicht okay. Ah, ich hab's: Es ist besser, ein kleines Licht anzuzünden, als die Dunkelheit zu verfluchen.«

»Wunderbarer Mutmacher für Alt und Jung«, gab ich ihm recht. Konfu zupfte sich zufrieden an der langen Nase. Der Kellner kam und brachte das neue Getränk. Konfu blickte ihn neugierig an. Es war offensichtlich, dass der Mann gelauscht hatte und nun etwas loswerden wollte. »Nur zu!«, ermunterte ihn Konfu. »Wenn du die Absicht hast, dich zu erneuern, tu es jeden Tag!« Kaum hatte der Kellner seinen Text gesprochen, verschwand er wieder hinter der Theke.

»Wow, das nenn ich Teamwork! Perfekt!« Ich klatschte in die Hände. »Die größten Geister finden sich doch immer noch in der Gastronomie. Zwei, nur noch zwei!«

»Wecke das Kind in dir«, scholl es vom Nebentisch herüber, »dann bringst du die Greisin in dir zum Schweigen.«

»Sehr gut, sehr gut!« Konfu und ich spendeten gemeinsam Applaus. Die Damen nahmen den Beifall mit Freude entgegen.

»Nur noch ein Spruch!«, munterte ich Konfu auf, der ein wenig müde zu werden drohte. Aber sein hungriger Magen soufflierte ihm eine letzte Pointe.

»Dem Hunde, wenn er gut gewogen, wird selbst ein weiser Mann …«

»Stopp!« Ich legte streng den Finger auf den Mund. »Aber das ist von Goethe«, flüsterte Konfu. »Von wem auch immer«, entgegnete ich. »Hunde sind hierzulande tabu. Eher schon können Sie kleine Kinder essen.« Ich wies auf den Nebentisch, wo aufgeregt getuschelt wurde. Die Sympathie der Damen hatte sich in aufgeregte Antipathie verkehrt.

Wir schüttelten in stiller Eintracht die Köpfe und bestellten beide noch ein Bier. »Für Leute ohne Humor ist es schwer, das Alter zu begreifen!« Sein Beifall heischender Blick zum Nachbartisch blieb unbeantwortet. Die Damen hatten sehr streng um die Rechnung gebeten. »Getrennt bitte!« So viel Übersicht war ihnen immerhin noch geblieben. Konfu schien sich auch darüber noch amüsieren zu wollen. Ich versuchte seine Aufmerksamkeit wieder auf mich zu lenken.

»Eine einzige Frage noch, mein Lieber: Wie sind Sie selbst eigentlich so jung geblieben? So wahnsinnig jung? Mit welchen Übungen?« Ich versuchte mein Lallen in eine unauffällige Sprachmelodie zu überführen. »Wahnsinnig jung wirken Sie!«

»Weh mir, wo nehm’ ich, wenn
Es Winter ist, die Blumen, und wo
Den Sonnenschein?«

Er unterstrich sein Deklamieren mit fahrigen Gesten.

»Kommt mir bekannt vor … Kommt mir so bekannt vor!« Ich runzelte die Stirn.

»Wir Chinesen lieben Hölderlin … Er ist so …« Konfuzius rülpste erneut. Diesmal weniger aus Behagen als vielmehr aus Hilflosigkeit.

»Geheimnisvoll?«, warf ich ein.

»Nein, so schön hölderlinisch!«, kicherte Konfu. »Hier oder hier!« Er tippte an die Stirn und ans Herz. »Der Proviant für die Lebensreise, er muss im Kopf und im Herz lagern. Wissen Sie, was meine Großmutter immer sagte?« Er patschte mit seiner Hand auf meine.

»Die aus der Legende?« Ich zog meine Hand mühsam hervor und legte sie wieder auf seine.

Er nickte. »›Konfu‹, sagte sie immer, ›geh niemals dorthin zurück, wo du fortgegangen bist. Denn das ist ein toter Ort! Flieh die Zeit, solange du Atem hast zu fliehen! Aber trage niemals Jogginghosen dabei!‹«

Wir tranken noch einige Schnäpse und wurden immer klüger. Dann, als wir sehr klug und sehr müde geworden waren, ließ sich Konfu vom Taxi ins Hotel bringen, weil er seinen Beinen nicht mehr traute. Ich wollte ihn am nächsten Morgen zum Flughafen fahren, aber mir wurde gesagt, dass ihn eine ganz in Schwarz gekleidete Dame bereits in den frühen Morgenstunden abgeholt habe. Wie ich Tage später von Ilona erfuhr, verbrachten er und die Verlegerin sehr intensive Tage im Meditationszentrum »Achtsame Achtsamkeit« auf Capri, um an einem gemeinsamen Buch zu arbeiten. Aber Genaueres wollte und konnte sie mir nicht sagen. Schweigepflicht, raunte sie, von ganz oben angeordnet. Auch mir empfahl sie, über das Treffen mit der Verlegerin ewiges Stillschweigen zu bewahren, falls ich noch im Geschäft bleiben wolle.

Natürlich fand auch dieser Spaziergang nie statt, ich war nie in der Redaktion einer Wochenzeitung und niemals würde ein deutscher Chefredakteur Konfuzius mit einem Kampfsportler verwechseln. Aber immerhin ist sein Buch inzwischen erschienen, allerdings unter dem Namen der Verlegerin: »Die Goldenen Äpfel des Konfuzius. Ein Buch für und wider das Altern.« Wohl aufgrund des raschen Erfolgs dieses kleinen Achtsamkeitsratgebers hat mich Ilona vor Kurzem gebeten,

meine Gespräche mit Konfu doch bitte ebenfalls niederzu-
schreiben. Der Verlegerin würde sehr viel daran liegen, die
Lehren des Meisters einer noch größeren Leserschaft mitzuteilen. Der Zufall wollte es, dass mir der Chefredakteur ohnehin kündigen musste, weil aufgeflogen war, dass ich einige der
wütendsten Leserbriefe der letzten Zeit selbst verfasst hatte.
Geschichten erfinden fällt mir nun mal leicht. Einen Titel für
Ilona habe ich glücklicherweise auch schon parat: »Die Lehren des siebten Tibeters: Wie Sie altern, ohne zu altern.«

V. SIE WOLLEN EINEN JÜNGEREN PARTNER? SIE WOLLEN EINEN ÄLTEREN PARTNER?

Oder: Wer ist der Mann fürs Leben,
Oscar Wilde oder Dorian Gray?

Tischgespräch im Hause Johann Wolfgang von Goethes. Thema: Die Lebensalter der Liebe. Geladen sind: Oscar Wilde, der sich gerade auf dem Weg nach Capri befindet, begleitet von seinem Adoptivsohn Lord Douglas, genannt Bosie. Die amerikanische Millionärin Maude, die gerade mit ihrem Liebhaber Harold von Capri zurückgekehrt ist. Und Eckermann, dem die Pflicht des Stenografierens obliegt. Gastgeberin ist Ulrike von Goethe, vormals von Levetzow.

Es ist ein offenes Geheimnis, und Eckermann teilte es den Geladenen auch im Vorgespräch als solches mit, dass Goethe noch einmal, nach dem missglückten Anlauf zum »Faust II«, ein großes Werk schaffen will, vorläufig betitelt mit »Ein Mann von sechzig Jahren«. Ulrike hingegen sähe den Roman gern mit dem Titel versehen: »Die Frau ohne Zukunft«. Eckermann hat die Gäste auf die Differenz aufmerksam gemacht und auch auf die Spannungen zwischen dem Geheimrat und seiner jungen Frau hingewiesen und gebeten, diese bitte nicht durch allzu offensichtliche Parteinahmen zu verstärken. Was Bosie nur mit einem »Aber warum denn nicht, alter Knabe«« quittierte, wobei er Eckermann jovial auf die Schulter klopfte. Eine Tätlichkeit, die den Sekretär nur noch würdevoller dreinblicken ließ.

Das Essen, unterrichtete Eckermann, sei auf acht Uhr angesetzt, so-
dass noch eine gute Stunde Zeit für einen Spaziergang im Garten oder
zum Plaudern im Salon bleibe. Die Lebensalter der Liebe, so sei das
Thema des Tischgesprächs, rief er jedem Einzelnen noch einmal eindring-
lich ins Gedächtnis. Denn Goethe schätze es gar nicht, fügte er hinzu,
wenn einfach nur so drauflosgeplappert würde bei Tisch. Aber es bleibe
ja noch ein wenig Zeit, sich Gedanken zu machen. Plattitüden, gab er
flüsternd zu verstehen, würden den Gastgeber im Übrigen noch viel
mehr verdrießen als bescheidenes Schweigen. Goethe zu lauschen sei al-
lemal verständiger, als Goethe belehren zu wollen.

»Der Frühsommer zeigt seine kühle Schulter, aber es ist wind-
still und trocken; wer also flanieren möchte, dem sei hiermit
die freundliche Erlaubnis erteilt.«

Bosie starrt Eckermann interessiert an: »Seltsames Sprechen, greisenhafter Jüngling! Aber nicht uncharmant, der
Tonfall und das Äußere.« Er zwinkert ihm zu. »Ich hatte mir
Goethes Sekretär noch steifer vorgestellt, noch sekretärhaf-
ter, wenn ich das sagen darf, wie diesen Vogel *Sagittarius ser-*
pentarius, so hatte ich mir dich vorgestellt, aber so wirkst du
gar nicht. Wir duzen uns doch hier, oder? In dieser Warte-
halle des Jenseits. Rauchst du? Ich meine, rauchst du richtig?
Willst du einen Joint?«

»Danke. Ich weiß ein Kompliment zu schätzen, auch wenn
es zur Unzeit kommt.« Eckermann übergeht die Frage nach
dem Rauchen, verbeugt sich kurz und wendet sich an die übrigen Versammelten. »Wer nun also in den Garten gehen möchte …«

»Das machen meine Gelenke nicht mehr mit.« Maude ächzt
vernehmlich. »Kann hier einer in diesem Geisterhaus einen

anständigen Wodka-Martini mischen? Dann sollte er es jetzt tun!«

Ulrike hebt zaghaft die Hand. »Wenn Sie einverstanden sind, würde ich es gern probieren.«

»Du, Kindchen? Wo solltest du das denn gelernt haben? Bei ›Mad Men‹?«

»Ich lese sehr gerne, vor allem amerikanische Literatur, auch wenn Wolfgang das nicht sonderlich schätzt.«

»Kann ich mir denken!« Maude seufzt, nachdem sie einen abschätzigen Blick auf den sehr gravitätisch durch den Raum schlurfenden Geheimrat geworfen hat. »Täusch ich mich, oder ist er ein wenig alt geworden, dein Johann, alt und schwerfällig? Na komm, dann lass uns mal an die Bar gehen. Nirgendwo lässt sich die Welt besser überblicken!«

Maude macht sich mit den Gläsern zu schaffen, während Ulrike sehr sacht und lautlos Eckermann applaudiert, der wie zufällig zu ihnen herüberblickt. Maude drückt Ulrike ein Glas in die Hand. Beide nippen, Maude leckt sich zufrieden die Lippen, Ulrike hüstelt entsetzt: »Stark, sehr stark!«

»So ist er richtig«, nickt Maude. »Schwächeln tun die anderen!«

Die beiden sehen hinüber zu Goethe und Wilde, die am Kaminsims lehnen. Beide ein Glas Champagner in der Hand. Wobei Wilde den kleinen Finger abspreizt, was Goethe tunlichst unterlässt, er scheint sich geradezu an seinem Glas festklammern zu wollen. Dazu schnauft er mit geblähten Nasenflügeln.

»Martini für die Damen! Früher gab es allenfalls ein Gläschen Bowle! Nun, ich hoffe, die Damen wollen nicht auch noch rauchen. Eine schreckliche Unart.«

»Das Rauchen oder der Eigensinn der Frauen?«, fragt Oscar mitfühlend empört.

»Beides«, seufzt Goethe und muss über seine griesgrämige Antwort selbst ein wenig schmunzeln. »Kompliment übrigens, mein lieber Oscar, Ihre beiden letzten Komödien haben mir sehr gut gefallen! Ich wünschte, ich könnte ähnlich leichtsinnig über das Leben im Allgemeinen dichten – und über das Alter im Besonderen.«

»Kindischer Zeitvertreib! Dieses ganze Komödienschreiben hat ja doch nur den einen Zweck, mich selbst bei Laune zu halten. Ich werde alt, das ist die wahre Komödie! Doch, doch«, wehrt er Goethes protestierende Gesten ab, »nicht auf so unmittelbar körperliche Weise wie viele andere«, sein Blick gleitet kurz an der unförmigen Gestalt des Geheimrats hinab, »aber dennoch auf wahrnehmbare Art: Mein Kopf wird alt. Das ist die heimliche Tragödie!« Er tippt sich an die Stirn. »Ich vergreise. Selbst unter dieser neuen Perücke.«

»Wie erkennen Sie das? Ihre Vergreisung?« Goethe mustert ihn neugierig.

»Ich ertappe mich immer häufiger dabei«, Wilde hebt salutierend das Glas, »dass ich Antworten gebe, anstatt Fragen zu stellen!«

»Das habe ich schon immer getan«, unterbricht ihn Goethe achselzuckend. »Wenn das ein Indiz für Senilität sein soll, dann war ich schon immer ...« Er schlägt sich in gespielter Verlegenheit die Hand vor den Mund.

»Nun, es gibt noch ein verlässliches Kriterium«, ergänzt Wilde und reckt schulmeisterlich den Zeigefinger.

»Und das wäre?« Die Neugier weitet Goethes Augen, was sein teigiges Gesicht in gnädigerem Licht erscheinen lässt.

»Die letzte Liebe! Wenn Sie gewiss sind, die letzte Liebe Ihres Lebens gefunden zu haben, dann sind Sie alt. Oder einfach nur müde. Kleiner Scherz. Ich fürchte, ich bin beides. Was mir wiederum Bosie sehr übel nimmt. Fraglich also, wie lange meine letzte Liebe noch andauern wird. Aber was kommt danach? Allenfalls ein hübscher Krankenpfleger …« Wilde seufzt kokett.

Goethe hört schon nicht mehr zu, sondern sieht versonnen hinüber zu Ulrike.

»Die letzte Liebe? Ich glaube, da war ich ein wenig zu voreilig. Denn das darf es doch wohl noch nicht gewesen sein! Eckermann!« Sein gedankenverlorenes Flüstern wird zum Brüllen. »Eckermann, hierher!« Der Angesprochene eilt mit Block und Stift herbei. »Eckermann, notieren Sie: Sieben Aphorismen zur Altersweisheit. Und achten Sie tunlichst darauf, dass mir der Titel nicht gleich wieder gestohlen wird. Aphorismus eins: ›Das kann es doch wohl noch nicht gewesen sein!‹« Eckermann blickt ein wenig fragend. Goethe winkt ab. »Keine Sorge, da kommt noch Bedeutenderes nach.«

Bosie hat Harold hinaus auf die Veranda gezogen. Dort sitzen sie nun, bequem die Beine ausgestreckt, in Korbsesseln, die sie eng zueinandergerückt haben.

»Oscar langweilt entsetzlich! Ein Greis ist er geworden. Mit greisenhaften Ansichten. Und einer greisenhaften Libido! Ohne dies hier wäre das alles gar nicht mehr zu ertragen.« Bosie nimmt einen tiefen Zug und reicht den Joint weiter zu Harold. »Am schlimmsten ist, dass er sich so krampfhaft um ein körperliches Refreshment bemüht. Er kann überhaupt nicht mehr entspannen. Mentales Relaxen, das geht ihm völlig ab, immer nur Gymnastik, Gymnastik, Gymnastik. Sein Personal Trainer sieht ihn häufiger als ich. Es sei ihm gegönnt, dem armen Kerl!«

»Dabei ist Ausatmen doch das absolut Wichtigste bei Kopfmenschen, sagt Maude immer! Die Seele entspannen, dann entspannt sich der Körper von selbst!« Harold inhaliert versonnen und pafft kleine Wölkchen. »Nicht nur immer Einatmen, Einatmen, Einatmen, auch Ausatmen.« Er pustet die Wölkchen sacht himmelwärts. »Mit Maude habe ich mich noch nie gelangweilt«, fügt er verträumt hinzu. »Sie ist immer noch unglaublich fit! Auch körperlich.« Er schweigt vielsagend.

»Mit Oscar kannst du dich nur langweilen. Er ist so alt, alt, alt …« Missgelaunt trommelt Bosie die Worte auf seine Stuhllehne.

»Maude ist auch alt«, wendet Harold ein wenig schüchtern ein. »Aber ich habe mich noch nie …«

»Ja, ja, ich weiß, nie gelangweilt. Sie ist aber auch noch nicht sooo alt! Nicht so alt vom Kopf her. Stell dir vor: Ich habe jeden Scherz von Oscar schon hundert Mal gehört, und ich muss ihn vermutlich noch weitere tausend Mal hören. Seine Eitelkeit gönnt ihm Vergessen, mein Gedächtnis hingegen ist unerbittlich. Kann es eine größere Strafe geben? Ich erinnere mich an all seine Schwächen. Vermutlich, weil ich sie selbst gerne vermeiden würde! Sehr lästig, so ein Spiegel-Ich, vor allem, wenn es altert.«

Er fährt sich mit der Hand durchs volle Haar und mustert Harold mit freundlicher Neugierde.

»Wie lange kennst du die alte Dame eigentlich schon?«

»Zehn Jahre sind wir jetzt zusammen«, antwortet Harold folgsam.

»Und …?« Bosie schürzt die Lippen.

»Und was?« Harold kratzt sich verlegen am Kopf, was Bosie umso mehr zum Nachfragen ermuntert.

»Und läuft da noch was zwischen euch?«

»Läuft was zwischen dir und Oscar?«, weicht Harold aus.

»Aber natürlich! Welkes Fleisch, du ahnst nicht, wie ich es liebe! Ich bin jung, und er ist alt. Ich werde leben, wenn er längst gestorben ist. Was für ein triumphales Gefühl! Das stärkste Aphrodisiakum, das ich kenne. Er mag noch so sehr Genie sein, ich habe ihm dennoch etwas voraus: den Triumph des Überlebens. Ich werde an seinem Grab stehen, einen neuen Anzug tragen … und weinen!«

»Nicht dein Ernst! Du liebst aus Schadenfreude?«

»Na ja, ein wenig schon, zuweilen«, gesteht Bosie. »Ich finde, das ist die reinere Liebe! Denn sie kommt aus einer lauteren Quelle. Meinem Ego nämlich!« Er grinst Harold breit an, aber der hält nachdenklich den Kopf gesenkt.

»Maude würde niemals auf meine Kosten lieben wollen. Eher würde sie sterben! Und ich niemals auf ihre Kosten. Eher würde ich …«

»Nun ja, keine allzu gewagte Prognose«, unterbricht ihn Bosie, »dass du bald das Banjo an ihrem Grab spielen wirst. Ihr zuliebe. Andere Gedanken haben in deinem hübschen Köpfchen nichts verloren!« Er reicht ihm den Joint.

Ulrike wechselt den Shaker unschlüssig von einer Hand in die andere, bis Maude schließlich ein Einsehen hat und ihn ihr aus der Hand nimmt.

»Keine Sorge, das lernst du schon noch! Kräftig schütteln! Ob horizontal auf Schulterhöhe oder vertikal vor dem Oberkörper, das ist Geschmackssache, Baby. Wichtig ist, kräftig und lange, wie beim … Ups! Du wirkst nicht sehr glücklich, Kindchen.«

»Woran sehen Sie das?«

»Ach, lass die Förmlichkeiten und sag ›Maude‹ zu mir!«

Ulrike starrt hinüber auf Goethes mächtige Gestalt, die den schlank gehungerten Wilde noch schmächtiger wirken lässt.

»Er ist so entsetzlich alt. In allem, was er tut. Ich dachte, ich könnte ihn verjüngen, aber im Gegenteil, er wird immer älter, und ich fürchte, ich altere mit ihm. Ich werde lebensmüde!«

»Harold war auch ein wenig lebensmüde, das ist keine Frage des Alters und gibt sich nach gutem Sex schnell wieder.«

»Und dann diese krankhafte Eifersucht!«, fährt Ulrike ungerührt in ihrem Monolog fort. »Das allerdings ist ein untrügliches Alterszeichen! Wobei – manche sind schon in jungen Jahren krankhaft eifersüchtig. Wer sich selbst nichts zutraut, traut auch seinem Gegenüber nicht. Also doch kein untrügliches Alterszeichen. Du kannst dich entspannen!«

Ulrike hat gar nicht zugehört, sondern spricht immer weiter, den Kopf leicht gesenkt. »Hinzu kommt: Das Körperliche wird mir immer mehr zum Ekel. Ich wollte ein Kind von ihm, so heftig, aber es geht einfach nicht. Ich mag ihn nicht mehr anfassen! Und anfassen lassen schon gar nicht!« Sie schaudert.

»Wie wäre es mit einem Kind von ihm?« Maude weist mit ihrem Glas auf Eckermann. »Er himmelt dich an!«

»Meinen Sie wirklich?« Ulrike sieht forschend auf den Sekretär, der verlegen den Blick senkt und sofort wieder hebt, als fürchtete er, ihre Neugier für immer zu verlieren. »Es wäre so viel klüger gewesen, wenn ich den Enthusiasmus des alten

Mannes seinerzeit erkannt hätte als das, was es war: reine Begeisterung für sich selbst. Eckermann hingegen … Du meinst wirklich?« Sie blickt Maude fragend an. Die prostet ihr zu. »Auf Du und Du mit der Liebe!«

Bosie lässt den Arm schlaff von der Lehne fallen. Er ist sichtlich froh, jemanden zu haben, dem er sein Leid klagen kann. Harold wiederum ist froh, in Ruhe seinen Gedanken nachhängen zu können. Das Geplapper Bosies lässt er wie einen warmen Frühlingsregen über sich ergehen.

»Du ahnst nicht, wie banal unser Alltag geworden ist. Dieser Mann hat sich hinter seiner Langeweile verschanzt, weil er glaubt, Gevatter Tod würde ihn dann einfach übersehen. Er redet nur noch über Diätpläne, trinkt Diät-Cola, sieht aus wie Karl Lagerfeld, redet wie Karl Lagerfeld, hat eine Katze wie Karl Lagerfeld, Miju-Miju, wegen der ich unentwegt niesen muss. Ansonsten sitzt er nur herum. Er ist nicht einmal mehr zum Schreiben zu bewegen. Er findet, Schreiben mache alt!«

»Und die letzten beiden Komödien?«

»Na, rate mal.« Bosie hebt herausfordernd sein Kinn.

»Von dir?« Harold gibt sich erstaunt.

»Von wem sonst?«, lacht Bosie verächtlich. »Unsere Beziehung ist nur mehr Tarnung, er stellt die Maske, ich das Talent, er den Namen, ich den Geist. Ihm fließt ja nichts mehr aus der Feder und schon gar nichts aus dem …« Bosie macht eine obszöne Geste, die Harold geflissentlich übersieht. Die beiden rauchen eine Weile wortlos.

»Alte Frauen, riechen die eigentlich auch so … alt wie alte Männer?«

»Maude riecht nach Maiglöckchen«, schwärmt Harold.

»Willst du sie beerben?«

»Eher schon sie mich!« Harold kichert. »Sie ist von einer irren Lebenslust. Damals haben die Ärzte gesagt, es sei vorbei, als ich sie in die Klinik brachte. Aber kaum wurde ihr der Magen ausgepumpt, da blühte sie wieder richtig auf. Und ab ging's nach Mexiko!«

»›Nur Liebe vermag überhaupt jemanden am Leben zu erhalten‹, sagt Oscar immer – und meint es dann gar nicht so. Diese verdruckste Klugscheißerei kann ganz schön auf die Nerven gehen. Ich persönlich finde Oscars Pointensucht allmählich reichlich dämlich. Jeder hat doch inzwischen begriffen, dass er mich nur auswählte, damit er im Vergleich zu mir so viel klüger wirkt, aber verdammt noch mal, irgendwann ist es genau umgekehrt, nicht wahr?« Er reicht den Joint weiter. »Ich bin schon deshalb klüger, weil er immer dümmer wird. Ist doch logisch, oder?«

Harold nickt. Ihm ist es egal, was Bosie sagt. Er ist froh, endlich einen Freund gefunden zu haben.

»Der Junge wird immer ungezogener!« Wilde tippt die Fingerspitzen gegeneinander. »Er spürt, dass ich ihm körperlich entgleite. Nach den letzten Erfolgen stehen die Verehrer Schlange. Nicht, dass ich diesen Ruhm noch körperlich genießen möchte, sie sagt mir körperlich gar nichts mehr, die Liebe, allenfalls noch als platonische Idee. Wirklich greifbar wird sie mir nur noch im Applaus! All diese Hände, die sich für mich rühren! Das kann ein einziger Liebhaber niemals bieten, so geschickt er sich auch anstellen mag. Aber Bosie war ja ohnehin nie sehr geschickt oder gar klug, nur sehr, sehr schön!«

»Körperlich?« Goethes knappe Nachfrage schreckt Wilde aus seinen Träumen. »Gar nichts mehr!« Wilde schüttelt amüsiert den Kopf. »Rein gar nichts körperlich. Wie steht es denn mit Ulrike? Ewig lockt das Weib, hab ich mir sagen lassen.« Er hält sich die Hand züchtig vor die leicht geschminkten Lippen, als hätte er einen unanständigen Scherz gemacht.

»Seit sie sich mir ebenbürtig glaubt, als Schriftstellerin, rein gar nichts. Sie hält mich für alt. Die Jahre sind ihr nicht mehr Ausweis meiner Reife, sondern meines Verfalls. Meine Haut gleicht vergilbtem Pergament, verstaubt mein Haar, meine Augen scheinen ihr trübe. Jede Berührung wird ihr zur Qual.«

»Das sagt sie so?« Wilde legt pikiert den Kopf ein wenig schräg. Eine Geste, die er beim Lesen unliebsamer Kritiken tausendundeinmal vor dem Spiegel einstudiert hat.

»Nein, das lese ich in ihrem Blick. In Großbuchstaben!« Goethe hüstelt, mehr aus Empörung denn aus Bedürfnis. Er nimmt einen großen Schluck Wein, den er sich in einem gläsernen Pokal hat reichen lassen. Hüstelt noch einmal und hebt dann trotzig sein Kinn. Wilde mustert ihn mit der kalten Neugier eines Visagisten, der zweifelt, ob er ein so überdimensioniertes Doppelkinn je wird verschwinden lassen können.

»Bereuen Sie die Entscheidung, eine so junge Frau geehelicht zu haben?«

»Soll ein alter Mann überhaupt je eine junge Frau an sich zu binden versuchen? Das ist die Frage! Ich bin zu alt, um nur zu spielen, zu jung, um ohne Wunsch zu sein. Das ist das Dilemma, dem sie entspringt.« Goethe will die Frage offensichtlich ins Allgemeine wenden, was Wilde amüsiert zur Kenntnis nimmt.

»Aber sie soll sehr klug sein, Ihre Ulrike, oder klug geworden sein! Sie wird doch wissen, was sie an Ihnen hat«, fügt
er listig hinzu. »Hilft nicht der Geist, die viel zu vielen Jahre
des Gegenübers vergessen zu machen?«

»Sie ist sehr klug, in der Tat. Das ist ja mein Verhängnis. Als
ich sie kennenlernte, war sie alles andere als klug. Aber sie
ist es geworden, auf meine Kosten. Denn nun kritisiert sie an
allem herum: an meiner Figur, an meinem Werk, an allem!
Ich fühle mich so unfrei angesichts ihrer Erwartungen, so
alt.« Goethe breitet hilflos die Arme aus. In jüngeren Jahren
hätte er vermutlich mit dem Fuß auf den Boden gestampft.
Nun belässt er es dabei, einen grämlichen Blick in die Runde
zu werfen. »Eckermann, wo sind Sie denn schon wieder? Herbei, herbei! Notieren Sie Aphorismus zwei: ›Das Alter hat die
Heiterkeit dessen, der eine lange getragene Fessel los ist und
sich nun frei bewegt.‹ Sollte es zumindest haben!«, fügt er
kleinlaut hinzu.

»Wolfgang mag es gar nicht, wenn im Raucherzimmer geraucht wird …« Ulrike grimassiert entnervt. »Er mag es gar
nicht, wenn überhaupt geraucht wird. Er mag es auch nicht,
wenn getanzt wird. Oder gesungen. Oder zu laut geredet.
Hier drin dürfen wir nicht rauchen, aber auf der Terrasse.
Eckermann wird schon die Tür hinter uns zumachen, auf dass
nichts nach innen dringe. Wir müssen nur noch den Moment
abpassen, wenn er mal wieder die Toilette aufsuchen muss.
Das wird nicht allzu lange dauern. Seine Inkontinenz ist nicht
mehr nur eine sprachliche. Mein Gott, soll eine junge Frau je
einen alten Mann an sich zu binden suchen? Nein, tausendmal nein! Die Seelen mögen sich einig sein, aber nicht die

Körper.« Sie verdreht die Augen. »Damals, meine Ziererei in Marienbad, wäre ich doch nur konsequenter in meiner Ablehnung geblieben. Wie konnte ich meine Freiheit nur so leichtfertig aufgeben? Was hätte aus mir werden können, wäre ich nicht die Seine geworden? Die Welt hätte ich erobern können!« Sie schnäuzt sich und revidiert im gleichen Moment ihren Überschwang. »Zumindest meine Freiheit hätte ich gehabt!«

»Umgekehrt ist auch kein ruhiges Leben, Darling! Alte Männer mögen lästig sein, aber immerhin sind sie anhänglich. Ein junger Mann wird nicht ewig bei dir bleiben, schon gar nicht, wenn du klug bist oder älter als er. Ich kann ein Lied davon singen!« Maude zwinkert ihr zu. »Was andererseits nur heißt: Der nächste junge Mann wartet schon! Glaub mir, je älter als Frau, desto begehrter! Sie ahnen dein Ende, das lässt sie befreiter lieben! Die jungen Frauen machen den Männern Angst! Sie wollen so viel. Vor allem Verbindlichkeit. Ich will nichts. Schon gar nicht Verbindlichkeit. Und je weniger du forderst, desto mehr bekommst du. Übrigens auch im Business! Ich bin wirklich ganz gut im Geschäft und könnte derzeit eine Hilfe gebrauchen. Meine Fitnessvideos laufen gut, mein Ratgeber ›Lieber inkontin…‹, äh, ›… impertinent als inkonsequent‹ verkauft sich prächtig, ich bin oft in Talkshows. Die können ja gar nicht genug kriegen von den Alten. *Big Business!*« Sie klatscht in die Hände. »Also …«

»Wolfgang sieht es nicht gern, wenn ich arbeite«, unterbricht Ulrike sie nachdenklich, »als seine Sekretärin ja, aber wehe, ich würde es wagen, selbst zu dichten! Erfolg als Dichterin, unter meinem eigenen Namen – gar nicht auszudenken!«

»Warum nennst du ihn eigentlich immer ›Wolfgang‹, deinen Johann?«

»Johann klingt so nach Domestik, findest du nicht auch? Ich meine ...« Sie blinzelt zu Eckermann hinüber, der blinzelt zurück. »Auch Eckermann heißt mit Vornamen Johann. Es könnte zu Verwechslungen kommen, oder? Hahaha.« Ulrike bemüht sich um ein natürliches Lachen, was ihr gründlich missrät. »Eckermann ist so jung geblieben. Wolfgang hingegen ist so schrecklich alt geworden. Körperlich alt. Er riecht alt. Er bewegt sich alt. Er denkt alt. Er träumt von alten Zeiten. Er isst Altes, er trinkt Altes ...« Ulrike findet keine Finger mehr, um seine Mängel aufzuzählen.

»Na, das kannst du ihm ja nicht zum Vorwurf machen. Er ist nun mal alt. Und im Übrigen, wenn er dir so lästig ist, warum tauschst du die beiden dann nicht einfach aus?«, fragt Maude belustigt nach. Ulrike sieht sie mit gespielter Empörung sehr streng an. »Weil ich dann nichts mehr zu klagen hätte! Und weil ich eigentlich gar keine jungen Männer mag! Sie lassen mich so befriedigt zurück. Da bleibt kein Sehnen nach einer anderen Zukunft als der vorhersehbaren. Versagen jeglicher Art hingegen stimmt mich romantisch! Versagung auch!« Sie spielt mit ihren Locken, was Eckermann noch ein wenig unruhiger auf der Stelle trippeln lässt.

»Du bist ganz schön zickig!«, konstatiert Maude.

»Oh ja ...«, gibt Ulrike zu, »das bin ich!« Das Klirren ihrer Gläser klingt so fröhlich, dass Goethe verdutzt den Kopf wendet.

»Die beiden scheinen sich ja sehr gut zu verstehen!« Goethe blickt misstrauisch zu den lachenden Frauen hinüber.

»So wie die Jungs auch.« Wilde verdreht den Kopf Richtung Terrasse.

»Dieser Harold ...« – »Ja?« – »Wäre der nicht«, Goethe sucht nach den richtigen Worten, »ein besserer sokratischer Knabe? Bosie scheint mir ja ein wenig dümmlich! Und auch viel zu alt für diesen Zweck!«

»Oh nein, ich mag das Morbide nicht, sofern es so jugendlich daherkommt. Mir ist derzeit überhaupt viel zu viel Klugheit in der Welt. Diese Todessehnsucht! Tristan und die Folgen! Wie heißt noch mal dieser Wagnerianer in Prosa? Oder heißt es Uranier? Klaus Mann, Golo Mann, Thomas Mann? Drei Seiten einer Medaille! Allesamt ein wenig verklemmt in dieser Familie, oder? Heinrich vielleicht ausgenommen. Das scheint mir überhaupt ein verlässliches Kriterium der Lebensfreude: Männer, die dicke Frauen mögen, oder dicke Männer, oder Frauen, die dicke Männer mögen, so wie dich deine Christiane seinerzeit.«

»Schweig!« Goethe lässt sich ungern an Vergangenes erinnern. Und über seine Figur duldet er schon gar keine Witze, erst recht nicht, wenn er dabei geduzt wird. Dennoch zieht er unwillkürlich ein wenig den Bauch ein. Wilde plappert derweil unentwegt weiter. Er scheint sich selbst Publikum genug.

»Oder Männer, die Frauen mit Humor mögen! Sie und Maude, wie wäre das?« Er fixiert Goethe mit einem spöttischen Blick. »Sie hat Ihr Alter!«

»Du Irrsinniger!« Goethe lacht lauthals. »Andererseits – seit Ulrike mich auf leibliche Diät gesetzt hat, fühle ich tatsächlich all meine Körpersäfte versiegen, und mit ihnen meinen Humor. Alles, den unsterblichen Göttern sei es geklagt, ist am Vergehen. Vielleicht wäre das Gespräch mit Maude wie ein Bad im Jungbrunnen? Mit Ulrike ist ja keins mehr mög-

lich, obwohl sie sich in meiner Gegenwart nur allzu gern …«
– »Die Ohren zuhält?« – »… über meine Unlust an Unvorher-
sehbarem mokiert.« – »Nun ja, Wunder gibt es immer wieder«, raunt Wilde sibyllinisch, was Goethe ein missbilligen-
des Stirnrunzeln abnötigt. Mystisches in Wort und Tat ist ihm
zuwider, Überraschendes ohnehin. Er kramt ein wenig in
seinem Gedächtnis. Dann hebt er den Zeigefinger, wie er es
zuvor bei Wilde beobachtet hat: »Stets findet Überraschung
statt. Da, wo man's nicht erwartet hat.«

Wilde blickt ihn mit großen Augen an. »Der große Denker
ist so frei und zählt schon Aphorismus Numero drei!«

»Sehr witzig.« Goethe schmunzelt. »Aber in meinem Alter
kommt jedes Lob recht, selbst das ironisch gemeinte.«

Bosie dreht sich einen neuen Joint. Harold schaut bewun-
dernd zu, wie flink die Finger seines neuen Freundes arbeiten, obwohl seine Augen gen Himmel verdreht sind.

»Worüber soll ich mit ihm reden, wenn nicht übers Sterben? Worüber soll ein junger Mann mit einem alten Mann
überhaupt reden? Wozu vor allem?«

»Ist doch ein wunderbares Thema«, gibt Harold zu bedenken, »der Tod!«

»Du bist so morbide! Dann stimmt es also, was die Leute
sagen, dass du immer nur ans Sterben denkst?« Bosie reibt
sich nachdenklich die Nase. »Ich hab das nie getan. Keine
Sekunde meines Lebens hab ich an den Tod verschenkt. Er
stiehlt uns ohnehin so viele Jahre. Und jetzt muss ich miterleben, wie Oscar ihm hingebungsvoll in die Arme sinkt und
jeden Tag weniger wird. Erst fiel es mir gar nicht auf. Jetzt mag
ich kaum noch hinsehen. Und morgen ist er vielleicht schon

nicht mehr da! Das ist das Schlimme am Alter! Es schleicht sich heran wie eine verdammte Rothaut. Schnipp, schnapp – bist du ohne Skalp. Wusstest du eigentlich, dass er eine Perücke trägt, der alte Geck?«

»Ob Bosie mit meinem Alter zurechtkommt?« Oscar lächelt Goethe von oben herab an, was bei seiner geringen Körpergröße ein wenig angestrengt wirkt. »Warum sollte er nicht? Meine Hinfälligkeit ist seine Bequemlichkeit! Es mag ja sein, dass es unanständig ist, wenn ein alter Mann einen jungen Mann liebt, es mag auch sein, dass es sich für einen jungen Mann nicht gehört, die Bewunderung eines Älteren für bare Münze zu nehmen, aber ich möchte nicht andauernd darüber reden müssen. Das Öffentliche macht es so peinlich. Uns beiden ist nichts peinlich. Im Gegenteil. Ohne den Zauber des Unanständigen lohnte das Lieben doch gar nicht! Nichts ist mehr Laster heutzutage. Alles zählt zur Normalität. Das ist das Letzte, was ich mir wünschte: normal zu sein. Ich mag diese neue Toleranz nicht, nein, wirklich nicht. Das macht alles so explizit, geläufig und banal. Ich möchte nicht inkludiert sein in das Leben der Spießer! Ich will nicht altmodisch werden.«

»Altmodisch – so mag sie mich wohl schon damals in Karlsbad wahrgenommen haben, bei unserer ersten Begegnung, als altmodisch. Oder gar als überaltert?« Goethe gibt sich grüblerisch. »Aber warum nahm sie dann doch so rasch meinen Antrag an? Aus Liebe?«

Wilde räuspert sich, will Verschiedenes richtigstellen, aber Goethe lässt sich in seinem sentimentalen Erinnern nicht beirren.

»Oder doch nur der elegischen Verse wegen? Dieses Wort-geklingel, rasch dahingereimt, das trieb sie mir in die Arme, die Reuige?« Er rezitiert sehr leise, sehr in Gedanken, aber doch mit Beifall heischendem Seitenblick auf Oscar: »Mir ist das All, ich bin mir selbst verloren,

Der ich noch erst den Göttern Liebling war;
Sie prüften mich, verliehen mir Pandoren,
So reich an Gütern, reicher an Gefahr;
Sie drängten mich zum gabeseligen Munde,
Sie trennen mich, und richten mich zugrunde.«

»Das muss es wohl gewesen sein, diese magische Reimerei: Amphoren, Pandoren!«, bekräftigt Oscar mit kaum hörbarem Spott. »Wie Sie schon im ›Faust‹ so schön sagten: ›Liebe ist nur ein Wort, aber sie trägt alles, was wir haben. Ohne sie wäre die Welt leer!‹ Nebenbei: War es nicht in Marienbad, wo Ihnen diese selten schönen Reime gelangen?«

»Eckermann!«, brüllt Goethe, obwohl der schon mit ge-zückter Feder hinter ihm steht. »Klären Sie das mit Marien-bad! Und, äh, diese Phrase ›Liebe ist nur ein Wort blablabla‹ mag durchaus als eigener Aphorismus bestehen. Denn das gilt ja wohl auch im Alter!«

»Also, bitte schön, notieren wir«, skandiert Wilde mit wich-tiger Miene, »Lebensweisheit Numero vier!«

Ulrike spielt mit ihrer Schläfenlocke. Maude hat den Kopf ein wenig schräg gelegt und betrachtet sie zärtlich.

»Ich hätte seinerzeit in Marienbad ja um ein Haar seinen Antrag abgelehnt, er schien mir doch ein wenig zu alt, fast schon stockfleckig!«

»Na, na, na!« Maude hebt mahnend den Zeigefinger.

»Aber begütert! Nicht, dass ich es auf sein Geld abgesehen hätte. Eher schon auf das ruhige Leben. Ich wollte ihm nur die letzten Jahre seines Lebens verschönern und dann selbst leben, frei leben, allein für mich! Hätte ich geahnt, wie lange er lebt, niemals wäre ich diesen Teufelspakt eingegangen.«

»Er verdient doch immer noch ganz gut …«

»Nur, weil ich ihn zwinge, unter anderem Namen weiterzuschreiben. Kein Mensch würde mir ja glauben, wenn ich ein Manuskript von Goethe anböte. Und die Rechte an seinem Werk hat er längst verloren. Also braucht es immer neue Namen.« Sie muss über Maudes neugierigen Blick lächeln. »Nein, nein, all seine Pseudonyme kann ich dir nicht verraten! Die errätst du sehr leicht selbst!«

»Vermutlich, wenn ich mehr lesen würde, aber so verschwenderisch kann ich mit meiner Zeit nicht mehr umgehen. Ich lebe lieber!«

Wilde prostet Goethe nachdenklich zu. »Es ist heutzutage tatsächlich nicht einfach, als Schriftsteller sein Geld zu verdienen. Unter meinem eigenen Namen finde ich kaum noch Publikationsmöglichkeiten. Überall heißt es: zu alt! Tatsächlich meinen sie: zu zynisch, zu elitär, zu hypotaktisch. Was bleibt mir anderes übrig, als unter Frauennamen zu schreiben? Dorothy Parker, Elfriede Jelinek, Yasmina Reza, die Namen hat sich Bosie ausgesucht. Keine sehr schönen Namen, aber was tut man nicht alles fürs Überleben im Werk?« Er streicht sich sehr sanft über den Ärmel.

»Wir überleben nicht im Werk, wir sterben im Werk!«, raunt Goethe übellaunig.

»Nein, Sie Griesgram, wir sterben für unser Werk, aber wir überleben im Werk.«

»Unsinn! Ich scheiß auf den Nachruhm. Er schenkt mir keinen Tag, keine Stunde …« Goethe stampft auf.

»Aber lieber Herr Geheimrat!« Wilde legt ihm beruhigend die Hand auf die Schulter. Goethe wischt sie beiseite.

»Ich scheiß auf den Geheimrat! Dieses lauwarme Gerede. Mir fehlt die Hitze, mir fehlt die Wut!« Er stampft erneut mit dem Fuß auf und verzieht vor Schmerz das Gesicht. Im Hintergrund beschwichtigt Eckermann: »Sachte, sachte!«

»Mir fehlt Schiller. Mir fehlt der Trotz, das Aufbegehren. Es ist wenigstens Charakter im Hass. Die meisten unter uns verstehen weder zu hassen noch zu lieben.«

»Was durchaus ein verlässliches Kriterium dafür ist, ob wir noch jung genug sind fürs Leben oder schon zu alt! Recht haben Sie. Noch immer ein Stürmer und Dränger, scheint mir. Ob Ihr Herz das verträgt? Ihr Ischias? Ich hoffe, es peinigt Sie jetzt nicht der Fuß?«

»Er sagt immer noch sehr kluge Sachen, dein Mann! Sonst würde Oscar ihn nicht so anhimmeln! Und er stampft sehr kräftig auf!« Maude murmelt längst vergessen geglaubte Verse:

»Nur wo du bist, sei alles, immer kindlich,

So bist du alles, bist unüberwindlich.«

»Ach Unsinn, von wegen ›unüberwindlich‹! Das denkt er sich so, und dann reimt er es sich zurecht, ob die Gedanken nun hineinpassen oder nicht, und alles wird schief. Das nennt sich dann ›Poesie‹. Die Wirklichkeit ist eine ganz andere. Trostlos ist die Wirklichkeit nämlich. Sein Feuer wärmt nur noch ihn und seinesgleichen, wenn du es genau wissen willst. Diese Sprüche immer: ›Nur die Allerweisesten und die Allerdümmsten ändern sich nie.‹« Sie äfft Goethe nach, indem sie ihren Bauch gravitätisch vorwölbt. »»Dienen lerne beizeiten das Weib nach ihrer Bestimmung; / Denn durch Dienen allein gelangt sie endlich zum Herrschen.‹ Da soll eine schlau draus werden! Aber umgehend befiehlt er dann: ›Eckermann, notieren Sie bitte!‹ Ganz unter uns und im Vertrauen: Würde Eckermann das alles nicht noch feilen, polieren und poetisieren, es blieben wenig Sprüche von ihm, die das Nachdenken lohnten!«

»Es sind die Diener, die die Herren zu Herren machen. Und die Jungen, die die Alten zu Alten machen.« Goethe beugt den Kopf vertraulich zu Oscar, denn er hat bemerkt, dass Ulrike ihn missgünstig beobachtet. »Aber wissen Sie was, lieber Oscar, dieser Satz gilt auch vice versa: Es sind die Alten, die die Jungen zu Jungen machen. Deswegen ist die Jugend derzeit so ratlos, wie sie jung sein soll, weil die Alten sich so jung geben. Alles verwirrt sich!«

Oscar Wilde gibt sich Mühe, sehr neugierig zu wirken, was ihm nicht wirklich gelingt. Gleichermaßen blasiert wie Hilfe suchend blickt er in die Runde, als wollte er dem Zwiegespräch endlich entkommen. Aber Goethe, froh darüber, einen geduldigen Gesprächspartner zu haben, zieht ihn nah zu sich heran und raunt in sein Ohr, als würde er ihm allerprivateste Geheimnisse anvertrauen wollen. »Wer sein Gedächtnis Söhnen und Enkeln hinterlässt, hört nicht auf. Wer seine Person gestaltet, dessen Leben wird wahr!«

»Aber ist das nicht sehr egoi…«

Goethe unterbricht ihn lächelnd. »Ja, ja, ich weiß, was Sie sagen wollen: ›Eigenliebe ist der Anfang einer lebenslangen Romanze!‹ Die wie alle Romanzen unter Tränen endet, vergaßen Sie hinzuzufügen.«

»Sie zitieren mich erstaunlich korrekt. Ich wünschte mir das auch von den Jungen«, versucht Oscar wieder ins Gespräch zu kommen. Goethe tätschelt ihm beruhigend den Rücken.

»Sie werden schon wieder Gehör unter Ihrem eigenen Namen finden, mein Lieber. Die Altmodischen von heute sind die Modischen von morgen! Deswegen verweigere ich persönlich auch jede Modernisierung meiner Prosa! Wer, glauben Sie denn, wird in hundert Jahren noch gelesen werden, Vulpius oder ich?«

Wildes süffisantes Lächeln gibt zu verstehen, dass er weder dem Autor des »Rinaldo Rinaldini« noch dem Verfasser von »Hermann und Dorothea« ein allzu langes Nachleben zutraut, aber Goethe hat sich Eckermann zugewandt und buchstabiert ihm den Aphorismus über die Mode. Der Sekretär schlägt die Formulierung vor: »Nur das Moderne kann altmodisch werden.« Goethe lehnt zunächst wütend ab, gibt nach kurzem Nachdenken aber sein Plazet und winkt ihn dann herrisch fort. »So wurd' mit Freude gemeinsam gedacht und Aphorismus Numero fünf ans Licht gebracht!«, reimt Eckermann flüsternd, einfach nur so, als Probe auf sein Talent, während er sich buckelnd entfernt.

Harold nimmt Bosie den Joint aus der Hand und setzt ihn, nur Daumen und Zeigefinger verwendend, sehr schräg an die Lippen.

»Hast du mal darüber nachgedacht, es ganz sein zu lassen?«

»Drogen? Niemals!« Bosie schüttelt sehr verträumt den Kopf. »Eine Welt ohne Drogen ist eine tote Welt. Wie ein Ungeborenes fühl ich mich in der Nüchternheit. Der Tag eine endlose Wüste, die ich mit diesem Kamel Oscar durchstreifen muss. Und dann plötzlich, nenn es eine ›Fata Morgana‹, es mag so sein, diese Oase für meine Sinne, meine Seele, der Joint. Ich lebe auf in meinen Träumen, Oscar hingegen trabt weiter auf dem Pfad der Gewohnheiten, und ich, ich gebe ihm vereinzelte Rauchzeichen meiner neuen Existenz. Puff, ein Wölkchen, Paff, ein Wölkchen!« Er gluckst tief und wohlig. »Sag mal, ist das eigentlich dein erstes Mal? Dann solltest du etwas vorsichtiger sein! Das Zeug ist gut. Du weißt doch, ich habe einen sehr einfachen Geschmack …«

Harold nickt geistesabwesend und reicht den Joint zurück. Ihn scheint ganz anderes zu beschäftigen. »Und dann, im Rausch, erträgst du es leichter, jung zu sein? Mir fällt das schwer, jung zu sein.«

»Kein Wunder, bei deiner hyperaktiven Großmutter!«, grinst Bosie.

»Sie ist nicht meine Großmutter«, korrigiert ihn Harold nachsichtig.

»Na, und wenn schon, ist doch nicht weiter schlimm! *Crossing lines*. Ich frage mich nur, was die alte Dame an dir findet. Der Impulsivste scheinst du ja nicht zu sein!«

Harold wendet sehr langsam den Kopf zu Bosie. Sehr langsam lässt er die Worte von den Lippen perlen. »Was birgt denn deine Liebe zu Oscar für eine seltsame Frucht?«

»Furcht oder Frucht, na, ist egal. Was wohl schon? Ich soll ihn an seine Unsterblichkeit erinnern! Tagtäglich am besten, ach was, stündlich, sekündlich!«

»Unsterblichkeit? Ich … ich weiß nicht so recht, ich glaube, ich soll sie ans Leben erinnern, obwohl ich selbst noch gar keins gelebt habe und eigentlich gar nicht leben möchte. Es macht mir Angst, das Leben. Zu viel Unvorhersehbares.«

»Du bist komisch, Harold. Auf eine Art, die so gar nichts mit Oscars Humor zu tun hat. Verstehst du, was ich meine? Du kommst mehr so vom Tod, er mehr vom Leben. Aber nicht unwitzig! Altklug witzig. Ich käme mir jedenfalls alt vor, wenn ich auf diese Art witzig wäre – oder sein müsste.«

Harolds Mienenspiel scheint ausdrücken zu wollen, dass er Bosies Gerede für sehr opiatisch hält, aber er schweigt. Bosie versteht das als Vorwurf und reicht ihm den Joint.

Maude macht einen kleinen Diener vor Ulrike.

»Etwas Lakritze für die wirklich geheime Geheimrätin?« Ihr englischer Akzent scheint sich zu verstärken, jetzt da sie sich auf die höfische Komödie einlässt.

»Fräulein Gräfin Mathilda Chardin«, entgegnet Ulrike nicht weniger geziert, »was findest du eigentlich an diesem Harold?«

»Nichts, ich finde nichts an ihm auszusetzen. Das macht ihn mir so lieb. Er ist so völlig rein. Er hat keine feste Meinung, er will nicht auftrumpfen, nichts besser wissen, nichts beweisen. Eigentlich will er wieder zurück in den Mutterschoß!«

»Na, da ist er ja bei dir an der richtigen Stelle!« Ulrike lacht anzüglich. »Nein, im Ernst, ich glaube, ich weiß, was du meinst. Wenn ich an Wolfgang denke, er ist ein rechter Brummbär geworden, er sagt es ja selbst: ›Ich kehre mich um und brumm‹.

Das nennt er dann ›Reim‹! Und alle applaudieren! Gott, ich hab ihn so satt!«

»Harold hingegen macht mir unentwegt Appetit! Ganz hungrig macht er mich …« Maude knurrt wie ein Straßenköter. Die beiden lassen die Gläser klirren.

»Wie wär es denn mit Harold? Warum gönnst du ihn dir nicht für ein Stündchen?«

»Leihen Sie ihn denn aus, edle Gräfin?«

»Ja, ja, das geht um, das Gerücht, dass ich Mignons im Angebot hätte, die ›unwürdige Greisin‹, wie ich gern genannt werde, die Lustknaben an ihre Freundinnen verleiht, aber nein, aus Gefälligkeit niemals! Nur für Geld! Niemals aus Freundschaft!« Die beiden prosten sich erneut zu. Und stecken die Köpfe dann wieder kichernd zusammen.

»Ist eure Beziehung denn tatsächlich …?« Ulrike legt die Hand andeutungsweise auf ihre Lippen.

»Sexuell? Durchaus!« Maude verkostet ihre eigenen Worte mit Behagen. »Probiere jeden Tag etwas Neues, ganz gleich, mit wem und wann!«

Ulrike blickt versonnen auf Eckermann.

Goethe verfolgt entrüstet Ulrikes Blicke. »Jetzt flirtet sie auch noch. Sie erkennt einfach nicht, wie alt sie geworden ist! Ihre Naivität war ihr Brautgeld, das hat sie ganz und gar verplempert! Sie nimmt alles zu ernst! Diese jugendliche Unbefangenheit ist ihr völlig abhandengekommen. Jetzt denkt sie nur noch wie eine Haushälterin, planen, planen, planen! Als ob ich noch ein Leben vor mir hätte! Ich habe eins hinter mir. Das war anfänglich interessant für sie, die nur die Gegenwart kannte. Jetzt langweilt sie es, immer nur im Imperfekt leben zu müssen. Das macht sie widerspenstig und mich brummig. Ich kann es nun einmal nicht ertragen, dass man meine Balance stört. Das lässt mich vor der Zeit altern!«

»Imperfekt ist für viele Frauen keine Zeitform, sondern ein Zustand«, unterbricht Wilde Goethes Monologisieren.

»Ach, Sie und Ihre klugscheißerischen Aphorismen. Es wundert mich nicht«, Goethe grinst schadenfroh, »dass Sie keinen Verlag mehr finden. Ein Buch wie ›Dorian Gray‹? Undenkbar heutzutage!«

»Nicht meine Schuld!« Wilde hebt die Hände, als wolle er den Zuschauern seine Wundmale zeigen. »Ecce homo: Die Heuchelei trifft zuallererst die Alten, weil sie so unzeitgemäß der Wahrheit verpflichtet sind.« Goethe applaudiert höflich.

»Interessanter Gedanke … Sie erlauben?! Eckermann, kommen Sie mal her! Wie könnten wir das formulieren, das mit diesem Liberalismus, der sich selbst stranguliert durch seine politisch korrekten Heucheleien?« Der Sekretär denkt kurz nach und notiert einige Zeilen. Dann reicht er Goethe den Block. Der liest den Satz mit einer Grandezza, als hätte er ihn gerade selbst formuliert: »Niemand ist hoffnungsloser versklavt als jene, die fälschlicherweise glauben, frei zu sein.« Wilde applaudiert. »Der Bezug zum Alter erschließt sich nicht jedem sofort. Aber wir dichten ja auch nicht für die Menge. Aphorismus Numero sieben werden nur die Klugen lieben! Es ist ein ganz eigener Spaß mit der Reimerei, oder?«

»Tja, aber es war Aphorismus Numero sechs! Wo bleibt da der Reim?« Goethe grinst schadenfroh.

»Wieso wirkst du eigentlich so jung?« Ulrike fixiert Maude mit einem sehr unfreundlichen Blick. »Fast jünger als ich«, fügt sie verdrossen hinzu. »Zumindest in der Art, wie du dich gibst. So elastisch.«

»Ernährung, Gymnastik, achtsames Atmen, Sex und die ganz einfache Frage: Soll es das schon gewesen sein für heute?«

»Das darf nicht alles gewesen sein! Ich habe mir so viel mehr Dinge erträumt vom Leben!« Ulrike ist den Tränen nah.

»Bist du sicher, Schätzchen? Wir kommen auf die Welt mit nichts. Wir verlassen sie mit nichts. Also häng dein Herz nicht an Dinge!«, tröstet sie Maude. »Mein Herz hängt an nichts. Ich bin jetzt neunundsiebzig Jahre alt, eine Vagabundin. Ich habe keine Lust mehr, mich mit meiner Persönlichkeit zu versöhnen. Vielleicht hält das ja jung: Unversöhnlichkeit!«

»Hast du denn keine Familie, keine Freunde, keine Verpflichtungen? Liebe verpflichtet doch schließlich auch, zumindest zur Treue«, fragt Ulrike erstaunt nach.

»Harold verpflichtet mich zu nichts, weil er sich selbst zu nichts verpflichten will. Schau ihn dir genau an! Fällt dir nichts auf?«

»Er sieht aus wie …« Ulrike stutzt. Sie tritt etwas näher an die Scheibe. »Er wirkt, er gestikuliert wie der junge Schiller! Ich glaube fast, er ist es.« Sie blickt verdutzt zu Maude. Die lächelt ihr Hexenlächeln.

»Die Kraft der Imagination! Du wünschst, er wäre es! Dann ist er es auch. Das ist das Geheimnis der alterslosen Liebe. Häng nicht deinen Träumen nach, wenn sie zu Albträumen geworden sind. Dann ist es Zeit, aufzuwachen und den Traumpartner zu wechseln! Treu musst du nur dir selbst sein!«

Bosie blickt amüsiert ins Zimmer hinein.

»Er steht ganz schön unterm Pantoffel, der Herr von Goethe! Oscar meinte, sie zwinge ihn weiterzuschreiben – und zu schreiben und zu schreiben. Ihre Rache für die entgangene Jugend, dass er die Romane schreiben muss, die sie nie ausleben durfte. Es ist ein Elend, oder? Der alte Mann blutet vollends aus. Während sie Kasse macht …«

»Entwickelst du etwa schon wieder Gefühle für einen älteren Herrn?« Harold verdreht die Augen.

»*Yes, Sir!* Ich hab ihn immer schon bewundert. Werther war mein großer Bruder, Tasso mein Herzensfreund. Selbst mit Faust kann ich mitfühlen, einen Akt lang, nur mit Wilhelm Meister nicht, der riecht schon ein wenig nach den erwähnten Pantoffeln!«

»Ich vermute, das sind literarische Figuren?« Harold hebt fragend den Joint. Bosie nimmt ihn mit zärtlicher Geste entgegen.

»Du liest keine Bücher?«

»Wozu?«

»Gute Frage, wenn ich mir die beiden alten Herren so ansehe! Glücklich wirken sie nicht. Aber das Unglück ist ohnehin viel anziehender!«

Goethe schaut aus dem Fenster. Er mustert Harold, blickt dann auf Ulrike, sein Blick wechselt hin und her, bis er in Misstrauen und Eifersucht erstarrt.

»Dein junger Freund …«

»Meinst du Harold oder Bosie?«

»Dein junger Bekannter Harold, er sieht aus, er gestikuliert, er lächelt wie ein längst begrabener Freund.« Goethe wischt sich über die Stirn, als wäre sie von Spinnweben verhangen. »Ich sehe Gespenster! Weh, wie wird mir? Schwankende Gestalten …«

Oscar zieht Eckermann kurz zu sich heran. »Wie kriegt man ihn eigentlich still?«

»Gar nicht! Das schafft nur sie!« Eckermann zeigt auf Ulrike. »Und auch nur zuweilen.«

Goethe schreckt auf, als hätte er den Namen Ulrikes gehört. Barsch winkt er Eckermann weg und beugt tuschelnd den Kopf zu Wilde.

»Unter uns: Fühlen Sie sich eigentlich alt?«

Wilde reibt sich die Nase. Es ist ihm anzumerken, dass er mit der nachfolgenden Bemerkung brillieren will.

»Nur hässliche Menschen werden alt. Schönheit hingegen währt ewig.«

Goethe nickt beifällig.

»Ein interessanter Gedanke. Aber wollen wir wirklich die ewige Gegenwart des Schönen? Darf ich Sie an Ihren Freund Dorian Gray erinnern? Ihm ist dieser Schönheitswahn ganz und gar nicht bekommen!«

»Er war zu sehr in sich selbst vernarrt. Dafür habe ich gar keine Zeit, angesichts all der Hoffnungen, die auf mich und mein Werk gerichtet sind.« Wildes Tonfall gerät ein wenig blasiert, wie immer, wenn er sich übergangen fühlt oder auf Dorian Gray angesprochen wird.

»Ach, was ist schon Zeit?« Goethes Brust hebt und senkt sich mit einem schwermütigen Ächzen. »Die Entfernung von der Jugend, das ist Zeit. Die Wegstrecke zwischen meinem Lachen und dem Gekicher Ulrikes. Der Grad unseres Widerwillens gegen die Unbekümmertheit der Jugend, das ist Zeit.«

»Das ist Ihre Definition von Zeit!«

»Nun, sicher. Welche andere sollte es geben – für mich? Ich bin der Mittelpunkt meines Universums. Und ich stelle fest: Es geht mir schlecht, denn weder bin ich verliebt noch ist jemand in mich verliebt. Das ist der Fluch des Alters!« Goethe verschränkt trotzig die Arme. Es ist ihm anzusehen, dass er in dieser Sache unbedingt das letzte Wort behalten will. Wilde faltet sehr demütig die Hände, hebt sie gleichsam betend auf Brusthöhe und säuselt hinterlistig: »Die Zeit hat auch ihr Gutes! Wir vergessen immer wieder, dass unter Blumen Menschenbeine liegen!«

»Pfui! Sie haben wirklich das Talent, einem die Laune zu verderben!«, schnauft Goethe entrüstet.

Bosie hebt mahnend den Zeigefinger. »Mein lieber Harold, du solltest wirklich mehr lesen! Lesen, das ist wie eine Seelenwanderung. Eine geführte Kletterpartie auf den Gipfel des eigenen Egos, nicht ungefährlich, aber ungeheuer faszinierend! Ich habe mich zuerst in Oscars Bücher verliebt und dann in ihn. Bei ihm war es umgekehrt. Auch wenn ich jetzt seine Bücher schreibe – er ist schon lange nicht mehr in mich verliebt. Er war es wohl nie. Er ist ein sehr treuer Mensch. Sich selbst gegenüber. Als sein Leben nicht mehr zur Komödie taugte, schrieb er es zur Tragödie um. Aber Lear taugt nur zum König, nicht zum Bettler. Insofern werde ich ihn bald verabschieden müssen!« Er nimmt einen tiefen Zug und wirft herrisch den Kopf in den Nacken.

»Woran erkennst du, ob sie zu alt sind?«, unterbricht ihn Harold. Bosies Tonfall wird sachlich, er scheint erfreut, als Experte angesprochen zu werden.

»Als Strichjunge zu arbeiten hat seine Vorteile. Ich habe es seinerzeit wirklich mit Vergnügen getan. Man lernt die Menschen besser kennen als jeder Arzt oder Philosoph. Goethe zum Beispiel. Er redet in sehr allgemeiner Weise. Er liebt vermutlich auch in sehr allgemeiner Weise. ›Mit siebzig folgte ich den Wünschen meines Herzens, ohne das Maß zu überschreiten.‹ Wer so dichtet, ist leicht zu befriedigen. Da genügen einfache Handreichungen, wenn du weißt, was ich meine! Bei deiner alten Dame liegt der Fall, glaube ich, nicht ganz so einfach! Sie liebt nicht mit dem Kopf, sondern mit dem Herzen.«

Maude blickt ein wenig mitleidig hinüber zu Goethe und Wilde.

»Diese alten Männer reden immer sehr viel und sagen sehr wenig. Eine Sphinx ohne Rätsel! Kann es Langweiligeres geben?«

»Durchaus: Ein Rätsel ohne Sphinx! Die Altklugen werden niemals klüger, nur älter, das lässt sich an ihm sehr schön studieren. Du glaubst nicht, was ich in diesem Haus schon für langweilige Tischgespräche erdulden musste!« Ulrike hebt verzweifelt beide Hände, dreht sie langsam hin und her, lässt die Armbänder klirren, was Eckermann genug Zeit für bewundernde Blick gibt.

»Ich habe gehört, beim Wein lege sich der alte Mann keine Beschränkungen auf? Und andere Drogen? Mir kam zu Ohren, er habe seinerzeit hin und wieder ein Pfeifchen mit Schiller geraucht: ›Den Geheimrat überkam sofort ein eigentümliches Gefühl, begleitet von einem tiefen Summen‹, hieß es.«

»Unsinn. Das wurde ihm angedichtet, und jeder hat es vom anderen abgeschrieben. Opium! Ich glaube, selbst dann würde er das Monologisieren nicht lassen! Es liegt nun mal in seinem Blut!«

»Ach, weißt du, Kindchen, das endet von ganz allein. Du machst dir da zu viele Gedanken. Einen alten Mann zu lieben heißt immer auch, ihn nur auf Zeit zu lieben. Auf eine sehr befristete Zeit. Das ist ein Glück in doppelter Hinsicht.«

Ulrike stutzt, fast ein wenig empört, sich von ihrem Selbstmitleid ablenken lassen zu müssen.

»Du meinst …?«

»Du solltest dich frühzeitig umsehen. Das ist dir nicht zu verübeln, im Gegenteil: Das war die unausgesprochene Einstiegsofferte eures Paktes Alt gegen Jung! Je schwächer seine Augen werden, desto schärfer solltest du hinsehen! Er tut es ja selbst auch. Oder ist es nur ein Gerücht, dass er zuletzt häufiger mit einer Schauspielerin beobachtet wurde? Es heißt, er sei wie vernarrt in sie! Kann es eine angenehmere Nachricht für dich geben? Du bist frei, so oder so!«

Goethe nimmt einen kräftigen Schluck und räuspert sich, was für seine Umgebung immer ein Hinweis ist, dass Bedeutungsvolles gesagt wird. »Was bleibt uns noch zu tun im Alter, wenn sie uns alle untreu werden? Im Ernst, mein Lieber! Wir sind der Nachwelt eine gute Antwort dafür schuldig, warum wir eigentlich so alt geworden sind!«

»Nun, in meinem Fall ist die Antwort doch sehr leicht!« Wilde wirkt ein wenig pikiert, dass Goethe nicht selbst darauf gekommen ist. »Meine Würde ist mein Leichtsinn. Ich denke, ich werde ein Gespenst und verschwinde in meinem

Werk. Im Verschwinden sind wir ja ohnehin schon geübt. Je leichter Erinnerungen wiegen, desto weniger zählen wir Alten. Und derzeit werden Erinnerungen ja nur noch zu Spottpreisen gehandelt. In ein paar Jahren sind wir vergessen. Die ein oder andere Pointe bleibt, aber die Person – *perdu!*« Er schnippt mit den Fingern wie ein Zauberer.

»Das Werk! Tja, wenn ich nur wüsste, wie es zum Abschluss bringen. Der neue Roman will mir so gar nicht gelingen.« Goethe schwenkt nachdenklich sein Glas. Ihm scheint gar nicht aufzufallen, dass Oscar ihm nicht mehr zuhört, sondern nur noch Augen für Harold hat.

»Augenblicklich schaffe ich es ja noch nicht einmal, Ulrikes ungeteilte Aufmerksamkeit zu erringen. Sie ist ständig abgelenkt. Sie malt ein wenig, dilettiert, macht Verse, schreckliche Verse, sentimentale Verse, gereimte Verse. Sie schreibt Prosa, als wäre es ein Haushaltsbuch, das sie führen müsste.« Er betrachtet sie nachdenklich. »Aber vielleicht ist sie auf einem besseren Weg als ich? Eckermann! Kommen Sie mal her! Ich hätte hier noch was für die ›Iphigenie‹.« Eckermann dienert und lauscht. Goethe hebt an:

»Hat denn zur unerhörten Tat der Mann

Allein das Recht? Drückt denn Unmögliches

Nur er an die gewalt'ge Heldenbrust?«

»Das steht bereits in der ›Iphigenie‹«, bemerkt Eckermann flüsternd. »Taugt aber sehr wohl auch als Aphorismus. Numero sieben, wenn ich richtig gezählt habe?«

Goethe nickt herablassend. »So sind wir denn doch zu einem guten Ende gekommen! Denn selbst die hagere Sieben reimt sich auf Lieben!«

Eckermann will widersprechen, zu albern scheint ihm das

alles, aber dann verliert er doch den Mut und schleicht davon.

Bosie hebt den Joint dicht vor die Augen. Ein Hauch nur und der krumme Ascheturm fällt.

»Ganz wichtig, was das Taxieren alter Männer anbelangt: das Äußerliche. Jeder ist sein eigener Porträtmaler. Deswegen habe ich Oscar auch das Rauchen streng untersagt. Es hat ihn so vergilbt. Desgleichen die alt machende Kleidung, noch schlimmer die jung machende Kleidung. Kosmetika, die auffällig kaschieren, sind ihm untersagt. Witze wiederholen, im Glauben, das Gegenüber habe sie nicht verstanden – untersagt, Imperative – streng untersagt!«

Harold kichert so hemmungslos, dass Bosie den Zeigefinger an die Lippen legt. Flüsternd fragt Harold: »Was ist ihm denn eigentlich noch erlaubt?«

Maude hakt Ulrike unter, die sich das gern gefallen lässt, denn sie spürt Eckermanns begierige Blicke, der Ähnliches viel lieber getan hätte.

»Komm mit, einen rauchen, Kleines! Gut für die Augen und gegen mein Rheuma. Wieso ich junge Augen brauche? Um mein Altern zu erkennen und die Zeit für den richtigen Abgang. Ich sehe in Harolds Augen, wann es so weit ist. Gott sei Dank ist er noch von der Liebe getrübt, sein Blick. Meiner leider nicht, ich bin ja eitel auf eine uneitle Weise. Aber da kann ich mir auch nichts drauf einbilden.«

»Warte, bevor wir auf die Terrasse treten, eine Frage noch: Fühlst du dich eigentlich freier im Alter?«

Maude sieht, dass Ulrike weniger an einer Antwort ihrerseits als vielmehr an den Huldigungsblicken Eckermanns gelegen ist.

»Pflichten kenne ich nicht, wenn du das meinst. Oh doch, eine vielleicht: dem Augenblick Dauer zu verleihen! Was die Maler mit dem Pinsel tun und die Dichter mit der Feder, das tu du … mit deinem Herzen!«

Ulrike beäugt sie misstrauisch. »Das klingt stark nach Kitsch! Sich verjüngen im Zusammensein mit dem Mann der Wahl – das ist Unsinn! Ich sehe es doch an Goethe.«

»Nein, ist es nicht, sofern du richtig wählst«, widerspricht Maude energisch. »In Momenten gelingt's!«

»Auf Dauer missrät es«, unkt Ulrike.

»Aber was bleibt, ist der Moment. Wag es! Versuchungen sollte man nachgeben, wer weiß, ob sie wiederkommen!«

Bosie inhaliert tief und bläst genießerisch kleine Kringel in den Himmel.

»Mein großes Werk?« Er macht eine gedankenschwere Pause. »Oscar ist mein großes Werk. Ich bin sein ganz persönlicher Judas. Keine schöne Rolle, aber eine zwingend notwendige! Wo wäre Christus ohne Judas? Noch immer in Palästina! Kein schöner Ort derzeit, oder? *Per aspera ad astra,* wie Oscar immer sagt, wenn die Rede auf mich kommt. Weiß der Teufel, was er damit meint.«

»Dass wir nur durch Kummer zum Glück gelangen, nur die Flügel der Sorgen tragen uns zu den Sternen. Frei übersetzt.«

Bosie wendet sich Harold mit einem amüsierten Grinsen zu.

»Mein Kleiner, das Dichten ist wirklich nicht deine Domäne! Traurig sein genügt da nicht. Aber es steht dir gut, das

Lyrische. Ich kann schon verstehen, warum die alte Dame so verrückt nach dir ist! Nur solltest du die Verse in Lieder verpacken, dann lindert die Melodie den Schmerz über die Konventionalität des Reims. Und du solltest dir unbedingt einen Künstlernamen geben! Wie wäre es mit Donovan?«

Oscar tippt die Worte mit seinem Gehstock aufs Parkett, was Goethe zunehmend verstimmter dreinschauen lässt.

»Altern heißt, sich mit seinem Körper auseinanderzusetzen. Altern heißt, sich mit den Körpern der anderen auseinanderzusetzen. Die gnädigste Form ist die Verhüllung. Unser Ego versteckt sich im Beiläufigen. Ich singe das hohe Lied der Brosche. Ich preise das Accessoire, ich lobe all die Dinge, mit denen man sich umgibt, auf dass sie einen ins rechte Licht setzen. Wir sollten mehr auf die Scheinwerfer achten als auf uns selbst. Dass wir uns selbst peinlich werden, hat einen einfachen Grund: Wir sind es.« Er mustert Goethe mit einem abschätzigen Blick. »Sie sollten mehr auf Ihren Körper achten!«

»Nach meinem Empfinden ist die Schönheit des Alters vornehmlich eine des Auftretens und der Würde«, entgegnet Goethe mit Grabesstimme, »und nicht eine des Beleuchtens oder der Beleuchter.«

»Würde, mein Lieber, Würde ist ein Wort. Ein sehr altes Wort. Ein Wort, zerkaut wie ein zähes Stück Fleisch. Ein unnützes Wort.« Wilde wechselt unvermittelt zum vertraulichen Du: »Glaub mir, ich habe alles gegeben, was ich je an Würde besaß, und nichts dafür zurückbekommen. Was kann sie dann wert sein, deine Würde?«

»Lieber Oscar, dir fällt die Peinlichkeit deiner Existenz schon gar nicht mehr auf!«

»Oh doch, und ich schäme mich dieser Schamlosigkeit nicht. Denn sie ist der letzte Quell der Freude, den ich noch habe. Ich verausgabe mich ganz und gar. Während Sie an sich sparen! Von mir wird nichts bleiben, wenn ich sterbe. Der alte Wilde ist da längst verzehrt und aufgebraucht. Ein Gespenst, wie erwähnt. Im Grab wird nur eine Vogelscheuche liegen. Aber Sie, Sie wollen als Geheimer Rat Goethe sterben?« Wilde rückt ein wenig von ihm ab.

»Würde ist das, was uns nicht zu nehmen ist. Darauf gedenke ich im Alter auch nicht zu verzichten!«

»Dann achten Sie mal sehr genau auf Ihre Taschendiebin Ulrike! Ob sie Ihnen nicht noch Ihr Herz stiehlt!«

Goethe winkt ab. »Alte Vögel sind schwer zu rupfen. Im Übrigen: Man wird nie betrogen, man betrügt sich selbst.«

Wilde klatscht andeutungsweise in die Hände und flüstert mit mephistophelischer Servilität: »Ein Aphorismus, der es wert ist, Eckermann zu bemühen?«

»Nein, nein, es ist genug«, winkt Goethe ab. »Sie haben wohl nicht mitgezählt!«

Ulrike hält Maude, die es auf die Terrasse drängt, noch immer fest untergehakt. Sie spricht sehr laut, Eckermann, der einige kleine Schritte näher getreten ist, lauscht ergeben.

»Es wäre eine Erlösung für alle …«

»Wenn er auszieht?«

»Wenn er stirbt. Oder auszieht. Oder endlich still ist. Einfach nur still! Diese Sprüche immer: ›Warum sich Mann und Frau so schlecht vertragen? Du kommst, mein Freund, hierüber nie ins reine.‹ Das wäre ihm damals nie eingefallen, so ins Unreine zu sprechen, als er noch vor mir auf den Knien kroch, lyrisch gesehen, in der Marienbader Zeit, als ich die himmlische Geliebte war. Und nun bin ich eine bessere Gesellschafterin. Bald nur noch Krankenpflegerin. Nicht mit mir!«

»Du willst Goethe in ein Pflegeheim schicken?« Maude mustert sie belustigt. »Den Olympier ins Seniorenasyl?«

»Warum nicht? Geld genug hat er. Es wird ihm an nichts fehlen. Nicht einmal an Zuhörern! Dort kann er dann ohne Ende seine Verse rezitieren. Ich kann sie jedenfalls nicht mehr hören. Das reimt sich doch alles in eins, Herz auf Schmerz, Wein auf …«

Maude zieht sie energisch fort. »Eine Scheidung lässt sich auch klüger bewerkstelligen!«

»Die Ehe ist der Gipfel der Kultur«, deklamiert Goethe.

»Aber ein Gebirge hat viele Gipfel!«, ergänzt Wilde süffisant.

»Die Frau verjüngen, nicht die Jüngere altern lassen, das scheint mir des Pudels Kern! Vielleicht hätte ich seinerzeit doch Frau von Stein ehelichen sollen! Da gab es einiges zu verjüngen!«

Oscar klopft ihm anerkennend auf die Schulter, was Goethe merklich zusammenzucken lässt. »Sie wollen erneut heiraten? Deute ich Ihre Worte richtig? Nichts anderes kann doch ›verjüngen‹ meinen! Mir scheint, Sie haben nun, da es zum Ende geht, doch ein wenig Angst vor sich selbst, mein Lieber, sonst würden Sie etwas so Unvernünftiges nicht tun wollen!«

»›Die Ehe ist eine wunderbare Gelegenheit zur Unreife!‹ Habe ich das nicht in einer Ihrer Komödien gelesen?«

»Aber sie schützt nicht vor dem Altern!«, entgegnet Wilde.

»Vor meinem nicht, gewiss, aber vor Ulrikes. Aber vorläufig kein Wort zu ihr, bitte! Die Scheidung würde sie ins Grab bringen. Ich muss es ihr sacht beibringen!«

»Ah, Tantchen Maude, was treibt Sie auf die Terrasse?« Bosie hält ihr galant die Tür auf.

»Die Heilkräuter im Pfeifchen, oder was raucht ihr hier?«

»In der Tat, nur die besten Heilkräuter«, nickt Bosie zustimmend und reicht ihr einen frisch gedrehten Joint.

»Die Ehre des Anrauchens, ich danke dir, Ganymed! Und du blick nicht so eifersüchtig drein, Harold, zwischen mir und Bosie ist nur die Anziehung des Rausches und der Ekstase. Stimmt's, Bosie-Boy?«

Sie nimmt einen kräftigen Zug, hustet, und nimmt noch einen. Harold hebt mahnend die Hand. Sie kichert ausgelassen und winkt ab.

»Ach was, ist doch biologisch-dynamisch. Das wäre auch was für meine Kleine. Wo ist sie? Wo ist denn Ulrike hingehuscht?«

Goethe schwelgt in der Vorstellung einer schöneren Zukunft. Er hat Wilde untergehakt, was dem gar nicht zusagt, und schreitet mit ihm in der Stube auf und ab.

»Eine kleine Stellung, ein kleiner Orden, ein bisschen Namen, ein bisschen Ehre, alles in allem, es ist nicht viel. Aber vielleicht wird es ihr genügen! Sie ist Schauspielerin, müssen Sie wissen. Keine allzu begabte, aber eine enthusiastische. Keine allzu junge, aber vielleicht ist ihr Herz dennoch mutig genug, mich lieben zu wollen!«

»Machen Sie sich nicht geringer, als Sie sind, mein lieber Goethe! Von den Alten zu den Jungen muss das Leben gehen und umgekehrt, dann wird ein Lied daraus. ›Der Kuss von gestern wandert morgen auf andere Lippen.‹ Nein, das ist nicht von mir, das hat Bosie gedichtet. Er ist sehr bemüht, es mir gleichzutun.«

»Wer nicht alt werden will, wird unter dem Gefühl leiden, zu jung zu sterben. Vielleicht meint er das?« Goethe blinzelt, als blendete ihn der Lichtstrahl göttlicher Eingebung. »Aber ich frage Sie, mein Freund: Wer sich vorschnell aufs Altern einlässt, wird der nicht das Gefühl haben, dem Tod zu viel Herrschaft über das Leben eingeräumt zu haben?«

Wilde schüttelt den Kopf, sehr behutsam, weil er seine Perücke nicht ins Rutschen bringen will. »Wie können Sie Ihr Leben lieben, wenn Sie nicht alt werden wollen?«

»Da mag etwas dran sein.« Goethe nickt nachdenklich. »Aber warum sollte ich an der Seite einer Frau altern, die mich nicht altern sehen will? Altern kann nur gemeinsam gelingen!« Er klatscht in die Hände. »Eckermann, kommen Sie mal her! Warum werden wir Klassiker niemals wirklich alt? Diese Frage gilt es zu notieren, in Gestalt eines letzten Aphorismus! Eckermann? Wo sind Sie? Eckermann???«

VI. SIE WOLLEN NOCH EINMAL GANZ VON VORN ANFANGEN? SIE WOLLEN GAR NICHT MEHR AUFSTEHEN?

Oder: Bei wem liegen Sie lieber auf der Couch, bei Dr. Jekyll oder bei Mrs. Hyde?

Mittwoch, erste Sitzung

Madame Oblomowna sah über ihre Lesebrille hinweg in ihr kleines ledernes Bestellbuch, was vollkommen überflüssig war, da sie seit Monaten nur noch drei Patienten empfing. Jeder von ihnen war eine Berühmtheit, nach eigenem Dafürhalten und nach Meinung der Öffentlichkeit, aber deswegen waren sie ja hier, weil sie ihre eigene Berühmtheit im Alter nicht ertragen konnten. *»Madame Freud-a-dit«*, wie Olga Oblomowna von Kollegen und Patienten tituliert wurde, hatte ihre Praxis offiziell schon lange aufgegeben und nur diese drei Fälle behalten, die nicht therapierbar schienen und folglich auch schwer vermittelbar waren. Nicht, dass sie diese Patienten übermäßig lieb gewonnen hätte, dergleichen persönlichen Gefühle suchte sie stets zu unterdrücken, aber eine gewisse persönliche Verbundenheit hatte sich im Laufe der Jahre durchaus eingestellt, was sie umso stärker verurteilte, je deutlicher wurde, dass diese Sympathie von ihren Patienten keineswegs erwidert wurde. Im Gegenteil, sie schienen sie geradezu zu hassen. Aber darüber wollte sie heute, am Behandlungstag, lieber nicht weiter nachdenken. Reine Bauchsache. Das war immer schon ihre Methode gewesen. »Verdauen statt Verdrängen« – so auch der Titel ihres ersten Bestsellers, in dem sie vorgeschlagen hatte, alle seelischen Nöte sehr bewusst dem Darm zu überantworten, denn dessen Tätigkeit, »tätige Trägheit«, wie sie es griffig genannt hatte, ließ sich leichter regulieren als die der Seele. Aktuell arbeitete sie an einem Ratgeber für Alternde: »Das Phoenix-Prinzip. Wie Sie sich immer neu erfinden können«.

Dr. Lecter, der Erste auf ihrer Liste, war unter diesen drei Patienten mit Abstand der Klügste, aber auch der Widerspenstigste. Da er ein außerordentlich pünktlicher Mensch war, vermutete sie ihn schon im Wartezimmer. Madame Oblomowna seufzte tief auf. Bei keinem dieser drei Patienten erwartete sie noch eine nennenswerte Besserung. Wäre es nicht um das Eröffnungskapitel ihres Buches gegangen, betitelt mit »Die drei Flüche des Alters«, sie hätte jeden der drei schon längst mit Kusshand verabschiedet, was bei Hannibal Lecter gewiss seinen sehr eigenen Reiz gehabt hätte. Sie schmunzelte.

Madame Oblomowna liebte Geld, sie schrieb gern für Geld, sie therapierte gern für Geld, und etwas anderes als Geld konnte sie sich als Währung für ihre Aufmerksamkeit auch gar nicht vorstellen, es sei denn Ergebenheit, aber gerade die ließen ihre Patienten zunehmend vermissen. Vermutlich auch eine Alterserscheinung. Sie warf einen kurzen Blick auf ihr Manuskript, das wie immer sehr mittig auf ihrem Schreibtisch lag, sodass die Patienten leicht einen Blick auf die erste Seite werfen konnten. »Die drei Flüche des Alters: die begangene Tat, die unbegangene Tat, die erfundene Tat«. – »Eine sehr gute Kapitelüberschrift«. Madame Oblomowna lobte sich, wann immer es ging, laut, denn von ihren Patienten konnte sie keinen Applaus erwarten, und ihren Lesern hatte sie noch nie recht getraut, was den Erfolg ihrer Ratgeber keineswegs beeinträchtigte. Im Gegenteil, ihr schien, je herablassender sie den Hilfesuchenden begegnete, desto aufrichtiger war deren Verehrung. Ein Missverhältnis, das sie nicht länger ertrug. Madame Oblomowna war sehr stolz auf ihre zarte Seele, die sie sich auch im Alter bewahren wollte. Also hatte sie beschlossen, sich aufs Land zurückzuziehen, wenn das neue Buch erst einmal auf dem Markt war, und Rosen zu züchten – oder besser noch: züchten zu lassen. Sie hatte da einen gut aussehenden Gärtner im Auge, frei von Komplexen und ohne jeden Therapiewillen, ein wenig schlicht vielleicht in seiner Denkungsart, aber das würde sehr erholsam sein nach all den Jahren in der Praxis. Es war kein schönes Leben, lebenslang über das unschöne Leben anderer nachzudenken. Schon gar nicht im Fall von Dr. Hannibal Lecter! Ein äußerst attraktiver Mann, trotz seines Alters, aber ungemein renitent. Er weigerte sich seit Jahren sehr höflich, aber auch sehr beharrlich, sie als Autorität anzuerkennen. Das empfand sie als persönliche Kränkung, erst recht in diesem ganz speziellen Fall, der ihr zu unsterblichem Ruhm hätte verhelfen können, wenn, ja, wenn sich Dr. Lecter ein wenig kooperativer gezeigt hätte.

Die erste und vordringlichste Pflicht komplizierter Patienten war es, nach Dafürhalten von Madame Oblomowna, den Therapeuten berühmt zu machen, was in ihrem Fall nicht sonderlich schwer gewesen wäre, weil sie schon einigermaßen bekannt war. Sie hätte aber noch viel berühmter sein können, wenn ihr der große Kriminalroman gelungen wäre, dessen Beendigung sie nun schon seit Jahren immer wieder hinausschieben musste, weil es ihr an einem reuigen Mörder mangelte, der sein Tun auch als ein therapeutisches begriff. Niemand hätte dafür eine bessere Veranlagung besessen als Dr. Lecter, der gefürchtete Serienmörder, aber er zierte sich. Noch immer. Aber nicht mehr lange. Sie war gewillt, ihm die Pistole auf die Brust zu setzen. Madame Oblomowna drückte sehr energisch den Knopf für die Außensprechanlage: »Dr. Lecter, ich lasse bitten!«

Er musste an der Tür gestanden haben, anders war es nicht zu erklären, dass er so schnell ins Zimmer treten konnte und sich unaufgefordert sofort auf ihre berühmte Ottomane legte, das Wort »Couch« wäre für diese orientalisch anmutende, von zahlreichen Kissen gepolsterte »Lustliege«, wie Anna sie getauft hatte, eine böse Herabwürdigung gewesen. Hannibal Lecter kreuzte die Hände über dem sichtlich gewölbten Bauch, schnaufte tief durch und schloss die Augen.

Madame Oblomowna war diese Art der behaglichen Inanspruchnahme ihrer Person und ihres Mobiliars zutiefst zuwider. Noch zwei Sitzungen, dann würde sie ihn verabschieden, aber nicht, ohne ihn ein letztes Mal für ihr Buch gemolken zu haben. Sie hob das kleine Glöckchen, das auf dem Beistelltischchen stand, und läutete offiziell den Beginn der Sitzung ein. Madame wand sich mit Unbehagen in ihrem Sessel, was an ihrer nicht geringen Leibesfülle und der sehr fühlbaren körperlichen Präsenz dieses Mannes lag. Früher hatte sie selbst während der Sitzungen auf der Ottomane gelegen. Ihre schweren Beine hatten ein ausdauerndes Sitzen unmöglich gemacht, und so hatte sie eine Zeit lang ihre Patienten aufgefordert, den Liegeplatz auf der Couch freizumachen und doch bitte im Sessel Platz zu nehmen. Nicht wenige hatten irritiert geblickt, aber die meisten hatten ein tiefes Vergnügen an der Rollenverkehrung empfunden, die ja tatsächlich keinen Machtwechsel, sondern nur einen Positionswechsel bedeutet hatte. Allerdings war Vergnügen keineswegs eines der Therapieziele, weswegen Madame die Anordnung nach wenigen Monaten wieder rückgängig gemacht hatte. Sehr zu ihrem Missvergnügen, denn der Sessel engte ihren Körper doch ungemein ein.

Hannibal Lecter sah auf seine Armbanduhr, die bestimmt sehr kostbar war, gemessen an der Zärtlichkeit seines Blicks. Madame wusste die Geste natürlich richtig zu deuten, aber sie dachte gar nicht daran, seiner Ungeduld entgegenzukommen. Stattdessen blätterte sie in der Krankenakte, als ob da noch etwas Neues zu entdecken gewesen wäre.

Dr. Hannibal Lecter, so nannte er sich zumindest, war ein Mann in den Sechzigern, von kräftigem Wuchs, der sich vor Jahren bei ihr in Therapie begeben hatte, weil er dem Erwartungsdruck seiner Frau nicht mehr standhielt, die von ihm jährlich einen neuen Mordfall erhoffte, in Buchform selbstredend. Ein klassischer Fall von Burn-out, so schien es zunächst, aber es war mehr, viel mehr, denn Hannibal Lecter warf seiner Frau und seinen Lesern wie auch seinem Verlag vor, ihn förmlich in eine kriminelle Karriere gedrängt zu haben, die er so nie für sich geplant hatte und nun endlich im Alter auch beenden wollte. Sein eigentlicher Wunsch war es, Liebesromane zu schreiben. Aber alle hielten an dem alten Hannibal, dem Serienmörder fest. Seine Therapiehoffnung war gewesen, dass Olga Oblomowna die Hebamme seiner Wiedergeburt als romantischer Autor sein sollte, die er sich selbst so sehr wünschte, die seine Leser hingegen mehr fürchteten als den nächsten Mord. Allerdings war Madame Oblomowna, daraus hatte sie nie einen Hehl gemacht, eindeutig aufseiten der Leser.

»Lieber Hannibal Lecter …«

»Doktor Lecter, sagen Sie einfach Doktor Lecter, das genügt.« Seine Stimme war wie immer sehr sanft und sehr eindringlich.

»Lieber Hannibal«, sie wusste, diese vertrauliche Anrede würde ihn bis aufs Blut reizen, deswegen wiederholte sie die Worte genüsslich, »mein lieber Hannibal, wir nähern uns dem Ende der Therapie!« Sie atmete tief durch, in der Hoffnung, dass Lecter ebenfalls tief durchatmen würde, aber dessen Atem blieb sehr flach und sehr beherrscht. »Heute und in der letzten Sitzung werden wir uns noch einmal, abschließend, die zwei Fragen stellen, die unsere Therapie seit Jahren strukturieren: Wer sind Sie? Und wer wollen Sie sein? Mögen wir gleich mit der ersten Frage beginnen?« Ihr Blick bat um sein einvernehmliches Nicken, das er huldvoll gewährte. Hannibal entfaltete die Hände über seinem Bauch und räusperte sich verlegen. Wie immer war er tadellos gekleidet, der schwarze Seidenanzug wirkte wie frisch vom Schneider, selbst die Absätze der Schuhe glänzten. Dennoch schien er ein wenig eingeschüchtert.

»Sie wissen, warum ich diese Frage immer wieder stelle …«, Madames Stimme wurde sehr sanft, »weil die Vergangenheit unsere Gegenwart beherrscht. Wir sind die, die wir waren.«

Hannibal schien sich innerlich ein wenig zu winden, als stünde eine sehr schwere Geburt bevor. Widerwillig drehte er den Kopf hin und her.

»Wann fing das an mit den Lügen?« Madames Stimme wurde strenger, sofort war er folgsamer.

»Als ich Starling zum ersten Mal traf. Ich wollte sie beeindrucken. Ich meine, ich war damals nur ein einfacher Buchhändler, eine Frau wie sie wäre nie auf den Gedanken gekommen, sich in mich zu verlieben. Dazu noch der alberne Name! Hannibal! Es ist nicht einfach, als Sohn eines Lateinlehrers und einer Bibliothekarin geboren worden zu sein. Aber das wissen Sie doch schon alles!«

»Fahren Sie fort!«

»Also«, er geriet ein wenig ins Stottern, »erfand ich meinen ersten Mord, in Form einer Art Beichte, die ich angeblich einem Freund abgenommen hatte, und ich fragte Starling, ob sie nicht wüsste, wer sich dafür interessieren könnte. Ich bat sie, Stillschweigen darüber zu bewahren, was sie natürlich nicht tat. Auch den Freund nahm sie mir nicht ab. Ich meine, sie war Psychologiestudentin und hatte einen eigenen Serienkiller-Blog, sie las ja immer nur diese Art von Literatur, so haben wir uns ja kennengelernt, sie war süchtig danach und all ihre Freundinnen auch, und quasi über Nacht war ich berühmt, dank dieses Blogs.«

»Und Sie hatten Erfolg …«

»Aber das wissen Sie doch schon alles!« Er wand sich verlegen.

»Ja, aber ich muss Sie bitten, mir alles, alles noch einmal zu erzählen!«

Tatsächlich gab es ein Ritual des Fragens, an das er sich sklavisch hielt. Wann immer sie von der Bahn abwich, quittierte er die Abweichung mit Schweigen.

»Das Buch erschien erst im Eigenverlag, als eBook, damals noch unter dem Titel ›Die Konkubine des Kannibalen‹. Bald darauf rissen sich die Verlage darum. Als sie das erste gedruckte Buch von mir in den Händen hielt, verliebte sich Clarice Starling in mich. Besser gesagt: in den Autor Hannibal Lecter.« Er begann zu stottern. Die Erinnerung an die ersten romantischen Wochen schien ihn sichtlich zu quälen. »Wir hatten eine wunderbare Zeit, anfangs. Ich wurde immer gewalttätiger. Nicht in der Realität natürlich. Ich erzählte ihr alles, was mir so an bösen Gedanken durch den Kopf ging, wirres Zeug. Je blutrünstiger ich mich aufführte, desto anhänglicher wurde sie. Sie hielt sich für meine Komplizin und hat mich in der Folge mit immer neuen Mordfällen versorgt. Die Gerichtsmedizin wurde ihr zweites Zuhause, sie erfand die raffiniertesten Tötungstechniken, sie hat aufgehorcht, wo und wann immer sie Grausames hörte, und sie hat, Hebamme des Bösen, die sie ist, all das Schlechte in mir ans Tageslicht gezerrt.«

»Deswegen sind Sie zu mir gekommen?«

»Ich komme mit meiner Schlechtigkeit nicht mehr zurecht. Ich möchte im Alter nicht im Blut waten müssen. So bin ich nicht. Ich will keine Kriminalromane mehr schreiben!«

Madame Oblomowna war versucht einzuwerfen, dass ihm bei seinem Luxusleben wohl nichts anderes übrig bleiben würde, aber sie riss sich zusammen und fand ihren professionellen Ton wieder. »Ich rekapituliere: Sie können dem Erwartungsdruck, böse zu sein, nicht mehr standhalten. Wie stehen Sie denn zu dem Bösen an sich?«

»In Ihnen?« Er schämte sich sofort für diesen kleinen Scherz. »Sie meinen natürlich in mir?«

Madame nickte.

»In mir ist nur das, was andere in mir sehen wollen. Das war schon immer mein größtes Talent und mein größter Fluch,

Resonanzkörper zu sein, Projektionsfläche. Jetzt bin ich alt. Jetzt möchte ich mein eigenes Leben!«

»Indem Sie sich einbilden, das Böse sei aus Ihrem Leben verschwunden?«

»Ich war nie böse!«

Hannibal Lecter blickte sie mit seinen großen braunen Augen unverwandt an. Was für ein Schafsblick, seufzte sie insgeheim, sie hasste dieses vermeintlich naive Augenspiel. Angestrengt bemühte sie sich um einen freundlichen Gesichtsausdruck und wiederholte zu ihrer eigenen Beruhigung einfach seine Worte in Gestalt einer Frage, was sie häufiger tat.

»Sie waren nie böse?«

»Nein, niemals! Ich hasse alles, was mit Gewalt zu tun hat. Ich hasse meinen Spitznamen, ›Hannibal‹ der Kannibale. Wegen meiner Frau höre ich nachts Lämmer schreien, all die Ermordeten. Ich kann nicht mehr ruhig schlafen. Die Ängste der anderen sind meine geworden. Aber die Angst vor dem Tod können wir nicht töten, indem wir sinnlos Blut vergießen!« Er ächzte gequält, währenddessen rotierten seine Daumen in einem sehr behaglichen Tempo. Es machte ihm sichtlich Vergnügen, über die Laster der anderen zu klagen. »Warum lesen die Menschen meine Geschichten? Ich verstehe es nicht! Der Tod lauert überall, das vergessen wir, wenn wir das Grauen zwischen zwei Buchdeckel pressen. Ich will Schluss machen mit diesem sinnlosen Blutvergießen. Die Welt ist auch ohne mich schlecht genug!« Er hob pathetisch die Hände.

»Warum wünschen Sie sich das?«, fragte Madame Oblomowna ungerührt nach.

»Weil ich im Alter im Reinen mit mir sein will!« Lecter richtete sich ein wenig auf. »Das hatte ich doch erwähnt.«

»Es ist also eine Frage des Alters? Vielleicht auch eine Frage der nachlassenden Kraft?«

»Nein«, widersprach Lecter vehement, »es ist eine Frage der Wahrheit.«

»Ist Wahrheit etwa für ein glückliches Alter von Nutzen oder gar die Bedingung desselben?« Madame Oblomowna tippte versonnen mit dem Stift an ihre Lippen.

»Sie formulieren schon wieder für Ihr Buch!« Hannibal Lecter hob vorwurfsvoll den Kopf und drohte ihr mit seinem sechsten Finger. Eine Anomalie, die sie noch immer erschreckte. Lecter sah sie böse an. »Ich finde diese Art, mit mir zu reden, herabwürdigend! Als sei ich bereits senil oder gar nicht mehr der Herr meiner Geschichte. Ich kenne dieses therapeutische Sprechen von Clarice. Auch sie will mir meine Geschichte rauben. Aber ich lasse mir meine Biografie nicht von anderen diktieren, nur, weil ich ein langweiliges Leben bevorzuge. Verstehen Sie?«

»Nein, das verstehe ich nicht. Es geht Ihnen doch ganz gut so, wie Sie leben«, stichelte Madame.

»Es geht hier nicht um Materielles. Es geht darum, ob ich ganz allein die Deutungshoheit über mein Leben habe. Es geht um Macht!«

»Was soll das heißen, bitte? Ein wenig konkreter dürfen Sie schon werden.«

»Sie sind nicht die Autorin meiner Geschichte, kein anderer Analytiker ist es und schon gar nicht Clarice, die immer nur ein Monster aus mir machen wollte. Sie kennen die Geschichte von Frau Shelley, die aus einer Laune heraus Frankenstein erfunden hat? Das ist meine Tragödie! Die Frau, die ich zu lieben glaubte, wollte nur einen neuen Frankenstein.«

»Ein begreiflicher Wunsch, oder? Der alte war ja auch wirklich gruselig anzuschauen!« Madame Oblomowna verzog keine Miene. Sie wusste, dass sie auf einem schmalen Grat wandelte. Einen Wutausbruch wollte sie nicht provozieren. Sie hielt Lecter keineswegs für ungefährlich, gerade weil er seine Harmlosigkeit so betonte. Ihre Stimme wurde sehr sanft: »Warum fühlen Sie sich denn nicht geschmeichelt von Ihrem öffentlichen Ego? Sie sind einer der bekanntesten Serienmörder der Welt, literarisch, versteht sich.«

»Ich will mein Leben nicht anderen verdanken müssen.« Lecter presste die Worte sehr kurzatmig hervor. »Ich möchte meine Geschichte neu schreiben. Ich bin der Autor meiner selbst.«

»Klingt mehr nach einem unverstandenen Mantra. Bedenken Sie, was die Öffentlichkeit denken mag, wenn sie die Wahrheit über Hannibal Lecter erfährt. Der gefürchtete Serienmörder und Kriminalschriftsteller nur eine Marionette seiner jungen Frau, die sich immer schon für den Schwächling an ihrer Seite geschämt hat. Wollen Sie das?«

»Ja, ich will mein Leben zurück.« Lecter verschränkte trotzig die Arme. Madame Oblomowna wandte sich ihm mit einem amüsierten Lächeln zu. »Ihre Frau fährt einen Acht-Zylinder-Mustang, wenn ich mich recht erinnere? Sie selbst fahren Volvo? Ihre Frau ist eine begnadete Jagdschützin, Sie können keiner Fliege etwas zuleide tun. Die konditionellen Differenzen wollen wir erst gar nicht erwähnen. Ich vermute: Ihre Frau ist Ihr Problem!«

»Nein, der Tod ist mein Problem«, wich Lecter aus. Sein Tonfall wurde sentimental. »Je älter ich werde, desto größer wird mein Hass auf den Tod. Ich kann das nicht mehr, ich kann keine Krimis mehr schreiben, ich will kein Mörder mehr sein.«

»Wer zwingt Sie denn?«

»Der Ehrgeiz meiner Frau zwingt mich, das wissen Sie ganz genau!«

»Kann es sein, dass der Ehrgeiz Ihrer Frau …«, Madame machte eine bedeutsame Pause, »… Ihr ganz persönlicher Ehrgeiz ist? Vielleicht sind Sie genau deshalb mit ihr zusammen! Weil sie das Beste aus Ihnen hervorholt? Zu Ihrem Leidwesen ist das in Ihrem Fall nun mal das …«

»Schweigen Sie still!«, brüllte Lecter. »Das Einzige, worunter Clarice leidet, sind ihre trockenen Augen. Sie kann nicht weinen, konnte sie noch nie. Sie hat kein Gefühl! Sechs Finger an der linken Hand, das hat sie fasziniert. Sie wollte immer nur, dass ich etwas Besonderes bin, Held oder Bestie, am besten in Personalunion. Ich bin aber nichts Besonderes. Ich habe das Recht, im Alter so zu sein, wie ich sein möchte: normal!«

»Die Öffentlichkeit hat auch Rechte an Ihnen«, gab Madame Oblomowna zu bedenken.

»Wir drehen uns im Kreis.« Lecter atmete tief durch. »Wissen Sie, wie man meine Frau in Verlagskreisen nennt? Den ›Todesengel‹! Es ist ein offenes Geheimnis, dass ich meine Bücher nur noch unter Zwang schreibe. Sie führt mir die Hand.«

»*Who cares?* Frauen sind nun einmal die raffinierteren Krimiautoren. Wir kennen uns besser mit den menschlichen Abgründen aus. Sonst wären Sie ja nicht hier bei mir, oder?«

Hannibal Lecter hatte größte Lust, ihr das Grinsen aus dem Gesicht zu schneiden und eine Karnevalsmaske daraus zu modellieren, aber er kniff sich leicht in den Unterarm, was seine Aggressionen für gewöhnlich sofort milderte.

»Sie dürfen ihr die Wahrheit nicht zumuten, ein anderer sein zu wollen! Sie müssen weiterschreiben, indem Sie sich von ihr die Hand führen lassen und ihrem Talent dienen. Das wäre erwachsenes Tun. Damit wäre auch unser Therapieziel erreicht.«

»Indem Sie meinen Widerstand gebrochen hätten? Nein, nein, ich würde gerne eine Zweitmeinung einholen. Mein Eindruck ist, Sie stehen aufseiten meiner Frau. Werden Sie von ihr etwa auch bezahlt? Werden Sie?«

Hannibal Lecter straffte sich. Seine Schuhspitzen zitterten vor unterdrückter Wut. Madame Oblomowna witterte Auflehnung. Ihre Stimme wurde schneidend: »Das würde ich Ihnen nicht raten.«

»Wieso? Jeder hat das Recht auf eine zweite Meinung.« Lecter stützte sich auf seinen Ellbogen und lächelte sie herausfordernd an.

»Lieber Hannibal, wir können unsere Geschichte nicht einfach so umschreiben. Wäre dem so, dann handelten wir souverän. Aber wir sind nicht Herr im eigenen Haus, wenn ich Sie daran erinnern darf, was Freud …«

»Nicht mit mir! Ich will der sein, der ich bin. Diese Freiheit darf ich mir im Alter nehmen. Es ist die einzige Freiheit, die mir geblieben ist. Tut mir leid, wenn Sie niemals den Mut dazu hatten!«

»Was wollen Sie denn damit sagen?« Madame Oblomownas Stimme verriet eine kleine Unsicherheit, was Lecter mit spürbarer Freude zur Kenntnis nahm.

»Nun ja, wir alle wissen, dass Ihr Vater nicht sonderlich stolz auf Sie war!«

»Was für einen Unsinn reden …«

»Er hat Ihnen nie«, unterbrach Lecter sie barsch, »eine eigene Praxis gestattet. Sie wurden seine Nachfolgerin, Sie sitzen in seinem Stuhl, Sie reden, wie er geredet hätte. Ihre Stimme war niemals Ihre eigene! Sie haben kein Ego! Deswegen gönnen Sie anderen auch keins! Aber wie wollen Sie in Würde altern ohne ein eigenes Ego, *Madame Freud-a-dit*? So werden Sie doch in Kollegenkreisen noch immer genannt?«

»Lieber Hannibal, wie immer, wenn Sie sich in die Enge gedrängt fühlen, werden Sie persönlich. Wir sehen uns am Freitag. Einen schönen Tag noch!« Ihr Winken bat ihn aufzustehen. Behände erhob er sich von der Ottomane. Madame Oblomowna war sich nicht sicher, ob sie tatsächlich ein zufriedenes Knurren hörte, als er die Tür hinter sich zuzog.

Mittwoch, zweite Sitzung

Madame Oblomowna schüttelte sich kurz, als müsste sie sich eines Albdrucks entledigen. Sie war sich sicher, er würde das nächste Mal zu Kreuze kriechen. Lecter war im Grunde ein schwacher Mann. Er lebte von den Hoffnungen seiner Frau. Er ahnte wohl gar nicht, dass sie ihn schon längst aufgegeben hatte. Clarice wollte noch diese letzte, allerletzte Geschichte von ihm, und die würde Madame Oblomowna ihr liefern – und doppeltes Honorar kassieren. Clarice würde ihren Roman daraus fabrizieren, sie selbst ein wunderbares Kapitel in ihrem Ratgeber: »Blaubarts Zimmer – Mörderhöhle oder Dining Room? Sieben psychologische Deko-Tipps«. Nicht schlecht als Kapitelüberschrift! Madame war, wie immer nach einer Therapiestunde, sehr zufrieden mit sich selbst. Dem gewohnten Ritual folgend griff sie zu ihrer Thermoskanne und goss sich einen Schluck lauwarmen Tees ein, den sie mit einer kräftigen Zugabe aus einem silbernen Flachmann alkoholisch auffrischte. Ihr nörgligster Patient, Anna K., lauerte bestimmt schon an der Tür. Anna legte ungeheuren Wert auf das Kürzel, obwohl alle Welt sie unter ihrem richtigen Namen kannte. Madame Oblomowna mochte sie nicht sonderlich. Anna war seit über zehn Jahren bei ihr in Therapie und machte noch immer keine Anstalten, von ihrem Tun abzulassen. Eine klassische Nymphomanin, der es einfach nicht gelingen wollte, ein Leben ohne Sex zu führen. Madame blätterte nachlässig in den Unterlagen. Annas Krankenakte glich einer Achterbahn. Sie war von Hand zu Hand gegangen, von Arzt zu Arzt, dank des Reichtums ihrer Familie war nie an namhaften Therapeuten gespart worden, bis zuletzt ein gewisser Nabokov ihren Fall als untherapierbar zu den Akten gelegt hatte. Madame Oblomowna war die Einzige, die sich, auf ausdrücklichen Wunsch der Familie hin, bereit erklärt hatte, noch einmal den Versuch zu wagen, damals, vor vielen Jahren. Hätte ich es nur sein gelassen, stöhnte sie.

Die Uhr schlug elf und Anna trat herein, wie immer ohne anzuklopfen. Sie trug eine Perlenkette, wie immer, ein schwarzes Witwenkostüm, das sie in dutzendfacher Ausführung besitzen musste, wobei alle für Madames Geschmack ein wenig zu körperbetont geschnitten waren, denn Anna zeigte immer noch gern ihre sehr anmutige Figur. Sie eilte zur Couch, setzte sich nieder, schlug die Beine übereinander und fixierte Madame mit einem bösen Blick.

»Ich habe keine Schuldgefühle, ich hatte nie Schuldgefühle, und ich werde nie Schuldgefühle haben! *Non, je ne regrette rien!*«

Madame stöhnte. Immer das gleiche Theater. »Willkommen, liebe Anna. Schön, dass Sie sich diesmal die Zeit genommen haben, mich zuallererst einmal zu begrüßen.« Anna schwieg. Madame musterte sie ohne Wohlwollen, aber mit einer gewissen neidvollen Achtung. Was für eine schöne Frau! Sie war in jenem unbestimmbaren Alter zwischen fünfzig und sechzig, in dem sie seit Ewigkeiten zu verharren schien, nicht alt, nicht jung, von einer milden Überreife, wie sie manches Rilke-Gedicht auszeichnet. Ihr Anblick schmerzte, auf genussvolle Weise. Madame kniff missgünstig ihre Augen zusammen und ließ ihre Knöchel knacken, was Anna hasste, wie sie sehr wohl wusste.

»Wollen wir einfach wieder von vorn beginnen? Denn ein rechter Therapieerfolg scheint sich ja nicht einstellen zu wollen, wie ich Ihren Auftaktworten entnehmen kann!«

Anna hatte keinen Sinn für Ironie. Wie alle wirklich schönen Frauen wusste sie mit Doppeldeutigkeiten nicht umzugehen. Sie sah darin einen Angriff auf ihre körperliche Integrität. »Was wollen Sie hören? Ja, ich habe meinen Mann gehasst. Der Grund? Seine hässlichen Ohren. Sehen Sie mich nicht so an! Mehr braucht es nicht! Er hatte hässliche Ohren. Wronski war schön. Karenin war es nicht. Welche Entscheidung hatte ich da?«

»Sie hätten Ihrem Mann treu bleiben können!«

Anna schüttelte den Kopf über so viel Unverständnis. »Hatte ich es nicht gerade erwähnt? Karenin hatte hässliche Ohren. Wird er vermutlich immer noch haben. Wronski hingegen war ein schöner Mann! Was er leider nicht mehr ist. Schönheit verpflichtet das Gegenüber. Ich empfand seine Schönheit. Also war ich ihm verpflichtet und nicht länger Karenin.«

»Das klingt logisch.« Madame nickte, um sie zu beruhigen. »Aber ist es auch logisch? Dürfen wir uns so einfach von unserer Sehnsucht nach Schönheit vom geraden Weg abbringen lassen?«

»Sie meinen den von der Gesellschaft vorgezeichneten Weg? Sie glauben, das sei der gerade Weg? Dass ich nicht lache! Ich lasse mir von niemandem eine Schuld einreden. Madame Bovary? Nein, nie gehört, den Namen …«

Madame hatte den Namen flüsternd ins Spiel gebracht, in der Hoffnung, Anna würde sich erinnern. Aber Annas hervorstechendstes Talent war das Vergessen. Sie stützte sich auf ihre Ellbogen und starrte Madame böse an.

»Sie erinnern mich an ihn. Er wollte mich auch immer daran erinnern, immer zum Erinnern zwingen, immer sollte ich mich im schlechten Gewissen suhlen, halb nackt am liebsten, immer wieder mich und meine Schuld im Spiegel betrachten, denn das war für ihn eins …«

»Wen meinen Sie?«, unterbrach Madame barsch ihren Redefluss.

»Na, Sie wissen doch sehr gut, wen ich meine! Meinen Stiefvater, Herrn Lew Nikolajewitsch Tolstoi, meine ich, den Verfasser dieses unsäglichen Buches, das meine heile Welt zum Einsturz brachte …«

»›Krieg und Frieden‹?«

»Sehr witzig!« Anna Karenina entflocht ihre langen Beine und schlug sie erneut übereinander. Es war ihr anzumerken, dass sie eine Zigarette zwischen den Fingern vermisste. Sie trommelte nervös auf ihren schwarz bestrumpften Knien.

»Anna«, Madame blickte sie ruhig an, »ich darf Sie doch ›Anna‹ nennen? Kommen Sie ein wenig zur Ruhe. Legen Sie sich hin. Entspannen Sie ein wenig, atmen Sie bewusst ein und aus. Das wird Ihnen guttun.«

Anna sank mit einem leisen Seufzer auf den Rücken. Dennoch schien die Spannung nicht aus ihrem Körper zu weichen. Sie lag da gleich einer schwebenden Jungfrau, die ihrem vergreisten Magier nicht mehr vertraute und jede Sekunde den Absturz erwartete.

»Sie hassen Ihren Stiefvater für das, was er Ihnen angetan hat?«

»Würde das nicht jeder Frau so ergehen?«

»Anna, liebste Anna, Sie sollen meine Fragen nicht immer mit Gegenfragen beantworten! Das verstößt gegen die Therapieregeln.« Madame räusperte sich ungehalten. »Folgen wir einer Ordnung! Reden wir in dieser Sitzung zunächst über Ihren Vater, ich verbessere mich: Stiefvater, und in der nächsten über Wronski. Sind Sie einverstanden? Sie wissen, ich habe es mehrfach angedeutet, wir müssen zu einem Ende kommen. Sie haben keine Gönner mehr, Anna. Die Tolstoi-Gesellschaft hat sich aufgelöst. Keine Krankenversicherung will mehr für Sie zahlen. Selbst Ihr Sohn weigert sich, die noch offenen Rechnungen zu begleichen. Das Erbe der Zaren ist aufgebraucht, wenn ich es einmal so flapsig formulieren darf. Sie müssen zu einem Ende kommen – oder selbst zahlen!«

Anna schwieg. Wie immer, wenn sie mit einem konkreten Problem konfrontiert wurde. Madame begann von vorn: »Tolstoi. Er war es, der die Ehe mit Karenin arrangiert hatte, oder irre ich mich da?«

»Er wollte mein Unglück, immer schon, deswegen hat er mich in die Ehe mit diesem pedantischen Greis gezwungen, aus Eigennutz. Er wusste, es würde nicht gut gehen. Er hat es auf die Katastrophe angelegt. Aus freien Stücken hätte ich niemals diesen Mann gewählt. Niemals!«

»Aber die Geburt Ihres Sohnes haben Sie doch als großes Glück empfunden?«

Anna schwieg. Madame spürte, wie sie um eine Antwort rang. Sie selbst war Serjoscha nur einmal begegnet. Ein adretter junger Mann, dem es sichtlich peinlich war, dass er seine Mutter zur Therapiestunde begleiten musste.

»Ja«, presste Anna mühsam hervor, »ich liebe meinen Sohn.«

»Also hatte die Beziehung zu Karenin ja auch ihr Gutes?«

»Das einzig Gute daran war, dass ich auf Wronski aufmerksam wurde! Meinen Sohn hätte ich mit jedem Mann bekommen können!«

»Bitte überdenken Sie diese Äußerung noch einmal, Anna!« Madame gab sich Mühe, ihren Worten jede Schärfe zu nehmen. »War Karenin denn ein so schlechter Vater?«

»Ich wünschte, er wäre niemals ein Vater gewesen.«

»War er denn, ist er denn ein so schlechter Vater?«, insistierte Madame.

»Er lässt sich nichts zuschulden kommen«, gab Anna widerwillig zu. »Das entspricht seinem spießigen Naturell!«

»Also müssten, dürften Sie keinen Hass gegen ihn empfinden. Er war Akteur, genau wie Sie, er war nicht der Regisseur Ihres Unglücks.«

»Er hat mitgespielt!«

»Das haben Sie auch!«

»Ja, aber ich wurde vor den Zug geworfen!«

»Dazu kommen wir später«, beruhigte Madame, die den assoziativen Sprüngen Annas immer nur sehr schwerfällig folgen konnte.

»Ihr Stiefvater, Lew Nikolajewitsch Tolstoi, hat er Sie geliebt?«

»Geliebt? Er hat mich vergöttert, er wollte mich mit Haut und Haaren verspeisen, und als ich mich ihm entzog, hat er mich den Wölfen zum Fraß vorgeworfen. Das Besitzergreifende der Liebe ist doch ihr Fluch, immer verkehrt sie sich in Gewalt, es sei denn …« Sie verstummte.

»Es sei denn?«, hakte Madame vorsichtig nach.

»Es sei denn, Sie verlassen den Menschen, den Sie lieben, bevor es zu spät ist.«

Madame ließ den Satz einfach so im Raum stehen, in der Hoffnung, Anna würde irgendwann wirklich begreifen, was sie da gesagt hatte. Wie einen Schlüssel ließ sie ihn in den Brunnen fallen, Anna müsste ihn nur wieder hervorholen und damit ihr untreues Herz aufschließen. Olga Oblomowna dachte sehr gern in Bildern. Aber sie war sich nicht sicher, ob Anna schon so weit war.

»Warum, glauben Sie, hat er das Buch geschrieben?«

»Weil er sich an mir rächen wollte, an mir ganz allein! Warum, glauben Sie, heißt das Buch ›Anna Karenina‹ und nicht ›Schuld und Sühne‹ oder ›Die Rache der Karenins‹? Er nahm es persönlich, meine Liebe zu Wronski. Er hat diese Affäre persönlich genommen und wollte mich auf die Strafbank zerren, weil sein narzisstisches Ego so unendlich leiden musste. Er wollte mich vorführen.«

»Das ist ihm ja auch gelungen«, wand Madame Oblomowna ein, aber Anna hatte nur noch Ohren für sich selbst.

»Jede Frau hat das Recht zu sagen: ›Ich verlasse dich‹, ohne dafür bedroht oder bestraft zu werden. Untreue ist ein Menschenrecht. Tolstoi hat es vergewaltigt, wie er auch mich …«

Sie schwieg einen Moment und wählte dann die missverständlichere Formulierung: »… missbraucht hat.«

»Er hat Sie niemals vergewaltigt, oder?« Madame blickte skeptisch, was Anna aufs Blut reizte.

»Natürlich hat er mich vergewaltigt. Auf gewisse Weise, auf seine gewisse Weise. Er hat sich meine Geschichte angeeignet!«

»Warum haben Sie die Geschichte denn nicht selbst erzählt? Sie sind doch sonst nicht auf den Mund gefallen.« Die Feindseligkeit des Schweigens war fühlbar wie ein plötzlicher Temperatursturz.

»Weil es mir zu nah ging.« Anna sprach mehr zu sich selbst. Das war ihre Art zu zeigen, dass sie Madame zutiefst misstraute. Die nächste Frage schien ihr recht zu geben.

»Und wenn Sie ihm verzeihen würden? Es war doch nur ein Buch, noch dazu eins, das Sie sehr berühmt gemacht hat.«

»Verzeihen? Er ist ein Mörder, oder haben Sie das schon vergessen? Wie ist er denn mit uns umgesprungen, mit uns Frauen? Da soll ich ihm verzeihen? ›Die Kreutzersonate‹? Die Geschichte eines Frauenmordes. ›Anna Karenina‹ – die Geschichte eines Frauenmordes. ›Krieg und Frieden‹? Ohnehin nur Morde! Er hat ja gestanden, er hat ja immer alles öffentlich gestanden. Dennoch blieb er straffrei.«

»Nun, sehr glücklich war seine Ehe nicht, und sein Ende war es schon gar nicht!«

»Sie stehen aufseiten meines Stiefvaters!«, fauchte Anna.

»Warum sollte ich?« Olga Oblomowna gab sich verwundert.

»Weil Sie einen Vaterkomplex haben. Das ist doch ein offenes Geheimnis unter Ihren Patienten. Warum praktizieren

Sie immer noch in seinen alten Räumen? Warum können Sie nicht alt werden? Weil Sie glauben, seine Erwartungen nicht erfüllt zu haben.«

»*Bullshit*«, reagierte Madame heftig.

»Sehen Sie!«, triumphierte Anna. »Wann immer Sie sich ertappt fühlen, werden Sie ordinär.«

»Kommen wir zurück zu Tolstoi. Wieso glauben Sie, dass er Ihnen schaden wollte?«

»Immer nur sündigen und bereuen, hin und her, der Wiegetakt kleinbürgerlicher Lust, er kannte nichts anderes. Aber das Geheimnis des Lebens ist ja, dass nicht jeder Fehltritt bestraft wird. Im Gegenteil, oft finden wir erst durch Fehltritte den richtigen Weg. Das war ihm nie klar. Dann dieser unheilige Ernst und dieser krankhafte Egoismus! Bei der Heirat seiner Stieftochter weinte er, aber es waren keine Freudentränen. Er war eifersüchtig. Wie konnte es sich die Tochter Tolstois einfallen lassen, einem anderen Mann zu dienen? Er quälte sich unentwegt mit den Erinnerungen an seine verdorbene Jugend, also wollte er auch uns mit Erinnerungen quälen. Seine Romane dienen nur diesem einen Zweck, sich selbst und andere mit Erinnerungen zu martern! Es war menschlich kein Auskommen mit ihm …«

»Könnte es nicht auch sein, dass ab einem gewissen Zeitpunkt in Ihrer Ehe kein Auskommen mehr mit Ihnen …?«, Madame Oblomowna kam nicht dazu, den Satz zu beenden.

»Lesen Sie seine Bücher, da haben Sie es schwarz auf weiß! Es war kein Auskommen mit ihm. Er war ein Wüstling. Er hatte dreizehn Kinder von seiner Frau, wie viele er mit anderen hatte – wer will sie zählen!«

»Sind Sie eifersüchtig? Er war ein produktiver Mensch …«, unterbrach Madame Oblomowna.

»Ich?« Es war mehr ein spitzer Schrei als eine Frage.

»Die Affäre mit Tolstoi – wie lange währte sie?«

»Fünf Jahre …«, antwortete Anna mit ihrer Automatenstimme, die sie immer dann aktivierte, wenn es Madames Frageschemata zu erfüllen galt.

»Wie alt waren Sie, als es begann?«

»Dreiundzwanzig.«

»Und schon mit Karenin verheiratet?«

»Ja.«

»Er beendete die Affäre?«

»Ich beendete sie.«

»Er behauptet, er habe sie beendet …«

»Ja, indem er mich vor den Zug warf, am Abend eines Maisonntags, vor einen Güterzug – wie vulgär ist das denn? Aber die Affäre war da schon längst beendet, von mir beendet. Er war nicht der erste Mann in meinem Leben und der letzte schon gar nicht, das machte seinem Ego zu schaffen!«

»Fällt Ihnen auf, wie sehr Sie ihm immer noch im Hass verbunden sind? Würden Sie verzeihen …«

»Er wollte mich töten!«, unterbrach Anna sie. »Gibt es einen besseren Grund dafür, einen Menschen zu hassen?«

»Was verübeln Sie ihm tatsächlich? Immerhin, Sie sind berühmt dank ihm!«

»Was ich ihm verüble? Dass er mich sterben ließ. Und vor allem: wo er mich sterben ließ! In einem Arbeiterwohnheim der Eisenbahn!«

»Liebe Anna, Sie sind doch kein Snob! Was verübeln Sie ihm wirklich?«

»Er hat mir meine Geschichte geraubt.«

»Hat er das? Oder hat er Ihnen nicht vielmehr erst eine Geschichte geschenkt?«

»Es ist nicht meine Geschichte. Ich hätte mich so nie erfunden! Ich bin kein trojanisches Pferd.«

»Liebe Anna, immer wieder gelangen wir an diesen Punkt, was mich sehr traurig stimmt. Sie können Ihre Geschichte nicht einfach umschreiben.«

»Oh doch! Ich bin die Herrin meiner Geschichte. Ich betone: Ich, Anna Karenina, bin die Herrin meiner Geschichte. Punkt.«

»Sind Sie nicht. Sie sind dem verpflichtet, was über Sie erzählt wurde. Sie sind der Wahrheit verpflichtet.«

»Richtig! Die Wahrheit ist, dass ich niemals sterben wollte. Dieser Selbstmord wäre eine billige Rache gewesen, meiner nicht würdig. Das ist die Legende meines Stiefvaters.«

»Der Ihnen damit ein Leben außerhalb Ihrer Klasse ermöglichen wollte. Dieses Schauspiel Ihres Todes schenkte Ihnen die Anonymität für Ihr weiteres Leben!«

»Dafür bin ich ihm auch dankbar. Kein Widerspruch, Euer Ehren. Aber bevor ich sterbe, soll die Wahrheit ans Licht!«

»Das dürfen Sie nicht tun, Anna!«

»Warum nicht?«

»Alle Welt wird Sie für verrückt erklären, keiner wird Ihnen glauben, dass Sie Anna Karenina sind!«

»Meine Bücher beweisen es. Ich bin noch immer am Leben. Es gibt kein Altern und keinen Tod für mich.«

»Was für ein Irrtum! Ihre Bücher beweisen nur, dass Sie nicht das Talent haben, Ihrer eigenen Geschichte erzählerisch standzuhalten. Aber darüber reden wir das nächste Mal …«

Madame Oblomowna blickte erwartungsvoll hinüber zur Couch. Aber Anna machte keine Anstalten aufzustehen. »Oh nein«, seufzte Madame Oblomowna, »bitte nicht die somnambule Starre! Anna, ich habe es nicht so gemeint, Sie sind eine erfolgreiche Autorin, das wissen wir alle. Anna, bitte! Da draußen wartet jemand auf Sie ... Ein gutaussehender junger Mann, so viel darf ich verraten, einer Ihrer glühendsten Anhänger, so viel darf ich auch verraten!«

Anna Karenina sprang auf wie ein junges Mädchen, lächelte Madame mit diesem gewissen Blick an, der verriet, wie sehr sie ihre großmütterliche Art verachtete, und zwitscherte fröhlich: »Ja, ja, bin schon weg!«

Madame Oblomowna griff zu ihrer Thermoskanne, schüttelte resigniert den Kopf, stellte die Kanne ab und nahm stattdessen einen tiefen Schluck aus dem Flachmann. »Diese Frau macht mich noch verrückt!« Sie wischte sich über den Mund, wie es ihr Vater immer getan hatte, wenn er sich über einen seiner Patienten sehr geärgert hatte.

Mittwoch, dritte Sitzung

Madame empfing den Prinzen nicht ungern. Seit ihrem ersten Zusammentreffen war sie ein klein wenig verliebt in ihn. Er war wie der Sohn, den sie sich immer gewünscht hatte. So war er auch in ihren Träumen aufgetreten, elegant, höflich, ein ungemein lebendiges Zeugnis für die Kultiviertheit der Mutter. Leider war der Prinz nun schon ein wenig in die Jahre gekommen. Dick war er geworden, breiig in seiner Rede, aber das mütterliche Gefühl hatte sie bewahrt, und sie lauerte auf jede Gelegenheit, ein wenig stolz auf ihn sein zu dürfen.

»Herein, herein«, rief sie. Lecter behauptete, schon am Ton ihres Rufes die Laune des Tages ablesen zu können, und heute klang sie fast fröhlich. Das Schöne am Prinzen war, dass er – anders als Anna – nie recht behalten wollte. Dazu war er viel zu unschlüssig in seinem Wesen.

»Herein, lieber Hamlet, nur herein mit Ihnen!«, rief sie in Richtung Vorraum, denn die Eingangstür der Praxis hatte sich geschlossen, aber der Prinz zögerte noch immer, vom Wartezimmer in den Behandlungsraum zu treten.

»Ist die Luft rein?«, ertönte eine zaghafte Stimme.

»Aber natürlich, mein Lieber, alle anderen sind längst gegangen, insbesondere der böse Lecter!«, setzte sie beruhigend hinzu. Hamlet hasste Lecter. Er war ihm zwei, drei Mal zufällig begegnet und hatte sofort eine wütende Abneigung gegen dessen entschiedenes Auftreten entwickelt. In der Folge hatte er es sich angewöhnt, immer ein wenig zu spät zu kommen, um ihm ja nicht begegnen zu müssen. Schließlich hatte Madame den Termin mit Anna zwischen die beiden gelegt, ohne allerdings bedacht zu haben, dass sich eine Romanze daraus entwickeln könnte.

»Wir sind ganz unter uns, *juste entre nous*«, flötete sie.

»Dann soll es wohl so sein.« Hamlet schlich ins Zimmer, nickte kurz in Richtung Madame und legte sich auf die Couch. Seine Hände streichelten beruhigend über seinen Bauch, als ginge er mit einem bedeutenden Gefühl schwanger. Er seufzte kurz auf und hielt dann den Atem an, bis Madame den erwarteten Eröffnungssatz gesprochen hatte.

»Alles ist gut, mein lieber Prinz.«

»Danke«, antwortete er artig. »Das beruhigt mich. Anna wollte mich aufhalten, aber ich ließ es nicht zu. Mir geht es gerade nicht so gut.« Wie zur Bestätigung unterbrach er sein Streicheln, als müsste er sich zuallererst für sein Unwohlsein strafen.

»Worüber wollen wir denn heute sprechen?« Madame lächelte ein wenig, denn sie kannte die Antwort nur zu gut.

»Wenn es Ihnen recht ist, über meinen Vater.«

»Sehr gern, mein lieber Hamlet. Was bedrückt Sie denn bei der Erinnerung an Ihren Vater?«

»Nichts bedrückt mich an ihm. An mir bedrückt mich etwas. Mich bedrückt, dass ich ihm immer ähnlicher werde im Alter. Wo ist denn Fortschritt, was kann denn die Zeit Gutes bewirken, wenn sie mich im Alter meinem Vater ähnlich werden lässt?«

»Inwiefern glauben Sie denn, ihm ähnlich zu werden?«, fragte Madame mit gespielter Neugier.

»Ich beginne meine Untätigkeit zu hassen. In mir rumort es. Irgendwer ruft zur Tat, Nacht für Nacht, aber ich kenne weder die Person noch ihren Namen. Wobei – es kommt ja nur eine Person infrage: die meines Vaters.«

»Sie haben also ein Problem mit Ihrem Vater!«, konstatierte sie.

»Wer hat das nicht?«, wich er aus.

Madame musterte ihn freundlich. Wie dick er geworden war, fett geradezu, aber es stand ihm gut, denn es machte seine geistige Immobilität ein wenig begreiflicher. Der Prinz besaß alles, was sich ein Mensch nur wünschen konnte. Er war der Spross einer reichen, alteingesessenen Familie, er war noch immer der begehrteste Junggeselle der Stadt, jeder erwartete Großes von ihm, seit Jahrzehnten nun schon, nur – es war noch nie etwas geschehen. Man raunte über ungeschriebene

Bücher, grandiose Kompositionen für die Schublade, expressive Gemälde in verborgenen Ateliers. Nur hatte er bislang durch nichts auf sich aufmerksam gemacht als durch die immensen Erwartungen, die auf ihn gerichtet waren. Hamlets Fluch. Madame war sich nicht sicher, ob sie ihn davon erlösen konnte – oder wollte. Denn dann wäre ihr Baby erwachsen.

»Wie geht es Ihnen heute stimmungsmäßig, mein Lieber?« Madame versuchte einen unverfänglicheren Beginn.

»Nun, wie immer, Taubenmut, mir fehlt's an Galle!«

»Sie sind mir ein seltsamer Vogel …« Madame kicherte über ihren Wortwitz. Hamlets Miene versteinerte. Wenn er eins nicht mochte, dann ihren Humor. Dieser leichtfertige Hang zum Scherzen erinnerte ihn an seine Mutter. Alles an Madame Oblomowna erinnerte ihn an seine Mutter. Das ekelte ihn zuweilen.

Sie zog seine Patientenkarte hervor, die sie in- und auswendig kannte, und trug den Befund vor, als handelte es sich um ein Shakespeare-Sonett. »Ein primär ödipales Trauma nebst einem peripheren Hang zur Selbstverachtung, gepaart mit endogen-exogenem Körperekel, sekundär den weiblichen Leib betreffend, das alles im Verein mit einer narzisstischen Wahrnehmungsstörung.‹ Mein Prinz«, fasste Madame zusammen, »Sie neigen zur Melancholie, wenn nicht gar zum Weltekel, und mir scheint keine Besserung in Sicht. Diese Therapie wird so schnell kein Ende nehmen, obwohl ich mich eigentlich in den Ruhestand verabschieden wollte. Aber keine Sorge, erst unlängst bekam ich ein sehr nettes Schreiben des Fördervereins Shakespeare & Company, der mir versicherte, für alle Kosten der Behandlung aufzukommen, sofern sich Ihre Familie auch weiterhin weigern sollte, meine Rechnungen zu begleichen. Notfalls können Sie ja bei mir als Gärtner anfangen.«

»Madame, der Fall ist gelöst.« Hamlet schien ihr überhaupt nicht zugehört zu haben.

»Was bitte?«

»Mein Fall und der meiner Familie, und insbesondere der Mord an meinem Vater – gelöst.«

»Jetzt steigern Sie sich bitte nicht wieder in etwas hinein …«

Wie alle Kinder aus zerrütteten Familien neigte Hamlet dazu, sich selbst die Schuld für das Auseinanderleben der Eltern zu geben. Der Vater hatte die Familie schon kurz nach seiner Geburt verlassen – über die Art und Weise herrschte lange Unklarheit –, die Mutter hatte rasch neu geheiratet, aber Hamlet hatte den Stiefvater auf so konsequente Weise ignoriert, dass die Mutter ihn gebeten hatte, eine Therapie zu beginnen. Was nunmehr dreißig Jahre zurücklag. Selbst der Tod seines Stiefvaters hatte nur wenig zum Gelingen der Therapie beigetragen, und so war er als hoffnungsloser Fall zu Madame überstellt worden.

»Wie Sie wissen, grüble ich jetzt schon seit einigen Jahren darüber nach, warum unser Vater die Gefahr damals nicht kommen sah. Sein Tod war, wie wir alle wissen, kein natürlicher …«

»Hamlet, Ihr Vater ist nicht …« Aber Madame kam nicht zu Wort.

»… kein natürlicher! Er wurde ermordet, durch meinen Stiefvater, wie viele glaubten. Ich auch. Lange Zeit. Aber …«, Hamlet hob die Hand, als wäre ein Dolch darin; dann ließ er sie mutlos wieder sinken, »… inzwischen weiß ich es besser!«

»Was wissen Sie besser?«, drängelte Madame. Sie hasste seine theatralischen Pausen.

»Wer meinen Vater getötet hat.«

»Ihr Vater ist nicht ermordet worden«, seufzte Madame, wohl wissend, dass sie nicht gehört werden würde.

»Für mich ist er tot. Und ich bin hier der Hauptakteur. Nicht Sie. Und ich sage Ihnen: Mein Vater starb. Mein Stiefvater starb. Beide starben eines unnatürlichen Todes. In beiden Fällen gibt es nur eine Überlebende. Oder sollte ich lieber sagen: eine Täterin?« Seine Stimme kippte: »Weh mir, wehe, dass ich sah, was ich sah, und sehe, was ich sehe.«

»Seltsam, dass noch niemand auf diese doch sehr naheliegende Vermutung gekommen ist.« Madames freundliche Ironie ging ins Leere.

»Ganz recht, sehr seltsam!« Sein Ton wurde wieder orakelhaft. »Und, bitt ich, stets den Finger auf den Mund! Die Zeit ist aus den Fugen; Fluch der Pein, muss ich sie herzustelln geboren sein!«

»Schön gereimt, Prinz. Aber ein guter Reim ist noch keine Gewähr für die Richtigkeit des Gereimten.«

»Es kann nicht anders sein. Meine Mutter ist die Mörderin meines Vaters, die Anstifterin zum Mord. Deswegen bin ich so, so …«

»Ödipal?«, half Madame aus. Hamlet nickte heftig. »Meine Mutter ist eine Mörderin«, schluchzte er.

»Aber warum hätte sie das tun sollen?«, insistierte Madame.

»Warum tun Menschen dergleichen? Sie liebte Claudius, sie wollte das Geld, was weiß ich?«

»Hamlet, mein lieber Prinz. Ihre Mutter ist sehr alt. Sie lebt seit Jahren im Pflegeheim. Beide Männer sind von ihr gegangen. Sind wir nicht inzwischen erwachsen genug für das Vergessen und vor allem für das Verzeihen?« Ihr Ton wurde sehr mütterlich. »Sind wir reif dafür ... uns zu trennen?«

»Niemals!« Hamlets Antwort war barsch, aber Madame ließ sich nicht beirren.

»Erinnern Sie sich noch an die Jahre, als Ihnen der Vater Nacht für Nacht im Traum erschien und Rache forderte? Wie leise ist diese Stimme inzwischen geworden?! Das Verhältnis zu Ihrer Mutter, wie entspannt, seit Monaten höre ich keine Klagen mehr aus dem Pflegeheim. Sie scheint Ihre Besuche wirklich zu genießen. Selbst mit Ophelia können Sie inzwischen die ein oder andere Stunde ungetrübten Zusammenseins genießen. Sofern sich denn ...« Madame geriet ein wenig ins Stocken. »Hat sich das mit den ...«, sie hüstelte, »Problemen ... hat sich das gelegt, äh, gegeben?«

»Aber ja, meine erektile Dysfunktion ist keine Dysfunktion mehr, seitdem ich weiß, dass ich meine Mutter liebe, obwohl sie meinen Vater tötete. Es ist eine Notwehr des Körpers, für die ich sehr, sehr dankbar bin.«

»Dann ist ja gut.« Madame schien wenig erfreut über seine ungezwungene Art. »Und Ophelia?«

»Habe ich darüber unterrichtet, und sie ist ebenfalls sehr glücklich über den Umstand, dass ich nicht mit meiner Mutter schlafen kann, schon rein körperlich nicht.«

»Wie schön!« Madame war alles andere als zufrieden, aber das ließ sie sich nicht anmerken. Seine Antworten waren ein wenig zu passend, zu streberhaft.

»Hamlet, begreifen Sie, all Ihre Probleme sind mit den Jahren einfach geschwunden! Das Alter ist Ihr bester Freund.«

»Soll heißen?«

»Kein Mensch erwartet von einem Greis eine Heldentat! Sie sind frei!«

»Frei?«

»Ja, Sie können unbeschwert Ihren Lebensabend verbringen. Ich schicke Sie hiermit als tragischen Helden in Rente!«

»Wie perfide«, murrte Hamlet. »Unerhört perfide und unerhört demütigend. Sie wollen sagen, ich sei zu alt für meine Rolle!«

»Du bist der König für mich!‹ Hat das je eine Frau zu Ihnen gesagt, ›Tu es le roi pour moi‹?«

»Meine Mutter Gertrude – und Sie gelegentlich, Ophelia leider nie!«

»Ich habe es nie gesagt«, widersprach Madame.

»Aber doch wohl gefühlt!«

»Nie!«

»Ich bin nicht Ihr König, wer soll ich sonst sein? Für Sie?«, flüsterte er unheilvoll leise.

»Tötet den König in Euch‹, das war meine Parole, lieber Prinz! Tötet die falsche Autorität Eures schlechten Gewissens! Macht Euch frei! Ihr seid immer ein Prinz für mich geblieben!«

»Frei«, echote Hamlet höhnisch, der das Ende ihres Satzes nicht hatte hören wollen. »Frei für was und wen?«

»Sein oder Nichtsein«, deklamierte Madame Oblomowna.

»Nein, Unsinn, ich will wissen: frei für was und wen?«

»Frei, endlich der zu sein, der Sie sind! Schließen Sie Frieden. Altern heißt Freund werden mit dem Ego. Beenden Sie das Duell mit sich selbst!«

»Was soll das heißen?«

»Keine Ahnung«, gab Madame zu. »Ich lese das hier in einer alten Akte von einem gewissen Lacan …«

»Kenn ich nicht«, antwortete Hamlet schnippisch.

»Kein Wunder bei den Dutzenden Therapeuten, die Sie verschlissen haben. Aber ich ahne, was er gemeint haben könnte. Hamlet, Prinz, reden wir über Ihren Totstell-Reflex.«

Hamlet schwieg. Madame wurde fordernder im Ton.

»Sie schreiben nicht mehr, Sie sind nicht mehr auf der Bühne zu sehen, Sie halten keine Vorträge mehr …«

»Ich bin alt, das haben Sie doch selbst gesagt. Sublimieren ist nichts mehr für mich. Ich will Taten, keine Tomaten, hahaha!« Seine Rede wurde wirrer, wie immer am Ende einer Sitzung.

»Prinz! Keine Schauspielerei jetzt. Ich diagnostiziere nur eins: mangelndes Begehren, kurz gesagt: Altern! Was dagegen hilft? Sie haben es selbst gesagt. Tun Sie etwas! Versöhnen Sie sich!«

»Egal, was?«, lauerte Hamlet, der die drei Schlussworte willentlich überhört hatte.

»Egal, was! Sofern es Ihren Mitmenschen nicht schadet, versteht sich. Spielen Sie das Drama Ihres Lebens noch einmal in Gedanken durch, und schreiben Sie es auf. Stellen Sie sich vor, was gewesen wäre, wenn Sie es wirklich getan hätten: Sie töten Ihre Mutter, weil die ihren Geliebten zum Mord an Ihrem Vater anstiftete …«

Der Prinz schwieg sehr ausdrucksstark, was auch daran liegen mochte, dass er sich Madames kompliziertenSatz etwas schlichter zurechtlegen musste.

»Sie geben mir also recht? Meine Mutter ist schuld am Zusammenbruch unserer Familie und nicht mein Stiefvater?!«

»Ganz recht! Was für ein Drama! Schreiben Sie es auf! ›Gertrude‹, ein mächtiger Titel.«

»Ein wenig armselig als Überschrift«, wandte Hamlet ein, der offensichtlich seinen eigenen Namen favorisierte. Aber Madame ließ sich nicht beirren.

»Sie müssen zu Ihrem Namen stehen, zu Ihrer Familiengeschichte: Nennen Sie es ›Gertrude. Eine Tragödie des Begehrens‹, wie gefällt Ihnen das? Oder ›Gertrude. Wahrheit ohne Hoffnung‹ – das finde ich persönlich noch besser!«

»Sie sind reichlich pathetisch«, monierte Hamlet und legte seine Stirn in Falten, was ihm sehr gut stand. »Ich werde darüber nachdenken!«

»Ich bitte Sie darum. Und eins noch, mein lieber Prinz, Sie sind in letzter Zeit wieder sehr gedankengesteuert. Machen Sie sich frei! Alt genug sind Sie. Unsere Hausaufgabe fürs nächste Mal trägt dem Rechnung: Überlegen Sie sich bitte eine Affekthandlung, eine ganz spontane!«

»Gern, sehr gern!« Etwas in seiner Stimme beunruhigte Madame.

Freitag, erste Sitzung

»Ich habe mir erlaubt, Ihnen zum Abschied zwei Flaschen Wein mitzubringen. Ich weiß, Sie trinken gern, aber selten gut. Nun, mit diesem Bâtard-Montrachet könnten Sie die Genießerin in sich entdecken, wenn Sie sich darauf einlassen – und dem Wein ein wenig Zeit zum Atmen geben!« Hannibal Lecter stellte die Flaschen mit großer Geste auf den Schreibtisch, zupfte die Ärmel seines Jacketts gerade, als wollte er noch das ein oder andere Kaninchen hervorzaubern, und legte sich dann auf die Couch, die Hände gelassen hinter dem Kopf verschränkt.

»Danke.« Mehr brachte Madame Oblomowna nicht hervor. Sie war sichtlich überrascht von seiner Großzügigkeit. »Unser kleiner Streit von neulich ist vergessen?«, fragte sie misstrauisch nach.

»Ach was, Streit! Ich habe Clarice ganz offen gefragt, ob sie Ihnen heimlich ein Sonderhonorar überweise, um mich gefügig zu halten. Sie hat es vehement abgestritten, also muss ich davon ausgehen, dass Ihr Wille, Madame, mich kleinzuhalten, Ihrer eigenen Bösartigkeit entspringt und keineswegs fremdgesteuert ist!«

»Sie sind mein Patient!« Olga Oblomowna schüttelte in theatralischer Verzweiflung den Kopf. »Mir geht es einzig und allein um Ihre Genesung!«

»Nun, mir persönlich geht es um meine Heilung. Um meine seelische Heilung.«

»Worin sollte der Unterschied bestehen?«

»Das haben Sie doch gerade erwähnt. Ihnen geht es um die Genesung. Sie wollen mich arbeitstüchtig erhalten. Ich soll funktionieren. Einen Teufel werde ich tun! Wissen Sie, was das große Privileg des Alters ist? Natürlich wissen Sie es, zumindest sollten Sie es wissen, denn Sie sind ja älter als ich!«

»Verraten Sie es mir?«, bat sie mit gefalteten Händen, eine gespielte Geste der Demut, die Hannibal Lecter provozieren sollte. Aber seine Stimme blieb sehr sachlich, pedantisch geradezu.

»Das Privileg des Alters ist es«, er betonte Wort für Wort, »sich aller Rollenerwartungen entledigen zu dürfen. Sie können der sein, der Sie sein wollen. Das ist ein großes Glück. Wenn man der ist, der man ist.«

»Sofern man weiß, wer man ist«, bekräftigte Madame Oblomowna, die sich nun ebenfalls um einen sehr sachlichen, wenn nicht gar gestelzten Ton bemühte. »Identitätsfindung ist kein Lotteriespiel! Wissen Sie denn, wer Sie sein wollen?«

»Ich möchte nicht länger der Mann mit den zwei Gesichtern sein.«

»Dr. Jekyll und Mr. Hyde, meinen Sie? Die Lieblingsgeschichte meines Vaters, nebenbei bemerkt. Meine übrigens auch. Die existenzielle Schizophrenie, nie war sie aktueller als in unseren Tagen!«

»Ich möchte nicht länger«, fuhr Lecter ungerührt fort, »mit einer Frau zusammenleben, die einen anderen Mann aus mir machen will.«

»Was wollen Sie konkret verändern?«

Hannibal richtete sich auf und atmete betont aus. Seine Gelassenheit schien ihn einige Überwindung zu kosten.

»Getrennte Wohnungen.«

»Was sagt Clarice dazu?« Madame Oblomowna hob die Augenbraue. Was sie gern und häufig tat, in der Hoffnung, dadurch ihre Gesichtszüge zu straffen.

»Nichts, sie ist ausgezogen. Besser gesagt, sie hat mich rausgeschmissen.«

»Wollen Sie, dass sie zu Ihnen zurückkommt?«

»Nein!«, antwortete Lecter knapp und entschieden.

»Wollen Sie sich an ihr rächen?«

»Nein, um Gottes willen. Ich möchte, dass es ihr gut geht und sie glücklich ist.«

»Dann erlauben Sie ihr, in Ihrem Namen weiter zu publizieren.«

Hannibal schwieg. Madame Oblomowna war klug genug

zu spüren, dass sie zu fordernd gewesen war. Die wiederholten Anrufe von Clarice hatten sie mürbe gemacht. Deren Ungeduld wurde allmählich zu ihrer eigenen. Sie wollte endlich dieses Papier unterschrieben sehen, die erste Abtrittserklärung eines Serienmörders, und zwar zugunsten einer Frau, seiner Frau. Mütterlich-fürsorglich versuchte sie erneut sein Zutrauen zu gewinnen. »Wo wollen Sie selbst denn nun wohnen?«

Lecter schien aus einer tiefen Absence zu erwachen. Er wirkte ein wenig zu sehr in sich gekehrt. »Ich werde wieder daheim sein, in meinen alten Gedächtnispalast werde ich zurückkehren. Das war schon meine Rettung in den Zeiten, als ich noch ein kleiner Buchhändler war und stundenlang einfach nur dastand und vor mich hin träumte.«

Madame Oblomowna ging eine Textstelle aus einem seiner Romane durch den Kopf: »Hinter seinen kastanienbraunen Augen war ein Raum, größer als der Topkapı-Palast, in dem die osmanischen Herrscher residiert hatten. Er war weiträumiger und kostbarer ausgestattet als alle Schlösser, die sie je gesehen hatte …«

»Ich werde mir dort ein ganz neues Leben einrichten«, flüsterte Lecter, dessen Augen unverwandt auf die Zimmerdecke gerichtet waren, als könnte er dort seine Zukunft sehen.

»Mit Ihrer ersten Liebe?« Madames forsch-fröhlicher Ton wirkte auf ihn wie der Biss in eine unreife Zitrone. »Ziehen Sie gemeinsam ein? Wie hieß sie noch, Mischa? Sie nannten Sie immer Ihre ›kleine Schwester‹, obwohl Sie niemals Geschwister hatten. Mischa, wie geht es ihr? Hat sie sich von diesem schrecklichen Erlebnis erholt? Hat man den Täter je gefasst?«

»Sie sind ein Teufel«, zischte Lecter.

»Allenfalls die Großmutter. Also fassen Sie Vertrauen und erzählen Sie mir einfach Intimeres von Ihrem Gedankenpalast, das erspart mir die Spekulationen!« Madames Befehlston ließ Lecter noch störrischer werden. Er schloss die Augen und verschränkte die Arme über seiner Brust. Wie aufgebahrt lag er da. Es fehlte nur noch ein Kruzifix in seinen Händen.

»Nun, wenn Sie nicht wollen, dann darf ich Sie vielleicht bitten, zur Abwechslung einmal meinen Gedankenpalast zu betreten. Nicht im Entferntesten so prächtig wie der Ihre, aber zweckmäßig. Wir sind im Empfangszimmer, ich darf Sie bitten, Platz zu nehmen, denn ich bin erfreut, Ihnen eine Mitteilung machen zu können, die uns beiden eine bessere Zukunft eröffnet. Ich habe, abschließend sozusagen, denn diese Therapie soll ja irgendwann auch mal ein Ende haben, ich habe also – ein letztes Mal – über Sie nachgedacht, insbesondere über Ihren Fundamentalsatz, dass wir nicht die Herren unserer Geschichte sind.«

»Wie aufmerksam von Ihnen, über meine Gedanken nachzudenken und nicht nur über meine Probleme.« Lecters süffisantes Lächeln nahm Madame Oblomowna nicht zur Kenntnis. Sie schien geradewegs durch ihn hindurchzublicken.

»Ich schlage Ihnen ein Geschäft vor, einen Deal unter gleichberechtigten Partnern. Leider kenne ich Ihren Gedankenpalast nicht in- und auswendig, Sie sind da ja etwas eigen, was Führungen anbelangt, aber ich weiß, dass es in diesem Palast ein ganz bestimmtes Zimmer gibt, und ich möchte den Schlüssel dafür.«

Lecter schüttelte sehr langsam und bedächtig den Kopf, als wollte er zu allem die Aussage verweigern.

»Doch, doch, es gibt dieses Zimmer«, insistierte Madame.
»Mein Angebot: Ich räume es aus für Sie. Clarice wird mir dabei helfen. Das ist unsere Therapieauflage, dann sind Sie entlassen für alle Zeit! Sie will Ihre letzte Geschichte, Ihren grausamsten Mord, sie will den Roman Ihres Lebens schreiben, der Ihnen selbst nie gelang. Kurzum, sie will den Schlüssel zu Blaubarts Zimmer.«

»Niemals!« Lecter schüttelte immer heftiger den Kopf. Es war wie ein Krampf.

Madame wiegte ihren schweren Körper beruhigend vor und zurück, als wäre sie sicher, dass seine Entscheidung keine endgültige war. Lecter räusperte sich mit Unbehagen. Er wollte ablenken. Sein Tonfall suggerierte Nebensächliches. »Blaubarts Zimmer – woher wissen Sie eigentlich davon?«

»Ich bin Ihre Therapeutin, haben Sie das schon vergessen?« Madame gluckste vor Befriedigung. Sie hatte ihn am Haken.

»Ich habe nie davon erzählt …«, wand sich Lecter.

»Das müssen Sie auch nicht, denn Sie haben es lautstark verschwiegen. Ein offenkundiges Rätsel sozusagen, wie das berühmte Rätsel vom Honig in der Löwin, Sie erinnern sich, in einem Ihrer Romane, das Gleichnis von Samson.«

»Gleichnis von Samson«, echote er verständnislos, »das muss Clarice hineingeschrieben haben.«

»Samson, der biblische Held, der Löwentöter«, erläuterte Madame Oblomowna sachlich, aber nicht ohne unterschwellige Heiterkeit, »der seine Kraft verlor, als Delilah ihm die Haare schneiden ließ. Haben Sie nicht Clarice in rührseligen Momenten immer wieder Tom Jones' ›Delilah‹ vorgespielt? Ihr Lied, Sie erinnern sich: *I could see, that girl was no good for me, but I was lost like a slave that no man could free... My, my, my Delilah!*‹ Und dann sticht er sie so mir nichts, dir nichts einfach ab. Großartiger Song. Lassen Sie es nicht so weit kommen. Sie müssen sich Ihrer Vergangenheit nicht mit Gewalt entledigen!« Madames Stimme wurde zu einem verführerischen Flüstern. »Wir tun das für Sie. Geben Sie uns den Schlüssel zu Blaubarts Zimmer.«

Ein Weinkrampf schüttelte Hannibal Lecter. Wie ein kurzer schwerer Regenguss loses Erdreich davonschwemmt, so schien er sich im plötzlich begriffenen Elend seiner Existenz aufzulösen. »Ich will nicht als Mörder geliebt werden. Ich will nicht der sein, der ich nicht bin«, schluchzte er.

Madame Oblomowna sah nicht ohne Stolz auf das Häufchen Elend, das da vor ihr auf der Couch lag. »Dann finden Sie Ihren Frieden. Eine wunderbare Parole fürs Alter: Nehmen Sie sich Ihr Leben zurück! Lassen Sie los. Verabschieden Sie Hyde, werfen Sie ihn hinaus aus dem Palast und genießen Sie Ihre wohlverdiente Pension als Dr. Jekyll, weithin respektiert und geliebt. Apropos, spielen Sie noch immer Cembalo?«

»Ich dilettiere ein wenig«, schniefte Lecter. Er wischte sich die restlichen Tränen mit beiden Fäusten aus den Augen.

»Spielen Sie! Lassen Sie die Musik in Ihr Leben, und all die Wut, die Empörung, weg damit! Fühlen Sie: Gelassenheit. Spüren Sie: Achtsamkeit.«

Lecter schniefte sehr laut. Madame war versucht, ihm ein Taschentuch zu geben. Aber sie wusste, er bevorzugte seine eigenen, von Hand geglätteten Seidentücher. Die er allerdings noch nie benutzt hatte. Zu mehr als einem Tupfen der Nasenflügel war es während der vielen Jahre ihrer Bekanntschaft noch nicht gekommen. Dieses rotzige Schniefen stimmte sie misstrauisch, es passte so gar nicht zu ihm. Es hätte eher zu Mr. Hyde gepasst. Sie beeilte sich, zum Ende zu kommen. Denn seine Verwandlung zum Mörder mochte sie nicht miterleben. Selbst wenn sie nur geschauspielert war.

»Den Schlüssel zu Blaubarts Zimmer«, drängelte sie, »dann sind Sie frei! Ihnen zuliebe würde ich eine allerletzte Sitzung anberaumen, in der Sie mir alles über Blaubart erzählen, und ich verspreche Ihnen …«

»Ach, Sie sind so dumm!«, unterbrach Lecter, wobei er offenließ, ob er Madame im Besonderen oder die Menschen im Allgemeinen meinte. Stattdessen rezitierte er gedankenverloren: »Die Neugier, trotz all ihrer Reize, kostet oft reichlich Reue; jeden Tag sieht man tausend Beispiele dafür geschehen. Das ist, wenn es den Frauen auch gefällt, ein ziemlich flüchtiges Vergnügen, sobald man ihm nachgibt, schwindet es schon, und immer kostet es zu viel.«

Madame war immer noch zu verdutzt über seinen plötzlichen Stimmungsumschwung, als dass sie mehr als ein Räuspern hätte hervorbringen können.

»Blaubarts Vermächtnis. Ich zitierte gerade Blaubarts Vermächtnis«, erläuterte Lecter, der betont höflich sprach, als könnte ihm nie im Traum eine Beleidigung seines Gegenübers einfallen. »Das ist zugleich die Moral seiner Geschichte. Vermutlich von Blaubart selbst formuliert.«

Madame Oblomowna war versucht, sich zu kneifen. Seine plötzliche Gemütsruhe wurde ihr unheimlich. Sie klammerte sich an ihre Routine. Ihre Fingerspitzen tippten aneinander, sie wollte Gelassenheit signalisieren.

»Sie haben die Wahl. Sie geben mir den Schlüssel zu diesem

Zimmer, soll heißen: Sie erzählen mir in der letzten Sitzung, der allerletzten, Ihren grausamsten Mord, und ich entlasse Sie aus der Therapie … als geheilt! Oder …«

Lecter richtete sich auf und sah sie sehr aufmerksam an. »Sie kennen den Fluch der erfundenen Tat? Ich leide seit Jahren darunter. Das ist das eigentliche Gefängnis, in das wir uns nur allzu gern freiwillig begeben: die Erwartungen der anderen. Aber ich frage Sie: Was muss ich im Alter bereuen? Das, was ich getan habe? Oder das, was ich nicht getan habe?«

»Lieber Hannibal, alles ist offen, wenn Sie die Erwartungen fliehen! Die Erwartungen der anderen, nicht meine«, fügte sie lächelnd hinzu. »Tun Sie es! Werden Sie ein freier Mann. Leben Sie ohne Erinnerungen, seien es die begangenen oder unbegangenen Taten, die Sie quälen, nach dieser letzten Sitzung sind Sie frei!«

Hannibal ließ sich wieder auf die Couch zurücksinken, er schien über ihre Worte in Ruhe nachzudenken. Diese Bedenkzeit wollte sie ihm nicht geben. »Haben Sie denn schon einen Plan für die Zeit danach?«, fragte sie mit sehr lauter, aufrüttelnder Stimme. »Für Geld müssen Sie ja nicht mehr arbeiten, Sie Glücklicher, Sie können ja tun und lassen, was Sie wollen!«

»Ich werde im Museum arbeiten«, antwortete Lecter mit tonloser Stimme. »Ich habe eine Stelle als Bilderwächter angetreten, Museumswärter, wie andere sagen. Ich bin sehr zufrieden mit dieser Wahl. Ich werde zur Ruhe kommen. Ich sehe in den Bildern, wie die Geschichten zur Ruhe kommen, vollendete Vergangenheit. Ein begehbarer Gedankenpalast, nichts anderes ist ein Museum. Ein sehr großer, sehr bunter Gedankenpalast.«

»Mein Gott, Hannibal, Sie sind wirklich anders als andere!«

»Danke!«

»Das war nicht als Kompliment gemeint!«

Madame Oblomowna war sich nicht sicher, ob er den letzten Satz gehört hatte. Lecter gab es durch nichts zu erkennen. Er hielt den Kopf beharrlich schräg, als musterte er eine seltsame Vogelart. Vermutlich glaubt er, ich wäre selbst schon zu einem Bild erstarrt, der alte Spinner! Madame wandte abrupt den Kopf, aus Angst, er könnte doch Gedanken lesen.

»Sie wissen ja wohl, dass Ihnen sofort gekündigt wird, wenn ich mich an die Museumsleitung wende, das ist Ihnen schon klar? Ein Serienmörder nachts im Museum, wobei – tagsüber ist das noch unheimlicher! Aber ich werde schweigen wie ein Grab, sofern Sie mir Blaubarts Zimmer öffnen. Zeigen Sie mir dieses letzte Zimmer«, raunte sie beschwörend.

Hannibal Lecter erhob sich von der Couch. Er wirkte plötzlich sehr müde, jetzt, wo ihm erneut die Last des Handelns auferlegt wurde. Als wäre all das, was sich in der Stunde zuvor abgespielt hatte, nur schlechtes Theater gewesen. Seine Stimme war eiskalt. Die Miene regungslos, als wären die Tränen nie geflossen.

»Madame, ich werde darüber nachdenken! Aber ich darf Sie daran erinnern, dass mir kraft meines wiedererwachten Willens im Alter alle Freiheiten gegeben sind, die mir bislang von meiner Frau vorenthalten wurden. Ich habe mich emanzipiert von den Erwartungen der anderen.«

Dann tat er etwas, was Madame Oblomowna sehr erschreckte. Er ergriff ihre Hand und führte sie sehr nah an seine Lippen, jedoch ohne sie mit diesen zu berühren. Seine Nasenlöcher weiteten sich. Ihre Nackenhaare sträubten sich. Sie spürte, alles, was er noch wollte, war: die Witterung der Beute aufnehmen.

Freitag, zweite Sitzung

»Wie war er so … im Bett?«

»Wer?« Anna stellte sich naiv. Sie hasste Madames aufdringliche Art. Sie nannte sie stets nur »Madame«, niemals »Madame Oblomowna«, weil sie ihr eher wie eine Seelenverkäuferin, denn wie eine seriöse Analytikerin vorkam.

»Na, dieser russische Hengst, Wronski, so war doch sein Name? Wronski, ein Kraftpaket an virilen Konsonanten!«

»Tut mir leid, ich verstehe die Intention Ihrer Frage nicht«, flötete Anna, in der Gewissheit, damit ein weitaus größeres Unverständnis aufseiten Madames auszulösen.

»Das glaub ich wohl«, seufzte Madame Oblomowna. Dann raffte sie sich erneut zu einer Nachfrage auf.

»Also, wie war Wronski, als Mann und Vertrauter? Welche Gefühle hat er in Ihnen geweckt?«

Anna Karenina überhörte die Frage erneut. Sie blieb einfach still. Das brachte Madame sichtlich aus der Ruhe. Sie blätterte in ihren Unterlagen, als suchte sie eine neue Frage.

»Hassen Sie Wronski, nun, da Sie alt sind?«

»Wen?«

»Wronski, Ihren Verführer!«

»Meinen …«, Anna zögerte, »… Verführer? Lächerliches Wort! Wir lassen uns nur zu etwas verführen, zu dem wir verführt werden wollen. Was macht das aus dem Verführer? Nicht mehr als einen Handlanger! Es hätte auch jeder andere sein können, ich hatte einfach genug von meiner Ehe und meinem Sohn und davon, Sie erinnern sich, wie hässlich die Ohrmuscheln meines Gatten waren! Das hat mich nicht Wronski gelehrt, das wusste ich schon vorher. Die Frage war nur, wann ich daraus endlich Konsequenzen ziehen wollte. Als es dann so weit war, kam Wronski wie gerufen, von mir gerufen. Das ist die richtige Reihenfolge. Erst der Überdruss, dann die neue Liebe, nicht umgekehrt. Warum das so wichtig ist? Weil der Überdruss immer wiederkehren kann, die neue Liebe hingegen, die gibt es nicht so häufig, nicht im romantischen Sinne jedenfalls, im funktionalen sehr wohl, womit wir …«

»… bei der Romanschriftstellerei sind.«

»Richtig! Liebe ist ein serielles Geschehen. Wir müssen uns wieder und wieder verlieben, sonst verlieren wir das Gefühl dafür. Liebe geht durchs Altern nicht verloren, darauf spielten Sie doch an bei unserer letzten Sitzung, nein, Liebe geht durch die Zeit nicht verloren, sie sucht sich nur würdigere Objekte.«

»Sie meinen konkret?« Madame Oblomowna versuchte vergeblich Annas Redeschwall zu kanalisieren.

»Liebe geht durch Untätigkeit verloren, durch Überdruss, durch Herrschsucht. Selbstverleugnung ist die beschämendste Form der Untätigkeit.«

»Dazu zwang Sie Karenin?«

»Nein, Wronski. Er wollte mich nur als Liebende. Er war immer dabei zu experimentieren, prüfen, proben, ob ich ihn wirklich so leidenschaftlich liebte, wie er sich das erwartete als Gegenleistung für seine Hingabe. Mir ging es um Einklang; er dachte immer nur an sich. Er wollte mir das Rückgrat brechen wie seiner Zuchtstute, die er so hirnlos über den

Parcours trieb, nur, weil sie sein Eigentum war. Mich begriff er auch nur als Eigentum …«

Madame Oblomowna blendete sich aus. Sie wusste ungefähr, wohin Annas Redefluss sie tragen würde, und so nickte sie ein klein wenig ein, ohne die Augen zu schließen.

»Lieben Sie denn noch?« Anna Karenina warf einen argwöhnischen Blick auf Madame Oblomowna, die so seltsam ruhig schien und ungewöhnlich gleichmäßig atmete. Ihre Haut schimmerte sehr rosig, ungewöhnlich gut durchblutet. Vielleicht galt das auch für ihr Herz. Sie hatte schon von verschiedenen Seiten gehört, dass die alte Dame in Liebesdingen keineswegs erkaltet war. Gerüchte hatten ihr Affären mit mehreren ihrer Patienten unterstellt, darunter deutlich jüngere Männer, bevorzugt Schauspieler, die sich wegen Angststörungen behandeln ließen und mit weitaus größeren Panikattacken wieder von ihr gingen.

»Madame«, Annas Stimme wurde eindringlicher, »lieben Sie denn noch?«

»Alle glücklichen Familien sind einander ähnlich, jede unglückliche Familie ist unglücklich auf ihre Weise«, murmelte Madame.

»Das ist keine Antwort auf meine Frage!«

»Ganz richtig«, sie schreckte auf, »aber irgendwann musste der Satz ja fallen. Warum also nicht jetzt?« Madame rieb sich kräftig die Stirn. Sie war tatsächlich ein wenig eingenickt. »Sie hatten gefragt, ob ich selbst …«

»Ob Sie noch lieben in Ihrem Alter!«

»Liebe Anna, ich würde die Frage anders stellen. Professioneller. Ein Rollenspiel: Wen von Ihren Männern könnte ich im Alter noch lieben? Wen könnten Sie im Alter noch lieben?«

»Interessante Frage«, gab Anna zu.

»Sicher nicht diesen durch und durch banalen Wronski. Wer einen Wronski liebt, wird irgendwann unweigerlich unter Liebesentzug leiden müssen, denn Liebhaber lieben nun einmal nur die Liebe und sich selbst, aber niemals ihr Gegenüber, sonst wären sie keine Liebhaber.«

»Klingt sehr abstrakt«, wandte Anna ein.

»Seine Launen waren sehr konkret, als er mit Ihnen zusammenlebte und Sie nicht mehr nur aus der Ferne anhimmeln durfte. Was wollen Sie mit einem solchen Mann im Alter? Diese Frage sollten Sie sich nicht erst angesichts eines grauhaarigen Gegenübers stellen!«

»Weiter, weiter«, drängelte Anna.

»Tolstoi, nun ja, die Künstler sind alle gleich, sie lieben nur sich, sich allein, und meist sind sie auch schlechte Liebhaber. Nein, Tolstoi im Alter, auf keinen Fall! Rätseln wir weiter …« Madame fand sichtlich Gefallen an diesem kleinen Gedankenspiel. »Wie muss ein Mann beschaffen sein, dass er eine alternde Frau noch immer im jugendlichen Glanz erstrahlen lässt? Konstantin Lewin? Dieser altkluge Bauer, der Kitty zum Großmütterchen gemacht hätte, noch bevor der erste Enkel das Licht der Welt erblickte, nein, er war schon in jungen Jahren ein unerträglich altkluger Besserwisser. Gottlob ist er beizeiten vom Pferd gefallen und blieb Ihnen und mir erspart.« Sie bekreuzigte sich ob dieser Lästerung.

»Bleibt nur einer«, konstatierte Anna missmutig.

»Alexej Alexandrowitsch, ganz recht, ein generöser Mann, jahrelang hat er Ihre Therapie bezahlt, wirklich sehr diskret. Kein schöner Mann, aber gebildet, wie auch immer seine Ohrmuscheln geformt sein mögen. Ein Mann, mit dem ich persönlich gern meine letzten Lebensjahre verbringen würde, denn er lässt die Frau an seiner Seite immer neidlos strahlen! Das ist das Geheimnis ewiger Jugend!«

»Nein, Treue ist nicht das Geheimnis ewiger Jugend. Hätte ich nicht geliebt, immer weiter geliebt, wie öde sähe mein Leben nun aus? Ich an der Seite Karenins? Nein, Madame, Sie lügen! Ich wäre mit ihm gealtert, ergraut, in den Spinnweben seines Alltags erstickt, bis es mir endlich gestattet worden wäre, ihn zu Grabe zu tragen.«

»Sie sind wie immer sehr theatralisch!«

»Nur, weil ich Ihnen widerspreche?« Anna lachte hellauf. »Sie wissen doch gar nicht, was die Liebe ist! Unbeweglich und bequem, wie Sie sind. Ich kann es Ihnen verraten: Die Liebe ist ein langer Spaziergang, ein sehr langer Spaziergang, vorbei an vielen Sehenswürdigkeiten. Niemals, niemals soll eine Liebende ruhen. Lieben soll sie!«

Madame grübelte, warum ihr diese Frau so unsympathisch war. Vermutlich aufgrund ihrer Impulsivität. Sie starrte Anna böse an und blickte beschämt wieder in die Akte. Ein Therapeut sollte sich niemals von seinen Gefühlen überwältigen lassen.

»Ihr letzter Analytiker …«

»Dieser grässliche Nabokov«, unterbrach Anna.

»Ein in Fachkreisen sehr angesehener Analytiker …«

»In Pädophilenkreisen, meinen Sie wohl.«

»Nabokov also, den ich sehr schätze, diagnostizierte bei Ihnen ein Schütteltrauma der Seele. Sie könnten gar nicht lieben, daher Ihre Nymphomanie, wie er es nannte. Ich zitiere: ›Anna Karenina ist eine literarische Nymphomanin!‹«

»Ausgerechnet er! Da lache ich doch! Hahaha!« Annas Heiterkeit wirkte ein wenig aufgesetzt. Madame fühlte sich ermutigt nachzufragen.

»Sie würden dem nicht zustimmen?«

»Nein!«

»Warum schreiben Sie dann so viele Bücher? So viele schlechte Bücher?« Madame hob erwartungsvoll die Augenbraue, aber Anna blieb ruhig.

»Sie haben nie eins meiner Bücher gelesen, oder?«

»Nun, bevor man zum Ende kommt, haben Sie ja bereits ein neues vorgelegt. Wieder mit Happy End. Sie neigen dazu, Ihre Leser zu duzen, gedanklich und seelisch, das ist mir zu aufdringlich, muss ich zugeben!«

»Ich duze meine Leser nicht, ich respektiere sie«, korrigierte Anna.

»Warum endet dann jede Ihrer Geschichten mit einem Happy End? Kennen Sie das etwa so aus dem wirklichen Leben?«

»Aus meinem Leben nicht!« Anna seufzte. Aber es war ein sehr zufriedenes Seufzen. »Haben Sie sich eigentlich nie gefragt, liebe Frau Olga Oblomowna, woher ich all meine Geschichten habe? Diese traurigen, traurigen Geschichten, denen ich allesamt eine glückliche Wendung geben muss, damit meine Leser sie mögen. Kommen sie Ihnen nicht ein klein wenig bekannt vor, diese traurigen Geschichten?«

»Nein«, entgegnete Madame in gespielter Verwunderung, weil es ihr ein wenig peinlich war, dass sie nie einen von Annas Liebesromanen gelesen hatte.

»Nun ja, ich nehme Ihnen das nicht übel. Im Gegenteil, ich habe darauf spekuliert, denn …« Anna machte eine sehr gedankenschwere Pause.

»Denn?«, fragte Madame ungeduldig nach.

»Denn sonst wäre Ihnen aufgefallen, dass ich meine Geschichten Ihnen verdanke!«

»Mir?«

»Ihren Patientenakten! Wann immer Sie aus dem Behandlungszimmer hinausgegangen sind, nahm ich mir eine Ihrer alten Akten. Früher haben Sie ja noch heimlich getrunken und den Flachmann nicht hier aufbewahrt. Also hatte ich alle Zeit der Welt, griff mir ein Dossier und sortierte das bereits verwendete wieder ein. Natürlich immer nur die erledigten Fälle, was bei Ihnen ja nicht viel heißen will. Denn wirklich geheilt haben Sie ja nie einen Ihrer Patienten, sondern immer nur als geheilt entlassen. Deshalb habe ich mir die Freiheit genommen, für jeden Ihrer interessanteren oder – aus meiner Sicht – liebenswürdigeren Seelenkranken ein Happy End zu erfinden.«

Madame griff unwillkürlich zum Flachmann hinter ihrem Sessel.

»Nehmen Sie ruhig einen Schluck. Und keine Sorge, ich werde Sie nicht verraten! Die Namen der Patienten habe ich selbstverständlich geändert. Keiner wird sich je beschweren!«

Madame Oblomowna fragte sich, ob sie sich angesichts dieser Diebstähle nicht schrecklich ereifern sollte, und so tat sie das, was sie immer tat, wenn ihr Unangenehmes zu Ohren kam: Sie verdrängte das Gehörte einfach und flüchtete sich in Gemeinplätze.

»Ein Happy End ist noch kein Beweis für eine gelungene Therapie«, dozierte sie.

»Aber die Freude am Happy End schenkt ewige Jugend«, widersprach Anna Karenina.

»Unsinn! Lüge sucht sich durch Lüge zu erhalten! Sie sollten Abstand nehmen von dieser …« Madame Oblomowna suchte nach einem dezenten Wort, aber dann ging doch ihr Temperament mit ihr durch und sie trompetete: »Schundliteratur! Jawohl, das ist es, Schund.« Sie hieb mit der Faust auf den Tisch, was Anna einigermaßen amüsiert zur Kenntnis nahm.

»Ich fand in meinen Büchern zu mir selbst. Was soll daran schlecht sein? Genau das wollen Sie doch auch!«

»Anna, Schätzchen, das muss ich energisch bestreiten. Das sind Sie nicht, das ist nicht die wahre Anna Karenina, die sich da am Hals immer neuer Liebhaber von Schmonzette zu Schmonzette hangelt.«

»Ich bin alt und verliebe mich dennoch immer wieder neu. Ewige Jugend. Was soll daran schlimm sein?«

»Das sind Romane!«

»Sie sind mir wirklicher als das Leben!«

Madame Oblomowna musterte Anna nachdenklich. Die ließ es gern geschehen. Sie strahlte eine unerhörte vegetative Ruhe aus, was Madame neidisch zur Kenntnis nahm. »Die langweilige, scheußliche Anna Karenina, und dann trinkt sie auch noch Stutenmilch« – wer hatte das noch mal in die Patientenakte geschrieben? Anna besaß nicht nur Freunde unter den Therapeuten, eigentlich verabschiedeten sie alle sich irgendwann sehr frohen Herzens von ihr. Madame erging es nicht anders.

»Was macht eigentlich Ihr Arbeitskreis?«, erkundigte sie sich mit angestrengter Neugier. »Wie hieß er noch mal? AK – *Ask for more* oder dergleichen Neudeutsches?«

»AK – *Life on demand*«, korrigierte Anna sie in freundlichem Ton. »Und ja, es geht sehr gut voran. Nächste Woche wird Dorian Gray über das ›Recht aufs eigene Bild in Zeiten des Internets‹ vortragen. Wenn Sie mögen, sind Sie hiermit herzlich eingeladen!«

»Da bin ich mir nicht so sicher«, grummelte Madame. Sie blätterte noch ein wenig in der Akte hin und her und schloss sie dann mit einem heftigen Knall.

»Wir müssen zu einem Ende kommen, Anna, schließlich werden wir beide nicht jünger.«

»Hört, hört!«

»Ihre Liebesgeschichten kommen mir allesamt banal vor, was kein Einwand wäre, das Glück scheint immer banal, aber Ihr Verhalten hat sich nicht geändert. Sie benehmen sich immer noch auffällig.«

»Wer sagt das? Ich will nichts anderes als in Ruhe alt werden. Ich will nicht mehr auf diese Geschichte angesprochen werden, ich möchte die Geschichte meines Lebensabends selbst schreiben dürfen. Die Liebe ist das größte Glück meines Lebens, nicht die Männer, die Liebe!«

»Ihr Mantra ist kindisch, denn es löst keines Ihrer Probleme.«

»Ich habe keine Probleme!«, widersprach Anna.

»Oh doch!« Madame drohte ihr mit dem Zeigefinger. »Sie sind wiederholt in Buchhandlungen beobachtet worden, wie Sie ganze Seiten aus Tolstois Werken herausgerissen haben. Sie schreiben bei Amazon entsetzlich vulgäre Kritiken über ihn. Sie stalken seine Übersetzer und Übersetzerinnen und nötigen sie in anonymen Erpresserbriefen zu Änderungen am Romantext.«

»Ich will nur das Recht auf meine Geschichte zurück«, unterbrach Anna sie trotzig.

»Dabei verletzen Sie«, fuhr Madame bemüht sachlich fort, »fortwährend die Rechte anderer, deswegen sind Sie ja hier.

Das sollten Sie sich von Zeit zu Zeit klarmachen. Sie sind eine Patientin!«

»Danke! Sie sind es, die mich immer wieder daran erinnert.« Anna gab sich bockig.

»Sie haben kürzlich einem Kulturmagazin ein Interview gegeben, in dem Sie behaupteten, Tolstoi habe Sie schon als Kind mehrfach unsittlich berührt.«

»Hat er auch!«

»Er kannte Sie noch gar nicht als Kind. Zudem: Tolstoi ist Ihr Autor!«

»Warum soll mich mein Autor nicht unsittlich berühren können? Fragen Sie mal meine Freundin Emma.«

»Emma?«

»Madame Bovary.« Anna freute sich diebisch über ihre kleine List. Madame Oblomowna schnaufte entnervt.

»Ich hatte gehofft, wir wären weiter.«

Anna Karenina verschränkte die Arme über ihrer Brust.

»Sie waren schon immer aufseiten Tolstois. Obwohl Sie aufseiten Ihrer Patientin sein sollten.«

»Ich bin aufseiten der Wahrheit. Wahr ist: Ihre Bücher sind schlecht, die Bücher Tolstois sind großartig.«

»Deswegen darf er mein Leben ruinieren?«

»Wenn es Tausenden, Hunderttausenden, Millionen von Lesern so gefällt – ja, warum nicht?

»Sie sind eine mitleidlose Bestie!«

»Und Sie ein egoistisches Miststück!« Madame holte tief Luft. »Tut mir leid. Ich, äh, bereue diesen Ausfall.« Sie räusperte sich verlegen. Es war ihr sichtlich peinlich, eine Patientin um Entschuldigung bitten zu müssen. »Anna, wir könnten noch eine Sitzung vor meinem Urlaub einschieben. Dieser Rückfall von Ihnen macht mich sehr nachdenklich. Ich weiß nicht, ob die Therapie nicht doch noch verlängert werden muss.«

Anna lachte. Es schien, als würde ihr Lachen gar kein Ende mehr nehmen, so zwanghaft war es, doch von einem Moment auf den nächsten brach es einfach ab. »Eine interessante Neuigkeit! Nicht ganz unerwartet. Denn ich habe auch eine interessante Neuigkeit für Sie. Ein befreundeter Journalist mit Namen Hans Egon Kisch …«

»Sagt mir nichts!«

»… hat erfahren, dass mein Verlag Ihnen ein Extrahonorar bezahlt, damit Sie die Behandlung zu keinem Ende kommen lassen. Man vertraut mir dort offenbar nicht mehr. Man hofft, solange ich in Therapie bin, so lange schreibe ich auch Liebesromane mit Happy End. Allein, um Sie zu ärgern.«

»Das ist ein therapeutisches Kontinuum, da fehlt Ihnen die Einsicht«, wiegelte Madame ab.

»Die hätte ich gern mal auf Ihr Konto.«

»Anna, Sie haben kein Recht, mich so anzugehen. Der Verlag glaubt einfach nicht, dass Sie an sich selbst glauben. Was ist daran so falsch? Alle dort wollen, dass Sie erfolgreich bleiben und gesund.«

Anna lachte höhnisch und kramte in ihrer Handtasche. Sie zog einen Briefumschlag hervor und entnahm ihm ein Blatt Papier.

»Hier«, sie reichte es Madame, »ein vorbereitetes Schreiben an die Tolstoi-Gesellschaft.«

»Welchen Inhalts?«

»Des Inhalts, dass Sie aus therapeutischer Sicht folgendes Urteil fällen müssen: Leo Tolstoi hat seinen Figuren, insbesondere der hier mitunterzeichnenden Anna Karenina, aus niederen Beweggründen und wider besseres Wissen schweres Leid zugefügt. Es kann nicht hingenommen werden, dass er und ebenso seine akademischen Fürsprecher im Alter straffrei bleiben; insofern fordern wir, auch als Zeichen der therapeutischen Wiedergutmachung, die Streichung aller Mordszenen, vor allem aller Verkehrsunfälle, fremd- wie auch selbstverschuldete, sowie die Ersetzung des Namens Anna Karenina durch Olga Oblomowna.«

Madame gab das Schreiben entrüstet zurück. »Und wenn ich das nicht tue?«

»Dann bringe ich Sie um. Nur so zum Beweis, dass ich niemals Opfer war, sondern stets nur Täterin!« Anna erhob sich. »Einen schönen Tag noch, Madame!«

Freitag, dritte Sitzung

Madame war sprachlos. Schlimmer noch, sie hatte Angst. Anna Karenina schien ihr vollends verrückt geworden zu sein. Da war auch die Aussicht auf ein Plauderstündchen mit dem Prinzen kein wirklicher Trost. Zumal sie den seltsamen Tonfall seiner Abschiedsworte nach der letzten Sitzung noch im Ohr hatte. Dennoch zog sie ihr Puderdöschen aus den Tiefen ihres Kimonos, tupfte sich ein wenig die Nase, mehr zu ihrer Beruhigung, als um ihm zu gefallen, und rief den Prinzen herein. Die Tür öffnete sich mit Schwung und Hamlet stürmte herein. Knapp vor dem Sessel Madames kam er zum Stehen und salutierte. Sie wischte sich mit der Hand über die Augen, als könnte sie so das Gesehene ungeschehen machen. Irgendwie schien ihr die Welt aus den Fugen. Erst eine mordlüsterne Anna, nun ein dynamischer Hamlet.

»Nicht Sie auch noch, mein Sohn. Alles in bester Ordnung?«, flüsterte sie in banger Erwartung.

Hamlet verharrte regungslos, wie ein Rekrut stand er da.

»Mein lieber Prinz, wollen Sie sich nicht einfach hinlegen? Ein wenig entspannen, wie immer? Dazu sind wir doch hier.«

»Jawoll«, salutierte Hamlet erneut, »das sind wir. Wir sind entspannt und legen uns nun nieder.« Pinocchio hätte sich nicht ungelenker betten können. Madame rückte ihren Sessel besorgt ein wenig näher an die Couch. »Was ist denn los mit Ihnen heute? Sie wirken so ungemein …« Sie wollte ihm Zeit lassen, die Lücke auszufüllen. Einer ihrer ältesten therapeutischen Tricks.

»Energisch!«, schlug er barsch vor.

»Ja, ganz recht, energisch wirken Sie – und ein wenig angestrengt. Ich weiß nicht, ob mir das gefallen will …«

»Ich habe mich entschieden!« Hamlet klappte seinen steifen Oberkörper ein wenig hoch und begann in ungelenken Worten zu monologisieren. »Ich habe ein Recht auf mein eigenes Leben. Ich bin der Autor meiner selbst. Damit entfällt die Frage, was zu tun ist. Das weiß ich nämlich selbst am besten, ich ganz allein!«

Was ist denn nur los mit euch allen?, wunderte sich Madame, ohne eine Regung zu zeigen. Alle wollt ihr plötzlich euer eigenes Leben, als ob ihr damit zurechtkämt. Madame schüttelte sich, so absurd schien ihr dieses Verlangen.

»Mir steht nur ein Mensch im Weg!« Hamlet hackte die Sätze wie ein Holzfäller die Brennscheite.

»Nun ja, wir wissen, Ihr Vater, wahlweise Ihre Mutter. Aber Sie müssen sich damit abfinden, dass Ihr Vater nun einmal keinen Kontakt mit Ihnen haben will. So gesehen sind und bleiben Sie Halbwaise.« Madames Tonfall geriet ein wenig zu mütterlich. Das spürte sie selbst. Ihr Tonfall wurde sachlicher. »Aber in Ihrem Alter sollte das kein Problem mehr sein. Zumal Sie mich an Ihrer Seite haben.«

»Worte, Worte, Worte – über mehr verfügt ihr nicht!«

»Doch, mein lieber Hamlet, aber das Angebot zur Körpertherapie haben Sie ja wiederholt ausgeschlagen.« Madames Stimme bemühte sich um Sanftheit.

»Wie banal ödipal, Sie wollten mich kastrieren!«

»Unsinn!«

»Sie wollten mich mütterlich okkupieren und dadurch Ophelia emotional eliminieren.«

»Mein lieber Hamlet, ausgerechnet Ophelia! Wir wissen doch alle, dass Sie diese Frau nie geliebt haben.«

»Weil Sie mir eingeredet haben, ich sei homosexuell.«

»Unsinn, Sie sind nicht homosexuell, Sie sind ein Egoist!«, widersprach Madame amüsiert. Allmählich gefiel ihr sein Theater.

»Wir alle sind Zuschauer unserer selbst«, raunte Hamlet geheimnisvoll.

»Erst recht im Alter, wenn die Tragödie des Verschwindens beginnt«, ergänzte Madame bissig. »Also bitte, lieber Prinz, reißen Sie sich zusammen. Sie haben schon so vielen Frauen unrecht getan mit Ihren falschen Verdächtigungen, lassen Sie Ihre Ungeduld mit sich selbst nicht auch noch an mir aus.«

»Ich, unrecht getan?« Hamlet gab sich erstaunt.

»Sie haben Ophelia unrecht getan! Die Untreue, die Sie Ihrer Mutter nicht vorzuwerfen wagten, die haben Sie ihr zum Vorwurf gemacht.«

Der Prinz schwieg trotzig.

»Sie haben Ihrer Mutter unrecht getan, als Sie ihr unterstellten, ihren Mann ermordet zu haben.«

Schweigen.

»Sie haben Ihrem Stiefvater unrecht getan, der sich so rührend um Sie bemühte. Also, statt sich ständig zu fragen, ob irgendein anderer der Schuldige ist, sollten Sie einsehen, dass Sie ganz allein der Urheber Ihres Unglücks sind.«

»Ich der Schuldige? Schuld woran?«

»Schuld, dass Sie nicht erwachsen werden wollen. Wie lange wollen Sie Ihren Eltern denn noch Ihre Erfolglosigkeit zum Vorwurf machen? Wollen Sie als Kind sterben?«

»Wie könnte ich, da ich nicht einmal weiß, wer mein Vater ist? Waren Sie es nicht, die mir einredete, ich sei heimlich vom Stiefvater gezeugt?« Er äffte ihren Tonfall nach. »›Wie, wenn Ihr Vater gar nicht Ihr Vater ist, sondern Claudius, dessen Affäre mit Ihrer Mutter schon sehr lange währte, denn Ihr vermeintlicher Vater war Alkoholiker und somit zeugungsunfähig, was den Spott Ihrer Mutter herausforderte und das ganze Unglück erst heraufbeschwor …‹ War das nicht Ihre verstörende Rede?« Hamlets Tonfall wurde anklagend. Unwillkürlich reckten sich seine Hände zur Zimmerdecke, als wollte er sein Leid den Göttern klagen.

»Der biologische Vater tut nichts zur Sache«, korrigierte ihn Madame in ruhigem Ton, sichtlich bemüht, die Spannung abzubauen. »Allein die Liebe der Mutter zählt.«

Hamlet lachte höhnisch.

»Meine Mutter hat mich vergessen, kaum da ich geboren ward.«

»Hamlet, Ihre Mutter hat Sie geliebt!«

»Bis zu dem Tag, da sie erkannte, dass ich niemals König sein werde, weil ich kein König sein will!«

»Mein lieber Prinz! Ihre Ungeduld ist Ihr Verhängnis. Ihr Wunsch, jemand sein zu wollen. Sie müssen niemand sein, um geliebt zu werden. Das ist die einzige Erkenntnis, die zählt in der Liebe. Sie müssen nichts tun, um jemand zu sein!«

»Worte, Worte, Worte«, höhnte Hamlet.

Aber Madame ließ sich nicht beirren. »Nichtstun ist die Herausforderung, der wir uns stellen müssen, gerade im Alter. Sehen Sie das Bild meines Vaters an, nicht zufällig hängt es über der Couch, Ilja Iljitsch Oblomow, der bedeutendste Vordenker der Entspannungstherapie. Was er lehrte, lehre auch ich. Das Mantra der spirituellen Selbstauslöschung: *Being one is being no one.*«

»Deswegen habe ich Sie damals als Therapeutin gewählt.« Hamlet nickte nachdenklich. »Und ich muss sagen, ich habe diesen Entschluss bereut, mehr als bereut.«

Madame sprach ungerührt weiter. »Untätigkeit ist der Schlüssel zur ewigen Jugend, lieber Hamlet, das war die Maxime meines Vaters. Die gerade in unseren hektischen Tagen wieder deutlicher gehört werden sollte! Nicht jeder kann damit umgehen, mit dem Nichtstun. Es braucht Zeit. Es braucht Selbsterkenntnis. Es braucht Charakter. Ich nenne es das ›Hamlet-Paradox‹: Als König erfolglos, als Mensch ein Vorbild. Mein lieber Prinz, stellen Sie sich Ihrem besseren Selbst! Wir alle können aus unserer Verzagtheit einen Gewinn ziehen. Sie ganz persönlich sollten aus Ihrer Verzagtheit einen Gewinn ziehen, gleichsam das große Los, die Erkenntnis nämlich: Sie können niemals an Ihren Erwartungen scheitern, wenn Sie keine haben. Oblomow sei Dank!«

Hamlet richtete sich empört auf. »Ich habe Ihre Kalender-
weisheiten satt! Sie wollen mich dumm halten, um mich wie
eine Kuh melken zu können. Ich soll der kleine Prinz bleiben,
und als solchen wollen Sie mich verkaufen. Alter ist Einsicht
in die Notwendigkeit der Tat! Welcher Tat auch immer. Unser
Leben vollendet sich erst, wenn wir etwas getan haben, auf
das wir stolz sind.«

»Unsinn«, schnaufte Madame. »Und überhaupt, was sollte
das in Ihrem Fall sein? Sie waren immer nur Prinz. Sie haben
nichts anderes gelernt. Sie werden immer nur Prinz sein!«

»Jeder Prinz hat das Zeug zum König.«

»So?«

In dem kleinen Wort kam der ganze Zweifel zum Ausdruck, den Madame nie offen ausgesprochen hatte. Sie erinnerte sich gut daran, wie Hamlet das erste Mal in ihrer Praxis erschienen war, wie er sich auf die Couch gesetzt hatte,
als wäre sie ein viel zu niedriger Thronsessel, wie er seine
langen Glieder umständlich sortiert hatte, um eine würdige
Position einzunehmen. Er hatte seine beiden Hände auf die
Oberschenkel gelegt, das Kinn gereckt und eine Ansprache an
sie formuliert, die nur als trockenes Räuspern zu vernehmen
gewesen war. Zu mehr war er damals nicht fähig gewesen.
Der Prinz schien ihr der lebendige Einwand gegen alle Hoffnung der Psychoanalyse, jemals den Körper durch den Geist
oder den Geist mittels des Körpers heilen zu können. Bei dem
Prinzen lagen beide im unentwegten Widerstreit, und die kran-
ke Seele tat ihr Übriges, sodass jetzt, im Alter, die Situation
hoffnungslos verfahren war. Dieser Mann wird niemals ein
König, hatte sie seinerzeit gedacht, und sie hatte recht behalten. Prinz Hamlet war alt und grau geworden. Er ähnelte kei-

nem seiner Väter, eher schon einem der Schlossgespenster, von denen es hieß, sie seien ihm schon als jungem Mann erschienen.

»Jeder hat das Zeug zum König. Auch ich, Hamlet, Prinz seit Jugendtagen!«

Madame applaudierte. »Wie fühlen Sie sich jetzt, da Sie es ausgesprochen haben?«

»Sehr alt«, gab Hamlet zu.

»So fühlten Sie sich bereits letzte Woche und letztes Jahr. Wenn ich mich recht erinnere, fühlten Sie sich schon vor zehn Jahren so.«

»Das tut mir sehr leid, dass ich mit keinen neuen Gefühlen aufwarten kann!« Er musterte sie böse. »Das Leben ist nun mal kein Wunschkonzert.«

»Wem sagen Sie das! Hamlet, mein Prinz, Sie wollen ein König sein? Dann läutern Sie Ihre Wut auf sich und die Welt zum leidenschaftslosen Interesse. Entdecken Sie den Dr. Jekyll in sich, den Analytiker. Vergessen Sie Vater und Mutter und alle Ansprüche dieser Welt! Machen Sie aus Ihrer Not eine Tugend, werden Sie ein Oblomow im Geiste. Visualisieren Sie Ihren uneinsichtigen Doppelgänger im Alter: ein notorischer Zweifler! Kein Mensch würde Sie noch ertragen können, wenn Sie sich auch weiterhin so kindisch an Ihre Frage klammern: ›Weh mir, was soll ich tun?‹ Nichts! Schauen Sie in den Spiegel, Sie haben den rechtzeitigen Abgang versäumt. Finden Sie sich mit Ihrem Willen zur Untätigkeit ab. Daran ist absolut nichts schlimm, nehmen Sie es philosophisch. Sie sind handlungsunfähig, und das ist gut so. Alles Unglück dieser Welt entstand aus falschem Tun. Es ist nicht der Mühe wert, ein Held zu sein. Leben Sie glücklich als Verlierer. Den Titel schenke ich Ihnen: Der kleine Prinz. Schreiben Sie ein Buch darüber. Oder noch besser: Lassen Sie es mich schreiben. Altern Sie wie ein wahrer König, nicht wie ein enttäuschter Thronanwärter!«

»Wenn Sie meinen …« Hamlet schien wie immer klein beizugeben. Ein wenig plötzlich allerdings. Madame zuckte zusammen. Üblicherweise setzte er zum Ende der Stunde zu einem seiner großen Monologe über Sein und Nichtsein an. Keine Regung. Er lag starr wie eine Mumie auf ihrer Couch. Madame zupfte sich an der Nase. Ein Zeichen höchster Unsicherheit. Hier ist doch etwas faul, dachte sie. Sie rutschte unruhig in ihrem Sessel hin und her, unschlüssig, wie sie weiter vorgehen sollte. Ihr Repertoire war erschöpft, das wusste sie selbst am besten.

»Madame, der Worte sind genug gewechselt. Ich muss Ihnen leider etwas mitteilen, etwas für Sie sehr Unangenehmes.« Die Stimme klang düster wie aus einer tiefen Gruft.

»Was könnte das sein, lieber Hamlet?« Madame war erfreut über das unerwartete Lebenszeichen. Liebevoll blickte sie hinüber. Hamlet wand sich auf der Couch. Glucksende Geräusche kamen aus seinem Innern, aber er brachte es einfach nicht heraus. Madame atmete auf. Also doch nicht. Er war noch nicht so weit. Kein König weit und breit. Kein Wort des Vorwurfs an sie. Er war und blieb ein Muttersöhnchen. Sie schüttelte beruhigt den Kopf.

»Sagen Sie es mir einfach beim nächsten Mal. Ihre Zeit ist leider um, mein Prinz!«

Hamlet stand auf und stolperte hinaus. Eine seltsame Erregung schien sich seines Körpers bemächtigt zu haben. Aber das kannte sie noch gut von den ersten Sitzungen, als er all seine kindlichen Gefühle auf sie übertragen hatte. Er liebte sie immer noch. Madame nahm einen tiefen Schluck aus ihrem Flachmann und verschraubte ihn nicht allzu fest. Ein ruhiges Wochenende erwartete sie.

Von draußen drangen Stimmen in ihr Zimmer, leises Geflüster, das immer vernehmlicher wurde, obwohl sie keine einzelnen Worte heraushören konnte.

»Ene, mene, muh …« Es klang nach einem alten Kinderreim. Sie spitzte ihre Ohren. Und war das nicht Annas Stimme, die da wisperte: »Oh nein, ich hätte es auch so gern getan!«? Oh ja, das war Annas Stimme. Sie wollte schon hinausrufen, was denn da eigentlich vor sich gehe, da klopfte es an ihrer Tür. Lecter, das musste Lecter sein, kein anderer klopfte so energisch, so unheilvoll wie er.

»Herein«, rief sie. Es tat sich nichts. »Herein, wer immer es sein mag!«

Die Tür ging auf. Schneller als ein Schatten stand die Gestalt vor ihr. Madame riss die Augen weit auf, als sich die Hände mit einem festen Griff um ihren Hals legten. Ihr Röcheln ging in einen enttäuschten Seufzer über: »Du, Hamlet?«

VII. SIE VERGESSEN ZU VIEL?
SIE VERGESSEN VIEL ZU WENIG?

Oder: Warum Sie sich
niemals zu früh auf die Suche
nach der verlorenen Zeit
begeben sollten.

»Do not go gentle into that good night ...« Die alte Dame trug den
Vers mit kräftiger Stimme vor, Wort für Wort hämmernd,
als schlüge sie mit der Faust auf den Tisch. Eine zweite
Stimme fiel mit ein, nicht weniger kräftig:
   »Old age should burn and rave at close of day;
   Rage, rage against the dying of the light.«
»Dylan Thomas, er wäre kein Mann für mich gewesen. Aber
ein wunderbarer Dichter. Leider leben die Dichter nicht so
lange wie Romanautoren.«
   »Warum eigentlich?«, fragte die Gegenstimme.
   »Vermutlich, weil sie weniger zu erinnern haben!«, kam
prompt die süffisante Antwort.
   Die zwei alten Damen verstanden sich offensichtlich gut,
ihr Kichern klang wie eins, was vermuten ließ, dass sie schon
oft gemeinsam über einen Scherz gelacht hatten.
   »›Wüte, wüte gegen das Verlöschen des Lichtes!‹ Nehmen
wir das als Motto des Tages, liebe Lotte?«
   »Ja, das tun wir, liebe Céleste! Als Motto des Tages und als
Motto des Abends. Vor allem des Abends!« Auch das Nicken

der beiden alten Damen wirkte so einvernehmlich, dass man versucht war, sie für Zwillingsschwestern zu halten.

Es war ein milder Sonntagnachmittag Ende Dezember. Im Seniorenheim »Arche« leuchteten in allen Fenstern Weihnachtslichter. Nur im Bibliotheksraum hatte man vergessen, den festlichen Schmuck anzubringen. Der Raum war noch nie sehr gemütlich gewesen, aber er wirkte noch kahler, seitdem zwei Bücherwände weggeräumt worden waren, um Platz für neue Computerterminals zu schaffen. Die Wände hatte man kahl gelassen, sodass die Spuren der Bücher zu sehen waren, die tief in den offenen Regalen gestanden hatten, so als hätten sie sich ängstlich vor den Lesern zurückgezogen. Das Licht war blendend weiß und ließ sich nicht sanfter dimmen. Auf dem großen Tisch in der Mitte des Raums lagen einige alte Zeitschriften, ein großer Notizblock, eine ungeöffnete Packung Medikamente und ein sehr offiziell wirkendes Schreiben. Eine Arche zierte den Briefkopf, was vermuten ließ, dass es sich um Post der Anstaltsleitung handelte.

»Liebe gnädige Frau Lotte …« Céleste nahm den Brief zur Hand und begann laut zu lesen, das heißt, eigentlich bewegte sie nur die Lippen. Ihre Gestik unterstrich die Dramatik ihres Vortrages, aber es blieb gespenstisch leise im Raum.

»The same procedure as last year«, unterbrach Lotte die Pantomime nach einer Weile, wobei sie die Hände in ihre Hüften stützen musste, so sehr schüttelte sie das Lachen über Célestes kleine Showeinlage.

»The same procedure as every year«, bestätigte Céleste in huldvollem Ton. »Sie versuchen uns zu überzeugen, dass wir zu alt für diese Welt sind. Sie versuchen uns zu überzeugen, dass wir vergessen sollten, dass Erinnern eine Krankheit ist,

dass wir loslassen müssen, dass wir endlich dieses Medikament ...«

»Wer loslässt, hat schon verloren!‹ Von wem stammt das?« Lotte legte in gespielter Nachdenklichkeit ihre schmale Hand sehr sacht auf ihr graues Haar. »Womöglich von Goethe?«

»Nein, meine Liebe«, korrigierte sie Céleste mit oberlehrerhafter Miene, »von Tarzan!«

»Du meinst, von Jane ...«, berichtigte Lotte mit unschuldigem Augenzwinkern.

»Jane, lass meine Liane los!«, intonierte Céleste, aber ihr Singsang ging in einem lauten Prusten unter. Lotte klatschte in die Hände, denn sie mochte es sehr, wenn Céleste über ihre eigenen Scherze lachte. Das gab ihr etwas Unabhängiges.

»Genug gealbert!« Céleste setzte eine ernste Miene auf. »Die Anstaltsleitung legt Wert darauf, dass wir uns altersgerecht verhalten. Vor allem legen sie Wert darauf, dass wir endlich diese verdammte Pille nehmen!« Céleste hielt die Packung hoch.

»Ja, ja.« Lotte winkte ab. »Die halten uns wohl für sehr vergesslich.«

»Leider nicht!«, korrigierte sie Céleste. »Darf ich dir den Beipackzettel vorlesen? Hyperthymestisches Syndrom oder auch *Highly Superior Autobiographical Memory* genannt ...«

»Bla, bla«, unterbrach Lotte sie gelangweilt, weil sie diese Sätze schon tausendmal gehört hatte. »Personen mit diesem Syndrom können jeden Tag ihres Lebens memorieren, weil bei ihnen das episodische Erinnern sehr stark ...«

»Krankhaft stark entwickelt ist«, berichtigte sie Céleste und zitierte aus dem Gedächtnis: »Die Betroffenen verbringen ungewöhnlich viel Zeit damit, über ihre Vergangenheit nachzudenken, und haben eine außergewöhnliche Fähigkeit der Erinnerung an eigene Erlebnisse. Auf Nachfrage können sie zu einem bestimmten Datum das Wetter, die Tagesereignisse und viele scheinbar belanglose Einzelheiten angeben.«

»Du hast wieder am Computer gesessen!« Lotte hob drohend den Zeigefinger.

»Ja und? Dr. Wikimedikus ist so gut wie jeder andere Arzt.«

»Sei nicht albern! Diese Maschine kann nicht denken, sie kann nur wiedergeben, was andere denken.«

»Albern?« Céleste ging erst gar nicht auf ihren Vorwurf ein. Lotte würde sich nie mit dem Computer anfreunden können. »Findest du es albern, dass sie uns Abend für Abend diese Pille andrehen wollen? Einzeln verpackt! Aufschrift: ›*Feel well!*‹« Sie hob sich aus dem Stuhl. Das Aufstehen fiel ihr ein wenig schwer, aber sie ließ sich die Schmerzen nicht anmerken. Mit trippelnden Schritten ging sie zum Bücherregal, zog einen der hinteren Bände des alten Brockhaus-Lexikons hervor und griff sich die Tupperdose, die dahinter verborgen stand. Dann kam sie zum Tisch zurück, hob feierlich die Pille und steckte sie durch den Schlitz im Deckel der Dose. Feierlich ging sie wieder zum Regal zurück.

»Einfach zu merken, es ist der Band P, ›P‹ wie ›Pillen‹, die verblöden!«

»Das dürften hundert Pillen sein!«, nickte Lotte anerkennend. »Genug, um die ganze ›Arche‹ ihrer Erinnerungen zu berauben! Die meisten würden es uns danken!«

»Wir müssen sie nur morgen ins Essen mischen!« Céleste applaudierte sich, wie immer, wenn sie auf eine Idee gekommen war, die geeignet schien, den Alltag im Pflegeheim etwas abwechslungsreicher zu gestalten. Die beiden hatten im Laufe der Zeit schon eine Menge verrückter Ideen ausgeheckt, aber sie hatten sich auch immer wieder geschworen, niemals eine dieser Ideen in die Tat umzusetzen. Es genügte, sie ab und an wie Murmeln auf der unendlichen Fläche der Zeit dahinrollen zu lassen.

»Aber wann wollen wir die Pillen nehmen? Alle anderen nehmen sie schon!« Céleste spielte unschlüssig mit der Packung.

»Bald werden sie uns auch aus diesem Zimmer vertreiben. Dr. Castorp hat es schon angedroht: Liebes Fräulein Laure, hat er gesagt, wenn Ihre Selbsthilfegruppe ›Unvergessliches vergessen‹, oder wie sie auch immer heißt, nur auf Sie selbst beschränkt bleibt, dann kann ich Ihnen das Bibliothekszimmer nicht mehr außerhalb der regulären Lesezeiten zur Verfügung stellen.«

»Hat er das gesagt, der liebe Doktor Castorp? Er wird sich unseren Namen nie merken können!« Die beiden kicherten, als hätten sie einen unanständigen Witz gerissen. »Was er nicht so alles sagt am lieben langen Tag, der Doktor. Hast du ihn darüber aufgeklärt, dass wir den Glauben an das Kommen von Marcel noch nicht ganz aufgegeben haben?«

»Er hat mir versichert, dass Marcel nie mehr kommen wird. Auch Fräulein Austen nicht, und Madame Oblomowna ebenfalls nicht. Sie soll gleich ein Dutzend dieser Pillen geschluckt haben. Die arme Madame! Wer kann es ihr verübeln, nach all den traumatischen Erlebnissen mit ihren Patienten?«

Die beiden nickten einvernehmlich mit den Köpfen. Madame war die Unangenehmste in der Selbsthilfegruppe gewesen. Stets hatte sie das Wort an sich gerissen, und selten hatte sie es wieder losgelassen. Dabei hatte sie nie von sich selbst gesprochen, immer nur von den anderen, die ihr allesamt nach dem Leben getrachtet hatten. Bei Marcel wäre das bestimmt anders gewesen. Er sprach sehr gern von sich selbst, auf angenehme Art. Leider fühlte er sich nicht sehr wohl in letzter Zeit. Marcel hatte sich in den letzten Jahren nie sehr wohl gefühlt. Genau genommen war er nicht zu einer einzigen Sitzung erschienen, obwohl er es mehrfach angekündigt hatte. Wie viele andere auch, die hoch und heilig versprochen hatten, wiederzukommen. Sie haben es wohl vergessen, kalauerte Céleste jedes Mal, und jedes Mal ein wenig verlegener, denn dieser Scherz, das war auch ihr klar, lockte seit Jahren kein Lächeln mehr hervor. »Aus die Maus!«, setzte sie dann meist noch unvermittelt hinzu.

»Wir waren einmal mehr, viel mehr!« Lotte seufzte. Sie konnte sich noch genau an den Tag erinnern, als sich die Selbsthilfegruppe »Erinnern im Chor« gegründet hatte. Damals war das Bibliothekszimmer voll gewesen. Was für ein Stimmenwirrwarr! Jeder hatte jedem sein Leben erzählen wollen. Es war schwer gewesen, Zuhörer zu finden! Alle redeten drauflos. Keiner hörte zu. Vielleicht hatte das den meisten den Glauben an den Wert ihrer Erinnerungen geraubt. »Da kann ich ja gleich in meinem Zimmer sitzen bleiben«, wurde vielfach geklagt, »und mit der Wand reden!« Nach und nach hatten sich alle verabschiedet. Irgendwann nahm dann jeder das Angebot der Ärzte an, doch einfach die Pille des Vergessens zu schlucken. So war sie offiziell natürlich nie genannt worden, aber wer Augen im Kopf hatte, konnte sehen, wie sie wirkte. Immer mehr der alten Freunde wurden still und vergesslich. So kam es ihr zumindest vor. Lotte seufzte noch einmal tief auf.

»Vielleicht sollten wir uns auch von unseren Erinnerungen verabschieden. Céleste, was denkst du? Lohnt es sich noch …?«

»Ob es sich noch lohnt?« Céleste schnaubte erbost. »Wenn ich eins von Monsieur Proust gelernt habe, dann, dass es sich immer lohnt, selbst die kleinste Kleinigkeit zu erinnern!« Céleste war mehr als zehn Jahre lang Haushälterin bei dem berühmten Schriftsteller Marcel Proust gewesen. Und auch, wenn sie ein Leben davor und danach gehabt hatte, so waren doch die Jahre mit Marcel, wie sie ihn vertraulich nannte, die schönsten und aufregendsten gewesen. Obwohl nie viel passiert war, wie sie zugeben musste. Seine Suche nach der verlorenen Zeit war sehr unspektakulär verlaufen. »Meist lag er im Bett, ganze Tage lang lag er im Bett«, erinnerte sie sich, wie immer mit einer Mischung aus mütterlicher Rührung und kindlichem Staunen, »nur nachts lebte er, wenn es um ihn herum völlig still war, und nur nachts schrieb er. Weil dann die Erinnerungen wie Träume kommen, meinte er immer, leise, aber viel lebendiger als alle anderen Empfindungen kommen sie.« Céleste griff in ihre geräumige Handtasche, die sie sorgsam an ein Stuhlbein gelehnt hatte, und nahm einen kleinen Flakon heraus. »Hier«, sie öffnete ihn und hielt ihn Lotte unter die Nase. »Schnuppere mal!«

»Nicht schon wieder ›Chère Madeleine‹, ich hasse diesen Duft!«

»Nein, riechst du es nicht? Diesmal ist es ›Bonjour Swann‹!«

Lotte hielt die Flasche sehr dicht unter die Nase und schnupperte. Es gab so viele Gerüche in ihrem Leben, an die sie sich gern erinnerte. Den milden Vanilleduft des Pfeifentabaks ihres Vaters, die chemische Strenge im Haarspray ihrer Mutter, den pappigen Strandgeruch feuchten Sands in ihrem Sandkasten, der Sommer für Sommer immer sehr mittig im Garten aufgebaut wurde, damit sie stets im Blickfeld der Terrasse blieb.

»Erinnerst du dich an Wolfgang? An die erste Begegnung mit ihm?« Célestes Stimme wurde leise und verschwörerisch. »An die erste wirkliche Begegnung?«

Oh ja, sie erinnerte sich sehr gut an Wolfgang. An den Geruch von Wiese und Wald, denn er trieb sich gerne draußen herum, und daran, wie er hereinstürmte und sie an der Brotschneidemaschine stand und er sie von hinten umfasste und seine Nase leicht an ihrem Ohr rieb, daran erinnerte sie sich sehr wohl. Diesen Geruch, den hatte sie noch im Herzen. Sie hatte ihre Geschwister damals aus dem Haus geschickt, weil sie endlich einmal allein sein wollte mit ihm. Nie hatte sich die Gelegenheit dazu ergeben, auch weil er sich nicht sehr geschickt anstellte in diesen Dingen, also hatte sie es in die Hand nehmen müssen. Umgedreht hatte sie sich, seine Hände gefasst und gesagt …

»Spielst du wieder Werther und Lotte nach? Hab ich dich ertappt?« Céleste drehte ihr tatsächlich eine Nase.

Sie wird kindischer und kindischer, dachte Lotte, und dieser Gedanke versetzte ihr einen kleinen Schock. Hoffentlich wirke ich nicht auch so auf meine Mitmenschen. »Es ist nun mal meine Lieblingsszene, wenn Lotte das Brot schneidet«, antwortete sie sehr sachlich, »und ja, ich spiele sie gern durch, immer mal wieder, es hätte ja ein Paar aus ihnen werden können. Allerdings wären sie nicht glücklich geworden. Da bin ich mir ziemlich sicher!«

»Marcel hat den Konjunktiv nie sonderlich geliebt. Für ihn war die Wirklichkeit Wunder genug, da gab es keine Notwendigkeit, auf grammatikalischem Wege Extrawunder zu erfinden.«

»Ich erfinde keine Extrawunder«, antwortete Lotte patzig. »Ich erzähle mir meine Geschichte immer wieder neu, immer ein wenig anders. Das hält mich jung!«

»Andere würden sagen, du belügst dich selbst!«

Es drohte einer der wenigen Momente, in denen die beiden in Streit gerieten. Stets drehte sich die Auseinandersetzung dann um den Vorwurf des ungelebten Lebens, denn nichts anderes verbarg sich hinter Célestes Anschuldigung der Lüge.

Lotte hatte einige Jahre als Sekretärin für Erika Mann gearbeitet, die Tochter von Thomas Mann, und auch wenn sie selbst stets nur als Dienstbote wahrgenommen worden war, so hatte sie doch die Familie Mann als Gesamtheit ins Herz geschlossen, was bedeutete, dass sie jeden Einzelnen als Familienmitglied empfand, den strebsamen Golo ebenso wie den aufsässigen Klaus, insbesondere aber das Familienoberhaupt Thomas Mann, dessen Tagebücher sie in- und auswendig kannte, eben weil sie eine Schatzkammer des Konjunktivs waren und so viel über die Schattenspiele eines ungelebten Lebens verrieten. Vielleicht hatte sie sich damals ein wenig von dem Hochmut derer zu eigen gemacht, die ihr wirkliches Leben im Geheimen führen, nicht ohne die Hoffnung, dass eines Tages, nach ihrem Ableben selbstredend, ans Licht der Öffentlichkeit kommen würde, was sie im Geheimen gedacht und gefühlt hatten. Ungeheuerliches war darunter. Zumindest hoffte sie, dass es so wahrgenommen werden würde.

Céleste spürte, dass die »Schwester ihres Herzens«, wie sie Lotte immer nannte, ungehalten zu werden drohte, also wurde ihre Stimme sanft, und sie streichelte ihr zart über die Hand, als sie die Frage stellte, von der sie wusste, dass Lotte darauf stets lebhaft reagieren würde: »Bereust du es zuweilen, all die vielen Bücher gelesen zu haben? Was hättest du stattdessen in der Zeit nicht alles erleben können!«

»Was denn?« Lottes knappe Gegenfrage drückte Erstaunen aus. Vor allem aber war sie energisch im Ton, was Céleste ungemein freute, weil sie sich ein wenig um Lottes schwachen Herzschlag sorgte.

»Was bitte meinst du denn mit ›stattdessen‹?«

»Na ja, das wirkliche Leben!«

»Das war mein wirkliches Leben, liebe Céleste!«, bemerkte Lotte mit spitzer Zunge.

»Aber deine Kindheit …«

»Meine Kindheit«, unterbrach sie Lotte, »verbrachte ich mit Hanni und Nanni im Landschulheim. Die waren übrigens auch zu zweit und dennoch unzertrennlich. Nimm dir an deren Harmonie ein Beispiel!« Sie gestikulierte ein wenig zu theatralisch. »Was für wunderbare Jahre im Internat! Wo die beiden jetzt wohl stecken mögen?« Ihr Blick ging sehnsüchtig zum Regal.

»Stehen dort all deine Erinnerungen?«, fragte Céleste, wobei sie sich bemühte, ihre Stimme sehr nüchtern klingen zu lassen. In Gefühlsdingen wünschte Lotte nicht von Ironie behelligt zu werden.

»Wirklich alle?« Sie zielte auf Amouröses, was Lotte durchaus begriff. Sie verdrehte ein wenig die Augen und spitzte die Lippen, als gälte es, einem imaginären Gegenüber ihre Huld zu erweisen.

»Der erste Kuss, oh je, vom Winde verweht, vielleicht, weil ich Clarks Schnurrbart so gar nicht mochte …«

»Und die erste Nacht, mit wem hast du die verbracht, mit Swann etwa?« Céleste versuchte sich an einer verführerischen Stimme.

»Niemals!« Lotte streckte abwehrend die Hände von sich. »Gib zu, Proust ist …«, sie pausierte sehr bedeutungsvoll, »… ein wenig eigen in körperlichen Dingen!«

»Ein schüchterner Liebhaber war er, wenn du das meinst, aber sehr zärtlich, mit Worten! Kann es einen besseren Liebhaber geben als einen, der dich mit Worten liebt?«

»Der beste Liebhaber? Gute Frage.« Lotte kam ins Grübeln. »Nun, ich denke, Great Gatsby war es. Er trägt seinen Spitznamen nicht umsonst!« Sie kicherte verschämt, was Céleste zu wieherndem Gelächter animierte. Mit beiden Fäusten wischte sie sich die Augen, was ihre nächste Frage als eine sehr naheliegende erscheinen ließ.

»Und die erste Träne der enttäuschten Liebe?«

»Weinte ich über mich selbst. Als ich mein erstes Gedicht schrieb und Novalis es mir mit den artigen Worten zurücksandte, ich sei für die Prosa geschaffen.«

»Nun, immerhin war er höflich! Die längste Liebe deines Lebens?«

Lotte tippte sich mit dem Zeigefinger an die Nase, so als müsste sie nachdenken. Sie hatten dieses Spiel schon so oft gespielt, und die meisten Fragen hatte sie schon hundert Mal gehört, dennoch gab sie sich immer wieder Mühe, ihre Antworten frisch und überzeugend klingen zu lassen.

»Lass mich nachdenken, lass mich nachdenken. Ich würde meinen, Ulrich, nein, ganz sicher, Ulrich, der Mann ohne Eigenschaften. Ich glaube, keine andere Vorstellung hat mich je so verführt wie die Vorstellung, mein Leben mit einem eigenschaftslosen Mann verbringen zu dürfen. Was für eine Beruhigung ging von ihm aus! Was für eine Unruhe schürte er in mir. Mehr als jede Leidenschaft es hätte tun können!«

»Dein größter Fehler?«

»»*Fifty shades of grey*« gelesen zu haben. Ich fand den Titel so poetisch und passend für mein Leben!«

»Die schönste Kreuzfahrt?«

»Mit Kapitän Ahab durch die Südsee. Was für ein Mann. Nie wieder war mir so abenteuerlich zumute!« Die beiden nickten einvernehmlich. Was Männer anging, hatten sie beide einen sehr ähnlichen Geschmack, auch wenn es Céleste zuweilen so schien, als würde ihre Freundin mehr ihrem Kopf als ihrem Herz vertrauen.

»Weißt du, worauf ich jetzt wirklich große Lust hätte?« Lotte nickte, denn sie konnte Célestes Gedanken lesen. »Auf eine Zigarette!«

Hinter den Büchern hatten sie eine Zeit lang Zigaretten verstecken können, aber dann war man ihnen auf die Schliche gekommen. Seit Kurzem ließen sich auch die Fenster nicht mehr ganz öffnen, nur noch kippen. Zudem waren die Feuermelder ausgetauscht worden und reagierten nun schon auf den »kleinsten Damenfurz«, wie Pfleger Heinz sich auszudrücken beliebte. »Opferpfleger« nannten sie ihn seitdem, was er als Ehrentitel verstand. »Gnädige Frau, Finger weg von den Glimmstängeln. Sie wollen doch die hundert noch erreichen!« Er bemühte sich dabei stets um ein spitzbübisches Grinsen, was ihm selten gelang, denn die Worte kamen ihm leichter über die Lippen als ein Lächeln ins Gesicht. Es war ihm anzumerken, dass er den Umgang mit alten Menschen, speziell mit alten Damen, für unter seiner Würde hielt. »Ich fürchte, er kommt sich zuweilen ein wenig vor, als sei er der Müllmann des Lebens«, hatte Lotte erst unlängst festgestellt, und auch wenn die Bemerkung etwas überdeutlich schien, so war ihr Wahrheitsgehalt doch unabweisbar. »Ob ich die hundert erreichen will? Was meinst du, Céleste?«

Sie wartete die Antwort erst gar nicht ab, denn sie wusste, was ihre Freundin vom Altwerden hielt. Nichts, gar nichts. »Die Zeit hat sich so beschleunigt«, klagte sie zuweilen, »das raubt dem Altwerden seinen Charme. Gestern jung, heute alt, die haben es alle so eilig, die jungen Leute, sie kosten es gar nicht mehr aus, das Gefühl der verstreichenden Zeit.« Deswegen hatte sie so gern eine Zigarette geraucht, ab und an, weil das Verglimmen des Tabaks und die Flüchtigkeit des Rauchs sie immer so sanft gestimmt hatten. »Wir werden uns einfach auflösen, in Rauch. Schweben und verweben mit dem All.«

»Du vielleicht! Ich möchte beerdigt werden. In einem schönen, massiven Holzsarg.« Lotte, die nichts von Célestes spirituellen Fantastereien hielt, beharrte auf einer Erdbestattung, was ihre Freundin immer wieder zu der spöttischen Stichelei veranlasste: »Kein Mensch wird dich je auf dem Friedhof besuchen!«

»›Ich wusste, du kommst vorbei‹ – das wird auf meinem Grabstein stehen!« Lotte drückte ihren Rücken durch und bemühte sich um einen hochnäsigen Gesichtsausdruck, was bei ihren vielen Lachfalten kein leichtes Unterfangen war.

»Unrettbar romantisch!« Céleste tätschelte ihr die Hand. »Aber dafür liebe ich dich.«

Die beiden versanken in Schweigen.

»Was bleibt uns noch zu tun?«

»Mein Liebe, du willst doch jetzt nicht sentimental werden, nur, weil wir Weihnachten überlebt haben und wieder einmal aufgefordert sind, die Vergessenspille zu schlucken!« Céleste schüttelte energisch den Kopf. »Es gibt noch viel zu tun! In dieser schönen neuen Welt muss es Menschen geben, die daran erinnern, warum es so schön ist zu leben.«

»Da magst du recht haben, aber sind wir dafür nicht zu alt?«

»Weißt du«, Céleste überging Lottes verzagten Einwand einfach, denn sie fürchtete deren infektiösen Kleinmut, »ich brachte Marcel immer zum Lachen, weil ich der felsenfesten Überzeugung war, dass Napoleon und Bonaparte zwei verschiedene Personen seien. Wer hat uns so zum Lachen gebracht? Zum Weinen? Zum Verlieben? Wir müssen das aufschreiben!«

»Du meinst, wie wir vergessen haben, unser Leben zu führen, weil wir es immer nur mit Büchern verbrachten? Und jetzt hat das Leben uns vergessen!«

»Ach Unsinn! Weißt du, was ich von Marcel gelernt habe? Zum Glück wurde uns das Erinnern gegeben, zum Glück und zum Glücklichsein! ›Weil man die verlorenen Paradiese nur in sich selbst wiederfindet!‹«

»Behauptet dein Pflegefall!«

»Behaupten wir beide! Ich habe viel von ihm gelernt, aber er auch ein ganz klein wenig von mir. Und nenn ihn nie wieder ›Pflegefall‹, den Herrn Marcel!« Céleste hatte sich im Heim eine übertriebene Vornehmheit angewöhnt, die nicht unangenehm war, weil sie ihr selbst meist zuerst als solche auffiel und deshalb keineswegs mit Dünkel zu verwechseln war. »Ein ganz klein wenig!« Der Abstand zwischen Daumen und Zeigefinger war mehr zu ahnen, als zu sehen, aber Lotte achtete ohnehin nicht darauf. Die Schwermut drohte sie wieder unter ihre dunklen Fittiche zu nehmen.

»Weißt du, was deinem Marcel nie gelungen ist? Eine Antwort auf die Frage zu geben, wie man seine Erinnerungen überlebt. Und vor allem: wozu?«

»Ketzerin!«

»Verblendete!«

Céleste mochte es gar nicht, wenn Zweifel an *ihrem* Marcel laut wurden, und Lotte wiederum fand es ungehörig, dass eine alte Frau so backfischhaft in einen uralten Autor verliebt war.

»Hier«, Céleste holte aus den Tiefen ihrer Handtasche wieder den Flakon hervor, »wenn du nur einmal diesen Duft …«

»Ach, geh mir doch weg mit diesen Düften! Hast du nicht erzählt, dass er immer eine Kamelie im Knopfloch trug, es sich aber stets um eine Blume ohne Duft gehandelt habe, weil er sonst von der ihn ach so häufig peinigenden Migräne heimgesucht worden wäre?! Was für ein Feigling, dein Marcel, er hat sich einfach vor dem wirklichen Leben gedrückt! Wäre er ein Mal, nur ein einziges Mal selbst in die Metzgerei gegangen, hätte er dort nur ein Mal die Lungen vollgesogen mit dem Geruch des toten Fleischs, er hätte sich seinen Spaziergang auf dem Boulevard der Erinnerungen erspart und seinen Spazierstock für immer zerbrochen!«

»Hätte er nicht! Du bist eklig!«

»Hätte er wohl!« Lottes Ton war so entschieden, dass Céleste keinen weiteren Widerspruch wagte. Zumal sie ihrer Freundin tief im Innersten recht geben musste. Was ihrer Liebe zu Marcel allerdings keinen Abbruch tat. Es gab absolut keinen Grund, die Dinge immer nur so zu sehen, wie sie wirklich waren. Zumindest nicht die hässlichen. Zudem aß Marcel ohnehin nur selten Fleisch. Meist hatte er ja nur ein Croissant und ein wenig frisch gebrühten Kaffee zu sich genommen. Lottes barscher Befund riss Céleste aus ihren träumerischen Erinnerungen.

»Nein, sie erinnern uns an nichts, diese Düfte. Oder vielmehr, sie erinnern uns daran, dass wir uns nicht erinnern sollten. Denn die Zeit ist ein noch größerer Räuber als der Tod. Der nimmt sich nur die Lebenden, die Zeit raubt uns auch noch die Toten. Dieser Gletscher der Erinnerungen, er ist nahezu geschmolzen. Mir schwimmt alles davon. Was weiß ich, vielleicht ist es doch an der Zeit, endlich diese Pille ...« Lotte sackte erschöpft zusammen. Céleste griff nach ihrer Hand. Es schien so, als hätten die Worte, die sie nun sprach, so gar nichts mit der Klage zu tun, die sie soeben vernommen hatte. Ihre Frage klang geradezu heiter, als gälte es, ein angeregtes Gespräch beim Tee in Gang zu halten.

»Ich habe mich oft gefragt, liebe Lotte, wie Einsiedler, Mönche, Dichter, all diese lebenslänglich Verurteilten eigentlich die unendliche Strecke der Einsamkeit überleben, die sie sich auferlegt haben. Und die Verzweiflung, die sie zuweilen heimsuchen muss, bei ihrem endlosen Warten auf was auch immer.« Sie hielt kurz inne, als lauschte sie auf eine Antwort. Dabei drehte sie den Kopf ein wenig hilflos hin und her, als könnte sie damit ihrem Denken auf die Sprünge helfen.

»Die Armen müssen doch die Zeit verfluchen, wenn auch aus einem ganz anderen Grund als du und ich. Denn die haben viel zu viel davon. Von der Zeit, meine ich. Dennoch stehen sie in einem viel freundlicheren Verhältnis zu ihr, als du es tust! Die Zeit dient ihnen geradezu als Ausweis ihrer großen Geisteskraft, ihres Beharrungsvermögens oder auch nur ihres geduldigen Sitzfleisches. Während du immer nur klagst. Ist das nicht seltsam?« Céleste tat ein wenig verwirrter, als sie es tatsächlich war.

»Nun, und?« Die mürrische Nachfrage ihrer Freundin bestätigte sie darin, noch ein wenig in dieser naiven Art fortzufahren.

»Es kann doch sein, liebe Lotte, dass eine von uns beiden in den nächsten Jahren zur Regungslosigkeit verdammt sein wird, obwohl wir hier oben«, sie tippte sich an den Kopf, sehr sorgsam, weil sie tags zuvor beim Friseur gewesen war, »noch ungemein rege sind. Dann sollten wir uns doch ein Beispiel an denen nehmen, die gut Freund mit der Zeit waren, und nicht an jenen, die gegen sie aufbegehrten, was ja ohnehin ein sinnloses Tun ist, oder nicht?«

»Ich weiß nicht, worauf du hinauswillst!« Lotte drohte ihr mit dem Finger. »Aber ich warne dich, komme mir jetzt bitte nicht wieder mit klugen Sprüchen von deinem Marcel!«

»Nun, immerhin lag er geduldig Jahr für Jahr im Bett und konnte sich auf«, sie machte eine kleine, vielsagende Pause, »anständige Art und Weise mit sich selbst beschäftigen. Ohne Jammern und Aufbegehren!«

»Indem er mit seinen Erinnerungen Bauklötzchen spielte!«

»Indem er sehr genau bedachte, was wir vergessen sollten und was wir erinnern müssen, weil es wert ist, erinnert zu werden. Alles, was von uns erwartet wird, das sollten wir vergessen. Was wir von uns selbst erwarteten oder vielmehr die Erinnerung an diese Erwartungen, die nehmen wir mit.«

»Mit wohin, mit in den Tod?«

Céleste ging auf diese letzte Frage nicht ein, weil sie ihr zu melancholisch war. Im Laufe der Jahre hatte sie ein sehr selektives Gehör entwickelt, was Lotte durchaus bewunderte, aber dennoch nicht hinderte, immer wieder Fragen zu stellen, von denen sie genau wusste, dass sie unbeantwortet bleiben würden.

»Hast du nicht immer gesagt, liebe Lotte, dein Kopf sei dein liebstes Bibliothekszimmer? Hier oben ...«, sie klopfte sich wieder auf sehr behutsame Art an die Stirn, was ihre Freundin nicht weniger zum Lachen brachte als der parodistische Tonfall, denn es schien ihr, als spräche sie selbst, so genau traf Céleste den pädagogischen Ton, den sie immer bei den jüngeren Bibliotheksbesuchern angeschlagen hatte. »Hier oben sind alle Schätze dieser Welt. Da kann mich keiner vertreiben, da werden sie keinen Computerterminal hinstellen können, von wegen: Frau Lotte, wir brauchen Sie nicht mehr in unserer Bibliothek, denn fortan schimpfen wir uns ›Mediathek‹. Da oben, da bleiben die Bücher, wo sie sind. Gut aufbewahrt und sicher verpackt. In großen und kleinen Kisten, sorgsam etikettiert. Wäre es nicht langsam an der Zeit, liebe Lotte«, Céleste fiel wieder in ihren gewohnten Tonfall, »da ein wenig aufzuräumen? Ein wenig Platz zu schaffen? Was uns ein wenig mehr Spielraum geben würde! Und dir ein wenig mehr Bewegungsfreiheit! Wie sagt der nette Herr Eckermann in der Physiotherapie immer so treffend? ›Mobilisieren Sie sich, meine Damen, Sie müssen sich viel mehr mobilisieren in Ihrem Unterbau.‹ Er meint natürlich die Hüfte, aber auch da ist nicht mehr viel zu wollen, selbst für ihn nicht. Wir sollten uns hier oben ein wenig mehr mobilisieren! Dann wird uns die Unbeweglichkeit hier unten nicht mehr so schmerzen!« Sie legte ihre Hand ächzend auf die Taille, was wiederum die Nachahmung einer Geste war, die sich Lotte in letzter Zeit angeeignet hatte, ohne dass es ihr aufgefallen wäre. Jetzt, da sie ihre Freundin dieses selbstmitleidige Tätscheln ausführen sah, wurde es ihr plötzlich bewusst. Ein dankbares Lächeln huschte in diebischer Eile über ihr Gesicht.

»Ich sollte mich nicht so sehr im Jammern verlieren!« Sie richtete sich kerzengerade auf.

»Ganz recht«, lobte Céleste freudestrahlend. »Marcel hat immer gesagt«, Lotte seufzte ergeben, aber das schien Céleste gar nicht zu hören, sie fuhr unbeirrt fort: »Marcel sagte immer zu mir, in gespielter Unbescheidenheit, denn eitel war er wirklich nicht, also, Marcel sagte immer, sein Werk sei der großartigste Gedankenpalast, den je ein Einzelner hat errichten können, nur dank der Tätigkeit des euphorischen Erinnerns. ›Bauen Sie, liebe Céleste, bauen Sie Ihren Palast der Kindheit neu‹, mahnte er immer, ›weil das die Zeit ist, in der alles entsteht, auch die Zeit selbst‹, und mit dem alles wieder vergeht, wohl auch die Zeit, schätze ich. Wenn ich ihn richtig verstanden habe.«

»Jeder hat ein gutes Gedächtnis, wenn das Herz nur will«, pflichtete ihr Lotte nachdenklich bei.

»Oder ein erfindungsreiches! Denn was wirklich lustig ist – die kleine gelbe Mauerecke bei Vermeer, von der Marcel immer so schwärmte, in diesem Bild, du weißt schon …«

»Vermeers ›Ansicht von Delft‹.«

»Genau! In diesem Bild gibt es gar kein gelbes Mauerstück. Er glaubte nur, sich daran erinnert zu haben. Wobei ich mich bis heute frage, warum er ausgerechnet ein kleines gelbes Mauerstück so in sein Herz geschlossen hat. Aber vielleicht nur, um uns zu verstehen zu geben, dass es ein völlig beliebiges

Ding sein kann, was wir da in unser Herz schließen.« Sie rieb sich die Hände im geheimen Einverständnis mit ihm. »Es gibt das Glück des Erinnerns nicht wirklich – oder vielmehr nur als Einbildung. Er wollte selbst diesen kleinen Farbtupfer hinzufügen, weil immer etwas hinzuzufügen ist. Selbst bei einem Vermeer.«

Céleste hob mit rührender Ernsthaftigkeit ihren Zeigefinger, als wollte sie Lotte erneut eines Besseren belehren. Und das, obwohl sie genau wusste, wie allergisch ihre Freundin auf Besserwisserei reagierte. »Wir sind nie fertig mit dem Bild, das wir uns von der Welt machen. Nie, niemals. ›Wissen Sie, Céleste‹, sagte er immer zu mir, ›ich möchte, dass mein Werk in der Literatur eine Kathedrale darstellt. Das ist der Grund, warum es nie fertig wird. Selbst wenn die Kathedrale gebaut ist, gibt es immer noch das eine oder andere auszuschmücken.‹ Ich möchte, dass wir …«

»Nun, ich persönlich möchte in keiner Kathedrale wohnen«, unterbrach sie Lotte rüde, denn sie war ein wenig genervt vom langen Monolog ihrer Freundin. »Da favorisiere ich den Zauberberg, genauer gesagt: das Sanatorium des Doktor Krokowski! Ich denke, dort oben ist die medizinische Versorgung besser und die Schlittenfahrt in den Tod scheint mir allemal unterhaltsamer als mit deinem kränklichen Marcel Jahr um Jahr im Bett zu liegen und Ministrantenträume zu träumen.«

»Du bist so defätistisch heute! Außerdem geht es darum gar nicht. Das weißt du ganz genau!«

»Wer hat dir das Wort denn geliehen, defätistisch? Wie gebildet!«, ätzte Lotte.

»Und hochnäsig bist du auch«, fügte Céleste unbeirrt hinzu. »Nur, weil ich nie ein Buch gelesen habe. Das gibt dir nicht das Recht, dich für klüger zu halten. Darf ich dich daran erinnern, dass du nie eins geschrieben hast? So viele Bücher, die du schreiben wolltest! Wie oft hast du gesagt, das könntest du viel besser ausdrücken als die Herren Autoren!«

»Alle hier drin«, Lotte klopfte sich an die Stirn, »alle im Regal ›Ungeschriebene Bücher‹ untergebracht. Ab und an ziehe ich eins hervor und blättere ein wenig darin. Das ist nämlich keineswegs unmöglich, in ungeschriebenen Büchern zu blättern, da brauchst du mich gar nicht so amüsiert anzuschauen! Ich unterhalte mich auch sehr gut mit abwesenden Freunden oder toten Freunden, zuweilen besser als mit sehr lebendigen Menschen – oder Menschen, die so tun, als seien sie sehr lebendig, obwohl sie in Wirklichkeit ganz und gar abwesend sind.«

»Was willst du damit sagen?«

»Nichts«, antwortete Lotte patzig, »gar nichts! Ich wollte nur daran erinnern, dass Anwesenheit keine Garantie für Geistesgegenwart ist.«

»Oh, hoho!«, tönte Céleste wie ein Schiffshorn. »Madame werden schnippisch! Das wäre doch ein guter Titel: ›Die Abwesenheit der anderen‹! Oder was für einen Titel würdest du deiner Biografie geben wollen? Wenn du denn geruhst, es mir mitzuteilen.«

»Intensivstation Sehnsucht«, schlug Lotte höhnisch vor. Eine Tonart, die ihr gar nicht gut stand, wie sie sehr wohl wusste.

»Ach, sei doch nicht so pampig! Erst wolltest du ein Buch schreiben, dann einen Nachruf auf dich selbst, dann dein Testament, jetzt hast du noch nicht mal Lust, einen ordentlichen

Titel für dein Leben zu finden. Du wirst launisch auf deine alten Tage …«

»Wie wäre es mit ›Auf Du und Du mit Noah. Mein Lebensabend in der Arche‹? Oder: ›Letzte Ausfahrt Alzheim‹ oder noch besser: ›Wir, die wir den Styx durchschwammen‹, oder …«

»Ist ja gut, meine Liebe, wir wissen alle, wie gebildet du bist. Und wie wenig es dir geholfen hat, ein glücklicher Mensch zu werden!« Je wütender sie ihre Freundin machte, das hatte Céleste schon oft erprobt, desto wacher wurden ihre Lebensgeister. Diese kleinen Nadelstiche der Bosheit waren besser als jede Akupunktur.

»Nun, in deinem Fall«, fuhr Lotte gereizt mit der Titelsuche fort, »würde ich als Überschrift wählen: ›Das Recht auf Vergessen‹ oder noch besser: ›Das Recht auf Vergessenwerden‹ oder ›Wie ich einmal mit Orpheus in die Unterwelt verschwand‹!«

»Du kannst mich nicht beleidigen! Du beleidigst dich nur selbst mit solchen Äußerungen. Immer wenn du wütend wirst, weiß ich, dass du Angst hast. Es ist nicht einfach, das Wort ›Ende‹ zu schreiben.«

»Wie meinst du das?« Lotte schien ein wenig in sich zusammenzusacken.

Céleste sah sie ruhig an. Es war wie ein Blick in den Spiegel. Sie atmete schwer.

»Du weißt ganz genau, wie ich das meine! Die Pflegerin hat neulich schon verlauten lassen, dass dieses Bibliothekszimmer wohl nicht mehr sehr lange für uns geöffnet sein wird. Es werden keine Bücher mehr ausgeliehen, also brauchen sie auch keine Ausleihe. Und keine Rentnerin, die Bibliothekarin spielt.

So die Überlegung der Pflegeleitung, die ja nicht ganz dumm ist. Die Überlegung, meine ich!«

»Was für eine verquere Logik!« Lotte ließ sich nicht auf Célestes Ironie ein. Sie wirkte auf einmal wieder sehr müde. Ihre eigenen Argumente schienen ihr verbraucht, so tonlos brachte sie die Worte hervor. »Goethe wird nicht mehr gelesen, also brauchen wir auch keinen Goethe. Wie dumm ist das denn?«

»Sie versuchen, uns endgültig in den Ruhestand zu verabschieden. Du wirst den Schlüssel für dieses Zimmer abgeben müssen. Sehr bald schon.«

»Das werde ich nicht machen. Mental fixieren, das ist alles, was sie mit uns tun wollen. Sie wissen genau: Je unbeweglicher der Kopf, desto schneller der Tod. Nicht mit mir …« Lotte schnäuzte sich protestierend.

»Du wirst diesen Schlüssel abgeben müssen. Du wirst dir keinen Nachschlüssel anfertigen!« Céleste sprach sehr eindringlich, wie zu einem kleinen Kind.

»Du wirst diese Arche verlassen, ein kleines Rettungsboot genügt.«

»Wie meinst du das?«

Lottes Augen weiteten sich. Das Gespräch war nicht länger der ritualisierte Schlagabtausch, den sie Abend für Abend absolvierten. Es hatte eine Wendung genommen, die sie irritierte. Sie mochte keine Irritationen. Céleste wusste das. Ihr Ton wurde noch sanfter.

»Erinnerst du dich noch an die erste Wohnung, die du damals bezogen hast? Als du die Stelle in der Bibliothek angetreten hattest? Sechzig Jahre wird das her sein.«

»Wohnung? Eine Dachkammer war es. Einundsechzig Jahre ist das her.«

»Nun, erinnerst du dich noch, wie schön es war, dieses Dachstübchen einzurichten? Erinnerst du dich?«

»Da war kein gelbes kleines Mauerstück, wenn du das meinst! Die Wohnung war in diesem schrecklichen malvenfarbigen Ton gestrichen. Wie oft mussten wir ihn überstreichen! Im Übrigen war es eine Dachkammer und kein Stübchen.«

Céleste ließ sich von Lottes abweisendem Ton nicht beirren.

»Lass uns noch mal ein Zimmer einrichten.«

»Was bitte?«

»Ich möchte, dass wir ein kleines Zimmer einrichten.«

»Wir haben ein Zimmer, wenn ich dich daran erinnern darf. Erster Stock, letzte Tür im Flur rechts, Blick auf den Kurgarten. Wir mussten drei Abgänge überleben, bis wir es endlich beziehen durften. Erinnerst du dich? Wie oft ich bei der Pflegeleitung vorgesprochen habe, um genau dieses Zimmer zu bekommen.«

»Ich möchte unser Kinderzimmer wieder herrichten. Ich möchte mich an alles erinnern, was in diesem Kinderzimmer stand. Ich möchte das kleine Regal sehen, mit der Handvoll Bücher. Das Mobile über dem Bett. Den kleinen Plattenspieler mit dem dürren Plastikarm. Das Kofferradio mit der langen Antenne. Den Frosch, der auf dem Bett lag.«

»Ein absurd hässliches Geschöpf!«, fiel Lotte lachend ein. »Was aus ihm geworden sein mag?«

»Kein anderer wird ihn so an sein Herz gepresst haben wie wir damals.«

»Ein Prinz wird dennoch nicht daraus geworden sein.«

»Das kleine Eichhörnchen auf dem Regal, den Wecker mit den klappernden Ziffernscheibchen, die Schmuckkassette mit dem kleinen goldfarbenen Schloss, das sich so leicht mit der Haarnadel öffnen ließ ...«

»Die kleine Schatzkiste unter dem Bett mit meinem ersten Tagebuch. Viel mehr stand, glaube ich, auch nicht darin, ›Mein erstes Tagebuch‹, in Schönschrift auf der ersten Seite. ›Oder: Warum ich mich nie etwas traute‹, hätte ich noch dazuschreiben sollen.«

»Es war ein schönes Zimmer. Es war ein schöner Blick hinaus auf die alte Eiche ...«

»Kastanie«, widersprach Lotte, »es war eine Kastanie. Oder erinnerst du dich nicht mehr an die Basteleien? Kastanienmänner, Kastanienfrauen, Kastanienschweine, ich hasste Kastanien!« Sie lachte ihr altes Kinderlachen. »Was man alles aus Kastanien machen kann ...« Abrupt hielt sie inne. »Du willst also, dass wir all unsere Erinnerungen umstandslos übergehen und die Tür zum Kinderzimmer wieder öffnen?«

»Ja!«, bestätigte Céleste.

»An einen Ort zurückkehren, den wir uns erst erfinden müssen. Denn so wirklich glücklich waren wir damals auch nicht.«

»Einen Ort, den wir längst erfunden haben und an dem wir glücklicher sind als an allen anderen Orten.«

»Da hast du recht.« Lotte nickte. »Ich war gerne Kind!«

»Ich möchte«, fuhr Céleste fort, »dass wir in diesem Kinderzimmer unsere letzten Monate verbringen. Mit all den Träumen und Spielen und ersten Malen von damals.«

»Wie viele erste Male!« Lotte schüttelte sich ein wenig ungläubig, als würde sie erst jetzt begreifen, wie weit der Weg war, den sie zurückgelegt hatte. »Der erste Blick in den Spiegel. Der erste Schultag, das war nicht so aufregend. Die Schultüte! Das erste Kleid! Das Fahrrad! Der große Kinderfasching, als wir das erste Mal tanzten, ganz allein, als Prinzessin! Als was auch sonst?«

»Ich will, dass wir dieses Kinderzimmer neu herrichten«, unterbrach Céleste sie. »Jeden einzelnen Gegenstand darin erinnern. Und ich möchte, dass wir darin unser Sterbebett aufstellen. Die gleiche Decke wie damals soll darauf liegen, die viel zu bunt karierte.«

»Das Bett ist viel zu klein!«, gab Lotte zu bedenken.

»Wir sind auch kleiner geworden, meine Liebe!«

»Und alles andere ...« Lotte hielt die Luft an wie zur Rückversicherung, dass sie ihre Freundin auch richtig verstanden hatte.

»Alles andere kannst du vergessen!«

»Wir erinnern uns nur noch daran, wie schön unser Leben damals gewesen ist ...«

»... als wir noch davon träumten, vom Leben«, komplettierte Céleste den Satz. Das Lachen der beiden klang wie eins.

»Also nehmen wir die Pille?«

»Wir tun so!«

»An Neujahr vielleicht!«

»An Neujahr, ganz gewiss! Aber vorher würde ich gern noch etwas anderes machen. Etwas, das alle an uns erinnert. Eine Art Graffiti. Oder nenn es eine Grußbotschaft!« Céleste hob sich kichernd aus dem Lesesessel und ging hinüber zu dem vordersten Computer.

»Ich wusste gar nicht, dass du mit diesen Geräten umgehen kannst!«, staunte ihre Freundin.

»Ach Lotte, man muss seine Gegner kennen, um sie zu besiegen. Die tauschen Daten über uns aus, also tauschen wir

Daten über sie aus. Ich hatte immer so viel Zeit, da lag es doch nahe, sie mit anderen Vergessenen zu verbringen! Komm, sing mit: ›Hoch die internationale Solidarität!‹«

»Das hätte ich dir gar nicht zugetraut«, wiederholte sich Lotte kopfschüttelnd.

»Herzchen, ich fürchte, du hast mich immer unterschätzt! Wie alle anderen auch.«

»Und was tippst du da jetzt?«

»Eine Neujahrsbotschaft an alle, die da in den Pflegeheimen dieser Welt ihrem Ende entgegendämmern! Einen kategorischen Imperativ: *›Do not go gentle …‹*« Céleste gab klatschend den Takt vor.

»Geh nicht gelassen …‹«, übersetzte Lotte das Gedicht in ruhigem Singsang, der so gar nicht zu den Worten zu passen schien. »Geh nicht gelassen in die gute Nacht, glühe, rase, Alte, weil dein Tag vergeht, verfluch den Tod des Lichts mit aller Macht …‹«

»… Denn weise Frauen‹, setzte Céleste mit kräftiger Stimme ein, ›wissend, nichts, was sie gedacht, hat Licht gebracht ins Dunkel, und es ist zu spät, gehn nicht gelassen in die gute Nacht.‹ Gezeichnet: *Wise word witches*. Das Seniorennetzwerk.«

»Nicht dein Ernst!«

»Oh doch, meine Liebe! Willst du noch ein PS hinzufügen? Deine ganz private Botschaft? Komm rüber! Oder schreib es auf! Du wirkst ein wenig müde.«

»Ich bin nicht müde«, widersprach Lotte mit einem kleinen protestierenden Hüsteln, um ihre Verlegenheit zu verbergen, »ich bin glücklich. Ich bin so glücklich, dass du mich immer noch in Erstaunen versetzen kannst. Das macht mich sehr glücklich – und sehr müde. Tipp du noch ein wenig, Céleste!

Das beruhigt mich. Ich glaube, ich werde mich ein wenig schlafen legen, gleich hier …«

Ein wenig Zeit war vergangen. Es klopfte. Wieder und wieder. Schließlich riss die Pflegerin ungeduldig die Tür auf. Sie war sehr jung und tat ihren Dienst mit großer Freude, auch wenn sie noch immer ein wenig Mühe hatte, sich an die Launen all der alten Menschen zu gewöhnen, die auf ihrer Station untergebracht waren. Aber Fräulein Sophie, wie sie von allen genannt wurde, war ein einfacher Fall. Sie redete gern mit sich selbst und ihren verstorbenen Freunden wie Miss Sophie in »Dinner for One«, und sie irrte gelegentlich durch die Gänge, aber meist endete ihr Irrweg in der Bibliothek, wo sie an einem der Tische vor einem offenen Buch einschlief.

»Liebe Frau Lotte, was machen Sie denn wieder für Sachen? Ich habe Sie schon überall gesucht.«

Lottes Kopf ruhte auf ihren verschränkten Armen. Eine graue Locke hatte sich aus dem sehr streng frisierten Haarkranz gelöst.

»Es ist Schlafenszeit! Haben Sie Ihre Kreislaufpillen schon genommen? Und ein Glas Wasser getrunken, wie es der Doktor Ihnen gesagt hat?« Céleste drohte ihr mit dem Finger. »Bestimmt wieder nicht!« Die Pflegerin sprach im Dienst immer ein wenig lauter, weil sie glaubte, dass alle alten Menschen von Natur aus schwerhörig wären. »Nennen Sie mich einfach Lotte«, hatte die alte Dame gebeten, als sie sich ihr das erste Mal vorstellte. »Meinetwegen auch Fräulein Lotte. Das klingt freundlicher in meinen Ohren als in Ihren. Aber Thomas Mann werden Sie wohl nicht kennen? Nun ja, er ist ja auch ein wenig alt geworden. Und Sie heißen also Céleste! Ein sehr schöner Name. Wäre ich noch einmal jung, ich würde mich auch Céleste nennen. Schon Marcel zuliebe!«

Céleste hatte damals nicht gewagt nachzufragen, wer denn dieser Marcel gewesen sei. Ob ihr Mann oder ihr Liebhaber. Aber es schien undenkbar, dass die alte Dame je einen Liebhaber gehabt hatte. Was sie liebte, waren ihre Bücher.

»Wenn ich tot bin«, sagte sie immer in besorgtem Ton zu Céleste, »dann stellen Sie bitte all meine Bücher in die Bibliothek, nicht, dass sie auf dem Müll landen. Das müssen Sie mir versprechen!«

Céleste hatte es ihr versprochen.

»Fräulein Lotte, darf ich Sie jetzt in Ihr Bett bringen? Sie sind bestimmt schon sehr müde!« Die alte Dame hob den Kopf und nickte, noch immer ein wenig verträumt. Céleste hakte sie unter. Sie wurde leichter und leichter. Eines Tages würde sie wie ein Blatt Papier davonfliegen, scherzte sie immer, wenn Céleste sie bat, nicht so häufig das Essen zurückgehen zu lassen.

»Was mag nur in Ihrem Kopf vorgehen?«, fragte sie halblaut, denn sie wollte nicht, dass Fräulein Lotte sich erschreckte. Aber die alte Dame schien sie gehört zu haben. Ruckartig hob sie den Kopf, blinzelte Céleste verschwörerisch zu und flüsterte: »Sie werden nie wissen, was in meinem Kopf vorgeht.« Dann sackte sie wieder ein wenig in sich zusammen, sodass Céleste Mühe hatte, sie auf den Beinen zu halten.

Ein Notizzettel lag auf dem Tisch. Die alte Dame schien tatsächlich etwas daraufgeschrieben zu haben. Eine Art Abschiedsgruß, schoss es Céleste durch den Kopf, denn der Doktor hatte schon mehrfach bedauernd gesagt, dass es wohl nicht mehr lange dauern würde. Die Schrift war nur schwer zu entziffern, als hätte sie mal mit links, mal mit rechts geschrieben. Schade, die alte Dame war so klug gewesen. Céleste knüllte das Papier zusammen und stopfte es in ihren Kittel. Mit dem anderen Arm fasste sie Fräulein Lotte noch ein wenig fester unter und dirigierte sie sanft zur Tür. »Nun wollen wir schlafen gehen! Den Computer kann ich auch später ausmachen! Wer den nur wieder angelassen hat?«

Den Zettel warf Céleste nach dem Ende ihrer langen Nachtschicht einfach in den Papierkorb. So bekam Dr. Castorp leider nie zu sehen, was die alte Dame da am letzten Abend in Spiegelschrift niedergeschrieben hatte: »Die Alten sind die Revolutionäre der Zukunft.«